中国古代法律文献研究丛刊

主编 徐世虹

孙 旭 著

# 明代白话小说法律资料研究

上海古籍出版社

本书为中国政法大学校级人文社会科学研究项目最终成果

本书的出版得到
中国政法大学校级交叉学科"法律文献学"建设经费的资助

# 丛 刊 总 序

中国古代法律文献，一般是指以书籍形式或非书籍形式记载中国古代法律的文字资料，其主要载体有甲骨、金石、简帛与纸，其大别有传世文献与出土文献，其类别则有政书律典、行政与司法文书、审判档案、律学文献、实务参考、乡规民约、便民指南等等，种类繁多，数量可观。中国古代法律文献是认识中国古代法治文明的重要对象。在中国法律史学科发展已逾百年，历史文献学学科设立亦历三十余载的当下，对中国古代法律文献予以学理、学科的条理，是上述两个学科共同面临的任务。

一

中国古代法律文献的概念与类别的厘定，与制度因革、学者识见乃至学科发展密切相关。在传统学术中，《艺文志》为"学问之眉目，著述之门户"，因而是了解古代法律文献条理、传承的重要依据。《汉书·艺文志》未录律令，宋人王应麟言其原因为"律令藏于理官，故志不著录"。① 余嘉锡亦言，"盖班固作《志》，用《七略》之成例，《七略》不录国家官书，故不得而入之也"。② 西晋荀勖《中经新簿》创立四分法总括群书，丙部始见"旧事"。梁阮孝绪《七录》"记传录"则有旧事部、职官部、仪典部、法制部，发官书入志之先声。《隋书·经籍志》以四部分类，史部亦有旧事、职官、仪注、刑法诸篇。其中的旧事包括旧有政令、品式章程，职官为官职、官仪、官名之书，仪注为礼仪制度之书，刑法为晋至隋的律令、律注之书，其体例可谓自汉志以来而一大变。官书之入

① 王应麟著，张三夕、杨毅点校：《汉艺文志考证》，中华书局 2011 年版，第 232 页。
② 余嘉锡：《古书通例》，上海古籍出版社 2013 年版，第 148 页。

志,不仅使唐以前法律文献中的典章制度现于史部,亦令天下之书门类扩充,条理清晰,因而成为后世经籍志的编撰定制。如《旧唐书·经籍志》、《新唐书·艺文志》乙部史录,皆列旧事(故事)、职官、仪注、刑法类,《宋史·艺文志》、《明史·艺文志》亦然。至《四库全书总目》,国政朝章、六官所职仍入此类,仪注、条格"均为成宪,义可同归",只是"未可仍袭旧名",于是以"政书"领属通制、典礼、法令、邦计、军政、考工,以"见综括古今之意焉"。①

历朝历代的典章之制,于官修目录的史部自可循其踪迹,撮其大要,而若将中国法律史的视野扩展到制度以外,则追寻礼法关系、诸子法律观念、法言法语、乡里秩序,又必不可无视经、子、集部。如此说来,意欲探究中国古代法律,则四部之书当无所不涉。其存量之夥,自可想见。

伴随着编纂史志目录的传统继承及学科研究对象的延伸,新的史志目录在政书类的定位、归属上呈现出进一步的拓展。如《中国古籍总目》是全面反映当下中国古代文献流传与存藏状况的总目录,②历时十七年而成。其《史部·政书类》下辖丛编、通制、仪制、邦交、军政、刑法、考工、水利、章则、公牍、档册、杂录之属,刑法之属包括了律例、刑案、刑制、检验、治狱、判牍各类。③以刑法之属所见,其类别与范围显然要大于既往目录,包括了立法、司法、律学、普法、司法档案诸类。尽管其类目有的彼此关系不清,④类目与书目也有不尽贴切之处,⑤但合理的范围扩大无疑有益于法律文献的归类。

据《中国古籍总目》研究统计,中国古籍的著录总数为二十万种,其中"刑法之属"就有近八百种,若再网罗系于他类他部者,其数量将更为繁多。⑥然而毋庸赘言,事实上中国古代法律文献的存量无疑还有更多。百年来出土文献的丰富、金石资料的发掘、司法档案的迭见、各类契约的存藏,是充实其存

---

① 永瑢等撰:《四库全书总目》卷八一,中华书局 2008 年版,第 693 页。

② 《中国古籍总目》编纂委员会编:《中国古籍总目》,中华书局、上海古籍出版社 2009 年版。

③ 《中国古籍总目》编纂委员会编:《中国古籍总目·史部》1,"目录"第 2 页。

④ 例如"律例"与"刑制"单就类目看,应是规范,但就关系而言,刑制应在律例之下,二者并非并列关系,更何况刑制类下所系书目多为研究刑制之作,本身不是规范。

⑤ 例如《读律心得》、《法官须知》、《公民必读》、《直隶法律学堂讲习科讲习》之类,系于"律例"类下当有不妥。

⑥ 自 1930 年代以来,产生了 3 部重要的古代法律文献目录。孙祖基的《中国历代法家著述考》(1934)辑书 572 种,李祖荫等的《中国法制史参考书简介》(法律出版社 1957 年版)辑书 932 种,张伟仁主编的《中国法制史书目》(中研院历史语言研究所 1976 年)著录书目 2352 种,可见数量会因学者的识见不同而有所变化。

量的重要来源。以出土的秦汉法律文献为例，敦煌、居延汉简是汉代西北边境屯戍者的生活记录，数量庞大，内容丰富，是研究秦汉法律史重要的资料来源之一；而湖北云梦睡虎地秦墓竹简（1975）、甘肃武威王杖诏书令木简（1981）与东汉墓汉简（1989）、湖北江陵张家山 247 号汉墓竹简（1983）与 336 号汉墓竹简（1988）、云梦龙岗秦简（1989）、尹湾汉简（1993）、湘西里耶秦简（2002）、湖南长沙走马楼汉简（2003）与东牌楼简牍（2004）、湖北云梦睡虎地 M77 号墓汉简（2006）、岳麓书院藏秦简（2007）等，内容涉及秦汉律令、司法文书、行政文书，它们的相继发现极大地充实了秦汉时期的法律文献。再如中央各部院衙门的各类档案、地方政府的司法档案，也是占据古代法律文献份额的重要资料群。仅据邢永福主编的《北京审判制度研究档案资料选编》（清代部分）所见，其书即包括了第一历史档案馆所藏内阁、军机处、大理寺、顺天府、京师高等审判厅、宗人府、内务府、宪政编查官等 21 个全宗，近百万件档案资料，成精装 26 册。各地地方司法档案见知者则有巴县档案、淡新档案、南部县档案、宝坻档案、黄岩档案、冕宁县档案、龙泉司法档案等，它们之于地方司法的认识作用自然毋庸赘言。与此同时，非汉语的古代法律文献也是中国古代法律文献的重要组成部分，它们的存世与整理同样具有重要的学术价值。

铜器铭文、石刻文献、秦汉简牍、敦煌吐鲁番文书、黑水城文献、明清档案、契约文书，这些耳熟能详的资料群已是继传统的四部分类后古代法律文献重要的组成部分。张伟仁主编的《中国法制史书目》按规范、制度、理论、实务归类，著录书目 2352 种，是迄今为止最为宽泛、详备的古代法律文献目录，但其缺憾之一是实物法律文献未列其中。因此若续编以实物法律文献目录，古代法律文献的全貌可以得到更详尽的反映。

## 二

中国古代法律的编纂历史悠久，解释之学其来有自。如果以律学、吏学的视角考察中国古代法律文献的整理研究，其源流自成一脉。从睡虎地秦简《法律答问》、岳麓书院藏秦简《为狱等状四种》、张家山汉简《奏谳书》、汉律章句，到魏晋律学、《唐律疏议》、《名公书判清明集》乃至明清公私注律著作，经学者与法吏之手而成的律学著作颇为可观。尽管律学的传承带有明显的经世致用的观念主导,法律适用与普法宣传的需要也是国家、法吏、学者参与其事的动因,因而律学著作的产生与传承并不具备学科意义上的独立品格,但它们作为历史文献之一端,无疑具有传统学术的方法与经验。如律章句与律疏可视为历史文献学中传注学的体现,与《奏谳书》等同类的案例汇编亦可看做编纂学的成果。

春秋战国至秦汉时期的法律,经历了由简至繁、不断孳乳的变化。及至东汉末年,断罪时具有法律效力的律令、章句总量已多达七百七十三万二千五百余言,而如此浩繁的文本经魏晋至隋唐,唯存《律疏》三十卷。因此欲知唐以前的法制状况,非爬梳剔发而不能。南宋王应麟为汉律辑佚之开先者。其于《汉制考》辑佚《周礼》郑注及《说文》所见汉律令,又于《汉艺文志考证》“法家”增汉律、汉令二种;他所撰写的大型类书《玉海》凡21门,其中的“诏令”门下有律令、赦宥、刑制。清乾嘉以来,史家往往补撰史志,明辨源流,“刑法”类文献藉此而更得条理。及至清末,汉律辑佚再兴,杜贵墀、张鹏一、薛允升、沈家本勉力而为,民初程树德复踵其后,其中以沈氏的《汉律摭遗》成就最高。沈家本的《历代刑法考》与程树德的《九朝律考》,从方法论而言也是辑佚考据的鸣世之作。

百年来,在传统学术的浸润与先贤业绩的影响下,尤其是伴随着新发现文献的价值彰显,古代法律文献的整理研究成果迭现。传世法律文献的整理成果钩其要者:如目录以张伟仁主编的3册《中国法制史书目》为案头必备。注释成果可以形成两个峰值的刑法志与《唐律疏议》为代表,前者有内田智雄主编的《译注历代刑法志》(创文社1964),[①]高潮、马建石主编的《中国历代刑法志译注》(吉林人民出版社1994),梅原郁编《译注中国近世刑法志》(上、下)(创文社2001、2002),[②]另中、日学界还有若干单篇刑法志的译注成果;后者有日本律令研究会编《唐律疏议译注》(东京堂1979—1996),美国学者

---

① 此书为《汉书·刑法志》、《晋书·刑法志》、《魏书·刑法志》三志的译注。1971年创文社出版了《译注续中国历代刑法志》(隋志、两唐志),书后附有梅原郁的“补记”;2005年创文社出版了《译注中国历代刑法志(补)》,书后增补了冨谷至的“解说”。

② 该书上卷为《旧五代史》、《宋史》、《辽史》、《金史》刑法志的译注,下卷为《元史》、《明史》刑法志的译注。

Wallace Johnson 的英文译本(*The T'ang Code*, Princeton University, 1979、1997),曹漫之主编的《唐律疏议译注》(吉林人民出版社 1989),刘俊文撰写的《唐律疏议笺解》(中华书局 1996),韩国学者任大熙、金铎敏主编的《译注唐律疏议》(韩国法制研究院 1994—1998),钱大群撰写的《唐律疏义新注》(南京师范大学出版社 2007)。辑佚成果中影响较大者,为仁井田陞的《唐令拾遗》(东方文化学院东京研究所 1933)与池田温主编的《唐令拾遗补》(东京大学出版会 1997)。至于各种汇编、点校成果则更不胜枚举。杨一凡多年来致力于古代法律文献的挖掘与整理,他所主编的《中国珍稀法律典籍集成》(14 册)、《中国珍稀法律典籍续编》(10 册)等数种成果,钩沉拾遗,包举恢博,不仅令学者免求索奔波之劳,亦令中国古代法律文献的价值更得彰显。

出土及新见古代法律文献问世后,相关的整理研究取得了更为突出的成就。如睡虎地秦简法律文书面世三十余年来,已有中、日、英、韩文译注本行世,目前新的校释、集释研究正在进行中,显示了这一划时代发现所具有的深远影响;又如张家山 247 号汉墓所出法律文献价值宏富,海内外的译注、集释成果已多达十余种,语种涉及中、日、英、德;敦煌吐鲁番文书中的法制资料是研究唐代法制的重要文献,对此中日学者悉心研判,爬梳钩稽,产生了如山本达郎、池田温等编纂的《敦煌吐鲁番社会经济资料集》(东洋文库 1978—2001)、刘俊文撰《敦煌吐鲁番唐代法制文书考释》(中华书局 1989)等系列成果;而《天圣令》的基础研究亦未止步于整理成果的出版,中、日、韩等多语种的译注研究同在进行之中。或可如是说,中国古代法律文献的整理研究在当下体现了较高的国际化程度。

古代法律文献的整理研究方法多端,其中的译注校释最见学者的综合功力。文献的本真非整理者潜心钻研、切身体味而不得,因而也是其费力费时所在,甚至代际传承亦不乏其例。研究者旷日持久的点滴推进,在令古代法律文献存量增加的同时,也表明其整理研究将是一个漫长的过程。

伴随着古代法律文献存量的增多及研究的需要,一门新的分支学问——"法律文献学"亦孕育而生。张伟仁主编的《中国法制史书目》堪称一部详备的专科目录,所收之书均写明版本、作者小传、重要内容及存藏处,其学颇已予焉。1986 年,中国政法大学法律古籍整理研究所第一任所长高潮先生与学者史幼华首倡建立法律文献学,并阐述了该学的特点、文献分布及研究方法。① 此后高潮、刘斌所撰的《中国法制古籍目录学》(北京出版社 1993)为破茧之作,为古代法律的"辨章学术,考镜源流"做了有益的尝试。张伯元的《法律文献学》(浙江人民出版社 1999)则是第一部冠以此名的专著,全书的内容由类目、文献概况、法典编纂、整理研究四章构成,为此学的奠基之作。李振宇、李润杰的《法律文献学》(湖南人民出版社 2010)则涵盖古今,意在构建中国法律文献学学科理论体系。

中国古代法律文献的整理研究,既往或依附于实学而自成一脉,或因时局之变而钩沉图存,终究藉传统学术的浸润与现代学术的发展而渐成规模,蔚然可观。其学之出,亦在必然。然而有关此学的冠名、对象、范围、内容以及体系,仍需要进一步探讨完善。

# 三

中国古代法律文献是中国古代法律的载体,研究中国古代法律的第一要务就是要精读相关文献,这在方法论上无需赘言。近年来学界对中国法律史的学科属性多有申说,由此还涉及了对研究路径、方法的评价。但是从总体而言,法律史学科的双重属性是人们早已认同的基本识见。这一属性为研究者设定了双重门槛:既要求有法学的素养,又不允许历史学的缺位。割裂学科的双重属性而过度强调单一属性,或据学缘而自负其能,或身居此学而无意甚至回避汲取彼学,都不能真正推动法律史研究的进步。

事实上有关中国法律史研究的基本方法,中外先贤早已论之甚确。日本明治、大正以来的法制史学界,有法科派与文科派之别,两派各以比较法制史与文化史为主要的研究方法与路径。被视为法科派"牙城"的法学博士泷川政次郎在论及法制史的研究方法时,即以史料的搜集——史料的批判——史料的整理与解释——史论的构成与表现为逻辑关系。② 史料的搜集需要史家的意识与法律史学的眼力,史料的批判又要求文献学的知识乃至史学史的眼

① 高潮、史幼华:《建立法律文献学,推进法学古籍整理工作》,《政法论坛》1986 年第 5 期。
② 泷川政次郎:《日本法制史》(上),讲谈社 1985 年版,第 49—58 页。是书初版 1928 年由有斐阁刊行。

光,史料的整理解释更是对学者各科学识的考量,史论的构成则是所有逻辑关系的最终落脚点。陈顾远论中国法制之"史疑",指出推测之辞不可为信,设法之辞不可为据,传说之辞不可为确,①强调的是对史料的信疑之辨。林咏荣认为,考订史实以判别史之真伪,整理史料以贯通史之系统,确定史观以把握史之重心,是研究法制史应持有的态度与方法。②

先贤论之既备,法律史研究的基本方法亦毋庸赘言。在法律史研究的范围已由制度史、思想史扩展至文化史、社会史的当下,方法论颇为论者关注,然而先贤所总结的这一方法的指导意义仍当明察。揆其要义,以为有三:其一,法律史研究者当亲身研读基础史料,等待"服务"的意识难以规避人误我亦误的风险;其二,对新材料的占有与旧材料运用的反思,是推动法律史研究进步的动因之一;其三,论从史出的精耕细作与宏观提炼在本质上并无二致,二者是逻辑上的渐进关系,"见微知著"是其必然途径。"见木不见林"固然令研究价值失半,而"见林不见木"则难免空中楼阁之虞。中国法律史的研究有方法、理论、对象、流派的不同,自然不是非此即彼的关系。但对史料的重视与考证不等于对史论的必然漠然,对宏观考察的强调也不意味着对细节的有意忽视。换言之,对研究方法的表象感知不意味着评价的确然可信。

法律史学科的双重属性对历史文献学的促进作用也是不言而喻的。在法学领域,中国法律史是一门成熟学科,对基础文献的重视自研究之始即为先学所重,百年来在学科建设与发展中获得了基本认同与共识;在历史学与文学领域,文献学的发展历史更为悠久,及至当下,学科系谱下有历史文献学与古典文献学两个二级学科。但需要看到的是,栖身法学的文献研究难以在学科层面破茧而出,历史文献学下的法律文献也需要符合学科特征的表述。在中国古代法律文献的整理研究既不能脱离历史文献学而为之,亦不能隔绝法律史学而独行,且历史文献学已衍生出具有鲜明学科特色的分支研究的现实下,正如民族文献、宗教文献、医药学文献、农学文献已愈发显现出学科与文献交叉后的发展前景,古代法律文献学也是目下已事实存在且有待进一步充实完善的新的学科发展点。古代法律文献的产生、聚散、存量、种类、编纂、

---

① 陈顾远:《中国法制史》,商务印书馆1934年版,第3—10页。
② 林咏荣:《中国法制史》,三民书局1980年(增订八版),第2—5页。

实证、解释,是文献学的研究对象与目的,它的准确揭示与清晰描述,将更有益于中国法律史的深入研究。

## 四

中国政法大学法律古籍整理研究所成立于 1984 年,是在当时全国高校中率先成立的第一所专门从事中国古代法律文献整理研究的学术机构。建所宗旨是搜集、整理、研究中国古代法律文献,传承中国古代法律文化精粹,振兴与繁荣传统学术。三十年来,全所几代学人秉持宗旨,勉力前行,取得了《中国历代刑法志译注》、《大清律例通考校注》、《中华大典·法律典·刑法分典》(全五册)、《沈家本全集》(全八卷)等较为同行关注的集体成果,研究所所刊《中国古代法律文献研究》的学术影响力也在逐步提升,研究所成员亦在传世法律文献、出土法律文献、民间法律文献方面形成了各自的研究旨趣。2009 年,研究所成为教育部全国高校古籍整理工作委员会的直接联系单位,迎来了新的发展机遇。

值此建所三十周年之际,研究所拟编辑出版"中国古代法律文献研究丛刊"。丛刊为开放性的系列丛书,自今年始陆续推出。丛书的内容以作者的研究旨趣为出发点,主要体现古代法律文献以及文献作用于法律史研究的研究成果,以此反映这一学术领域的现状与水准。

本丛刊的出版,得到了上海古籍出版社的支持,也得到了中国政法大学重点学科、交叉学科建设经费的资助,对此谨致谢忱。

徐世虹

2014 年 5 月 3 日

# 目　录

# 绪　　论

## 一、研 究 现 状

作为社会科学、人文科学的不同门类,法律与文学参与社会生活的方式有所不同,大体而言,法律以规范社会秩序为主,文学以描摹人情世态为尚。但法律与文学又不是泾渭分明的:法律为了提高自身实效,必然借鉴文学的包括摹写细节、锤炼语言等在内的表达手段;而文学的社会批判功能,则决定了其不得不把现实中影响甚巨的法律作为关注对象。由此决定,法律与文学犹如一对"孪生兄弟",①有着千丝万缕的"交叉"与联系。②

1925 年,美国法学家本杰明·内森·卡多佐(Benjamin Nathan Cardozo)发表《法律与文学》一文,探讨司法文件的文学风格、修辞等问题,③初涉法律与文学的交叉领域。日本学者仁井田陞 1960 年发表《〈金瓶梅〉描写的明代法与经济》,④是亚洲学者中较早关注此一领域者。1973 年,美国芝加哥大学法学院教授詹姆士·伯艾德·怀特(James Boyd White)出版教科书《法律的想像》,⑤标志着法律与文学运动正式起步。此运动先后涉及"作为文学的法律"、"文学中的法律"、"有关文学的法律"、"通过文学的法律"四大分支,影响甚广。⑥ 中国法史学者张晋藩 1980 年发表《〈红楼梦〉所反映的清

① 这里借用苏力为[美]理查德·A·波斯纳(Richard Allen Posner)著、李国庆译《法律与文学》(中国政法大学出版社 2002 年版)一书所作序《孪生兄弟的不同命运》的提法。
② 这里借用余宗其《法律与文学的交叉地》(春风文艺出版社 1995 年版)一书的提法。
③ 转引自苏力《法律与文学——以中国传统戏剧为材料》,生活·读书·新知三联书店 2006 年版,第8页。
④ 转引自徐忠明《〈金瓶梅〉反映的明代经济法制释论》,《南京大学法律评论》1997 年秋季号。
⑤ [美]理查德·A·波斯纳著,李国庆译:《法律与文学》,第5页。
⑥ 转引自苏力《法律与文学——以中国传统戏剧为材料》,第9—10页。

朝诉讼制度》一文，①是国内此方面研究的较早成果。大约从 1990 年代开始，中国法史学界明确意识到中国古代文学之于中国法律史的价值，对此展开专门研究。研究主要从四方面入手：

（一）秉持史学家"文史互证"的理念，发掘古代文学作品中可资中国法律史研究的资料。具体分如下四点：

其一，关于法律规章。此类研究将古代文学作品中反映唐、宋、元、明、清等朝代法律规章的资料析出，与其时传世律典的相关规定相对照，并加以分析、评说。刑事法律规章方面，如余宗其《中国文学与中国法律》第二编第七章《〈水浒传〉与宋代法律》、第九章《〈西游记〉等明清小说与明代法律》等章节，②刘崇奎《"三言"公案小说中的"拷讯"》；③民事法律规章方面，如李巍《从明清小说看古代在室女的法律地位》，④白慧颖《法律与文学的融合与冲突》第三章第一节《中国古代文学作品对法律的注解与诠释》一"凄婉哀歌里的婚姻家庭制度"，⑤苏幸《看〈红楼梦〉中的清代婚姻法律制度》；⑥经济法律规章方面，如徐忠明《〈金瓶梅〉反映的明代经济法制释论》，李潇《明代牙人、牙行的职能与商牙关系的探讨——以明代小说材料为中心》；⑦军事法律规章方面，如翟文喆《明清小说与"刑始于兵"的记忆》；⑧诉讼法律规章方面，如徐忠明《武松命案与宋代刑事诉讼制度浅谈》、⑨《〈金瓶梅〉"公案"与明代刑事诉讼制度初探》、⑩楚永桥《〈燕子赋〉与唐代司法制度》。⑪ 此类研究肯定了古代文学作品在反映法律规章方面的真实性，确定了其作为法律史资料之一种的价值。

---

①　张晋藩：《〈红楼梦〉所反映的清朝诉讼制度》，《红楼梦学刊》1980 年第 2 辑。
②　余宗其：《中国文学与中国法律》，中国政法大学出版社 2002 年版。
③　刘崇奎：《"三言"公案小说中的"拷讯"》，《江苏警官学院学报》2006 年第 5 期。
④　李巍：《从明清小说看古代在室女的法律地位》，《法制与社会》2012 年第 10 期下。
⑤　白慧颖：《法律与文学的融合与冲突》，知识产权出版社 2014 年版。
⑥　苏幸：《看〈红楼梦〉中的清代婚姻法律制度》，《法制与社会》2014 年第 5 期上。
⑦　李潇：《明代牙人、牙行的职能与商牙关系的探讨——以明代小说材料为中心》，《东南大学学报》2014 年第 5 期。
⑧　翟文喆：《明清小说与"刑始于兵"的记忆》，范仲信、陈景良编：《中西法律传统》第五卷，中国政法大学出版社 2006 年版。
⑨　徐忠明：《武松命案与宋代刑事诉讼制度浅谈》，《历史大观园》1994 年第 11 期。
⑩　徐忠明：《〈金瓶梅〉"公案"与明代刑事诉讼制度初探》，《比较法研究》1996 年第 1 期。
⑪　楚永桥：《〈燕子赋〉与唐代司法制度》，《文学遗产》2002 年第 4 期。

其二,关于司法状况。此类研究对不同时代文学作品所暴露出的司法黑暗加以归类与阐释,主要有徐忠明《〈活地狱〉与晚清州县司法研究》、①《从话本〈错斩崔宁〉看中国古代司法》,②余宗其《中国文学与中国法律》第一编第四章《执法教训》、第二编第八章《关汉卿的戏剧与元代法律》等章节,孙旭《明清小说对监狱黑暗的反映》,③王建宏《权力、义气、天理面前的法律——浅析〈水浒传〉的若干法律现象》,杨民《〈聊斋志异〉中的冥公案小说》。④ 此类研究很好地揭示了古代文学作品在暴露司法黑暗方面,超越历代《刑法志》及笔记相关记载的价值。

其三,关于法律观念。此类研究析出、论述了古代文学作品反映人的法律观念、诉讼态度的材料,如徐忠明《从明清小说看中国人的诉讼观念》、⑤《娱乐与讽刺:明清时期民间法律意识的另类叙事——以〈笑林广记〉为中心的考察》,⑥范忠信《从明清市井小说看民间法律观念》,⑦温珍奎《古代文人小说与民间法律秩序的重构——以"三言""二拍"为例》,⑧邢意和《〈狄公案〉中国家法律思想与民间法律思想的矛盾》,⑨柳岳武《穿梭阴阳界——〈聊斋志异〉法律思想解读》,⑩孙旭《从〈好逑传〉看明代人的诉讼程序意识》。⑪ 古代文学作品弥补了历代律典、正史、官箴书等对与法律有关的"人"的忽视,其独特价值于此类研究中得以呈现。

---

① 徐忠明:《〈活地狱〉与晚清州县司法研究》,《比较法研究》1995年第3期。
② 徐忠明:《从话本〈错斩崔宁〉看中国古代司法》,《法学评论》2000年第2期。
③ 孙旭:《明清小说对监狱黑暗的反映》,马志冰、郭炜主编:《监狱文化与矫正工作研究》,法律出版社2008年版。
④ 王建宏:《权力、义气、天理面前的法律——浅析〈水浒传〉的若干法律现象》,杨民:《〈聊斋志异〉中的冥公案小说》,范玉吉主编:《法律与文学研究》第一辑,上海三联书店2012年版。
⑤ 徐忠明:《从明清小说看中国人的诉讼观念》,《中山大学学报》1996年第4期。
⑥ 徐忠明:《娱乐与讽刺:明清时期民间法律意识的另类叙事——以〈笑林广记〉为中心的考察》,收入徐忠明著《案例、故事与明清时期的司法文化》,法律出版社2006年版。
⑦ 范忠信:《从明清市井小说看民间法律观念》,公丕祥主编:《法制现代化研究》第四卷,南京师范大学出版社1998年版。
⑧ 温珍奎:《古代文人小说与民间法律秩序的重构——以"三言""二拍"为例》,《江西教育学院学报》2003年第4期。
⑨ 邢意和:《〈狄公案〉中国家法律思想与民间法律思想的矛盾》,《沈阳农业大学学报》2005年第1期。
⑩ 柳岳武:《穿梭阴阳界——〈聊斋志异〉法律思想解读》,《政法论坛》2011年第2期。
⑪ 孙旭:《从〈好逑传〉看明代人的诉讼程序意识》,徐世虹主编:《中国古代法律文献研究》第六辑,社会科学文献出版社2012年版。

其四,关于法律文化。此类研究关注的是法律的根源性问题,如"人们为什么要守法,为什么会有某一种法律,人们究竟是怎样被法律纠正行为的",①如梁治平《法意与人情》,②徐忠明《包公杂剧与元代法律文化的初步研究(上)——以清官的司法为范围》,③《包公杂剧与元代法律文化的初步研究(下)——以清官的司法为范围》,④《包公故事:一个考察中国法律文化的视角》,⑤陈煜、毛娟《〈儒林外史〉中的三个阶层与法律实践》,⑥郭建《非常说法——中国戏曲小说中的法文化》之《各色人等·什么是主仆名分》,⑦《古人的天平——中国古典文学名著中的法文化》三《凶神恶煞也立庙》等章节,⑧薛成有《水浒聚义故事的法理解读》,⑨金国正《道德·法律·文学——〈郑伯克段于鄢〉的三维解读》,吴敏、钱星元《"孝子复仇"的文学化书写与晚明小说中的法律文化》。⑩此类研究关注法律制度在历史上的变迁及背后的文化意蕴,使法律与文学的交叉研究因之体现出历史的厚重感。

（二）从古代文学作品中提炼出具有法学理论意义的命题。苏力在此方面创见较多,其《法律与文学——以中国传统戏剧为材料》一书,"力求在由文学文本构建的具体语境中以及构建这些文本的历史语境中冷静地考察法律的、特别是中国法律的一些可能具有一般意义的理论问题",⑪"别开生面"地利用古代文学作品中的法律资料,富有理论深度。此外,鄢本强《冤案何以发生?——评〈十五贯〉》亦具此种特点。⑫

（三）以现代法律的思维和视角为参照,对古代文学作品重新加以解

① 郭建:《獬豸的投影——中国的法文化》,上海三联书店 2006 年版,第 289 页。
② 梁治平:《法意与人情》,海天出版社 1992 年版。
③ 徐忠明:《包公杂剧与元代法律文化的初步研究(上)——以清官的司法为范围》,《南京大学法律评论》1996 年秋季号。
④ 徐忠明:《包公杂剧与元代法律文化的初步研究(下)——以清官的司法为范围》,《南京大学法律评论》1997 年春季号。
⑤ 徐忠明:《包公故事:一个考察中国法律文化的视角》,中国政法大学出版社 2002 年版。
⑥ 陈煜、毛娟:《〈儒林外史〉中的三个阶层与法律实践》,《江苏警官学院学报》2002 年第 2 期。
⑦ 郭建:《非常说法——中国戏曲小说中的法文化》,中华书局 2007 年版。
⑧ 郭建:《古人的天平——中国古典文学名著中的法文化》,当代中国出版社 2008 年版。
⑨ 薛成有:《水浒聚义故事的法理解读》,《菏泽学院学报》2010 年第 4 期。
⑩ 金国正:《道德·法律·文学——〈郑伯克段于鄢〉的三维解读》;吴敏、钱星元:《"孝子复仇"的文学化书写与晚明小说中的法律文化》,见《法律与文学研究》第一辑。
⑪ 苏力:《法律与文学——以中国传统戏剧为材料》,第 3 页。
⑫ 鄢本强:《冤案何以发生?——评〈十五贯〉》,徐昕主编:《正义的想象:文学中的司法》,中国法制出版社 2009 年版。

读。张未然《神仙世界与法律规则——法律人读〈西游记〉》、①《法意·红楼——一个法律人的"读红"札记》、②罗云峰《人情、官场与社会——晚清谴责小说中的人情政治生态》立足于现代法学的立场,③以"在文学作品中发现法律,通过法律丰富我们对文学作品的理解"为己任,④发掘《西游记》、《红楼梦》中典型人物身上所承载的新的内涵。此类著述"以古说今",别具一派风格。

(四)从方法论上探讨古代文学作品中法律资料的利用问题。关于古代文学作品中法律资料的真实性问题,学者很早就予以关注,如徐忠明指出:"楚州太守桃杌判处窦娥死刑不待奏报便予处决,不符法律规定。"⑤但明确从理论上对这一问题展开探讨的是李启成。他通过探讨在处理"妄冒为婚"案件上文学作品与司法文书的差异,对文学作品的真实性提出了质疑。⑥ 此后,他进一步提出评价法律史研究资料的差等原则:"那些在一定程度上反映法制和司法状况的资料(如正史、文集、回忆性文字等),应低于那些能准确反映法制和司法全局或部分状况的资料(如律例典章、中央司法档案、中央司法机构案例汇编、地方法规、地方司法档案和地方案例汇编、家法族规、乡约行规、方志、契据家谱、政书、讼师秘本、日用类书等),但应高于野史笔记、文学作品等不确定反映法制和司法状况的资料。"⑦翟桂范在《法律史资料无价值差等——客观看待地方司法档案》一文中则提出:"法史研究应注重利用多元史料相互参证,才能确保研究的可信度和说服力。"⑧此类研究增强了法律与文学交叉研究的理论深度。

上述研究主要立足于古代文学,从古代文学作品中"发现"、检讨古代法

---

① 张未然:《神仙世界与法律规则——法律人读〈西游记〉》,中国政法大学出版社 2011 年版。
② 张未然:《法意·红楼——一个法律人的"读红"札记》,中国政法大学出版社 2012 年版。
③ 罗云峰:《人情、官场与社会——晚清谴责小说中的人情政治生态》,《法律与文学研究》第一辑。
④ 张未然:《神仙世界与法律规则——法律人读〈西游记〉·自序》,第 2 页。
⑤ 徐忠明:《〈窦娥冤〉与元代法制的若干问题试析》,《中山大学学报》1996 年增刊。
⑥ 李启成:《文学作品、司法文书与法史学研究——以审理"妄冒为婚"案件为中心的研究》,《政法论坛》2010 年第 2 期。
⑦ 李启成:《"差等"还是"齐一"——浅谈中国法律史研究资料之价值》,《河南大学学报》2012 年第 3 期。
⑧ 翟桂范:《法律史资料无价值差等——客观看待地方司法档案》,《中国社会科学报》2012 年 12 月 10 日。

律。此外,法史学界还有另外一种研究进路,即研究某一具体问题时,将古代文学作品中可以确定无误的法律资料直接拿来,作为论述的例证,如郭建《獬豸的投影——中国的法文化》、《帝国缩影——中国历史上的衙门》,①殷啸虎《古代衙门》,②陈玺《唐代拘捕制度考论》。③ 此类研究将古代文学中的法律资料与其他类型的法律资料相提并论,在展现各自样貌的同时,也揭示了彼此互补的一面。

按照苏力的说法,中国的法律与文学研究"已经触及到了美国学者首先创设并界定的法律与文学领域的一切主要方面"。④ 这里所谈的"中国古代文学之于中国法律史的价值",仅是目前法学界相关研究的一小部分。学者们关于法律与文学其他分支的研究足可开启我们的学术视野,使我们意识到法律与文学是一个十分庞大而复杂的课题,包括但不限于文学作品所反映的某一朝代法律的制定、执行、观念乃至文化,而是横跨古今中外,既将法律文本作为文学文本来研究,又对文学作品加以法律规制。

以上是法史学界关于法律与文学问题的研究成果。事实上,由于古代文学中有一类"公案"文学,其天然地与法律相联结,还使得法律与文学成为古代文学界的一个研究方向,最早可追溯至鲁迅等人自"五四"时期开始的研究。20世纪80年代以来,老一辈古代文学研究者开始对公案小说发力,谭正璧、胡士莹、黄岩柏、孟犁野、曹亦冰等学者撰写了一系列具有较高学术价值的论文、专著,极大地推进了公案小说的研究进程。⑤ 此后,杨绪容、⑥苗怀明等青年学者也不断加入进来。虽然这些成果是从文学角度进入,但在分析作品主题的时候,也涉及了"析产继立"、"婚恋奸情"等案件类型,以及"官员审案"、"判词"等法律问题。可以说,古代文学研究者在研究公案小说时也是带着一定的法律意识的,对法史学者的相关研究具有启发意义。

此外,由于古代小说家对文人的前途、命运比较关注,与学校、科举等有

---

① 郭建:《帝国缩影——中国历史上的衙门》,学林出版社 1999 年版。
② 殷啸虎:《古代衙门》,东方出版中心 2008 年版。
③ 陈玺:《唐代拘捕制度考论》,《社会科学辑刊》2012 年第 2 期。
④ 苏力:《法律与文学——以中国传统戏剧为材料》,第 6 页。
⑤ 参见苗怀明《中国古代公案小说史论》,南京大学出版社 2005 年版,第 1—26 页。
⑥ 杨绪容:《〈百家公案〉研究》,上海古籍出版社 2005 年版。

关的行政法律规章也成为小说的重点表现内容。吴孟君、①段江丽、②王衍军、李平、③张同胜④等古代文学研究者敏锐地发现了这一点,对其中所涉及的童子试、岁考、科考、生员、考试舞弊等问题展开研究,一定程度地填补了法史研究在此方面的空白。

## 二、有待进一步提高的方面

以往学界对古代文学作品中的法律资料进行了深入细致且富于理论意义的探讨,极大地推进了法律与文学交叉研究的进程。但在以下方面还有待进一步提高。

第一,在相关研究成果不断涌现,但质疑、否定之声仍不绝如缕的情况下,如何看待古代文学作品中的历史真实与文学真实,是以非此即彼的真假作为评判标准,还是另辟蹊径,寻求包容性更强、更为合理的评判标准,成为研究者必须首先面对和解决的问题。

第二,以往研究多关注白居易诗、包公戏、四大名著等文学成就较高的作品,这些作品固然全面、深刻地反映了社会现实、法律现象,但不可否认的是,不少二流、三流作品中有关法律的内容同样"有可观焉",有些甚至还是名著中未予揭示的。放弃对这一块的探讨来研究古代文学中的法律资料,无疑是"盲人摸象,未得其全"。

第三,研究尚不全面,偏重明显。对古代文学作品中法律规章的研究无疑是目前法史研究成就突出的一个方面,但这一方面却体现出明显的偏重。首先,对刑事、诉讼法律规章用力较多,对民事、经济法律规章关注较少,对行政法律规章涉及更少。此外,这一偏重还体现在对具体法律规章的内部研究上。比如民事法律规章中的典当、结婚,经济法律规章中的牙行、盐法,以及行政法律规章中的学校、考试等得到关注,但民事法律规章中的雇佣、合伙,

①　吴孟君:《从〈醒世姻缘传〉看明代的科举教育》,《自贡师专学报》1992 年第 1 期。
②　段江丽:《通俗小说中的童生试、岁考与科考——以〈醒世姻缘传〉等为中心》,《明清小说研究》2011 年第 3 期。
③　李平:《从〈醒世姻缘传〉看清初学校教育和科举制度》,《齐鲁学刊》2012 年第 5 期。
④　张同胜:《蒙元杂剧与科举制度关系考述》,陈平原主编:《科举与传播:中国俗文学研究》,北京大学出版社 2015 年版。

经济法律规章中的赋役，以及行政法律规章中的选任、考课等尚未引起注意。同时，对古代文学作品中其他法律资料的研究也体现出程度不同的偏重。不解决关注度失衡的问题，对于全面探讨古代文学作品中的法律资料极为不利。

第四，研究古代文学作品中的法律资料，不能仅立足于法学、史学的立场，还应兼及文学等角度。因为文学家创作的主要目的不是反映法律或记录历史，而是表达对社会现实的感受与人生体验。但文学家心思缜密、观察细致，其对法律的反映，很可能为"法律中人"所司空见惯却恰恰触及了法律最本质的东西，因而呈现出独特的法律资料价值。故此，研究古代文学作品中的法律资料，应兼及不同角度，以使对相关问题的阐释更为深入、细致。

# 三、本书的写作思路

本书以古代文学中的明代白话小说作为论述对象。之所以选择小说，是因为相对于诗歌、戏曲，小说在表达上有着先天的优势，其对法律的反映更丰富、细致、生动。而明代白话小说，既是中国古代小说获得极大发展的标志，又是古代小说巅峰——清代小说诞生前的先声，不仅内容、形式上有着"绚烂至极"前的丰盈与曼妙，其对法律的反映亦呈现出集于大成的特色与继续深入的可能。本书的写作思路主要如下。

## （一）从虚、实的角度看待古代文学作品中的法律资料

中国古代诗歌有着悠久的"美刺"——称美、讽恶传统，兼且抒情"言志"之前必资以描写，故学者对诗歌反映法律的怀疑相对较少；而对以虚构、夸张作为主要表现手段的戏剧、小说，特别是小说反映法律的情况，则多有诟病。事实上，不少古代小说家在创作时强调客观真实性，以作品比附史传。如明冯梦龙《警世通言·叙》："通俗演义一种，遂足以佐经书史传之穷。"明凌濛初《二刻拍案惊奇·序》："其所掇撷，大都真切可据。"不止于此，小说家还直接创造了"历史演义"、"时事小说"、"近事小说"等"讲述或描写历史人物与故事的小说"，①可见其对真实性的追求程度。

---

① 　段启明、张平仁：《历史小说简史》，山西人民出版社 2005 年版，第 3 页。

古代文学研究者的研究表明,不仅历史小说"羽翼信史",呈现出较高的真实性,不少非"历史小说"亦具备"史余"的特征。郑振铎评价《金瓶梅》:"表现真实的中国社会的形形色色者,舍金瓶梅恐怕找不到更重要的一部小说了。""它是一部很伟大的写实小说,赤裸裸的毫无忌惮的表现着中国社会的病态,表现着'世纪末'的最荒唐的一个堕落的社会的景象。"①谭正璧、戴不凡等通过爬梳史料,②得出相当比例的拟话本都有本事可考的结论:③或源于正史,或取材于地方志、笔记,或是社会传闻的记录,真实性都很高。

古代文学作品的真实性固然得到诸多研究者的肯定,但不可否认,也有不少研究者指出了其伪真实性的一面。前文对此已有论及,兹不赘述。如何解决这一矛盾,是关系到对古代文学中法律资料的评价与利用的重大问题。

法史研究以求真为己任,鄙视虚、假;文学却允许作家在不违背自然规律的情况下,进行夸张乃至虚构。事实上,倘若文学所反映的内容与现实生活完全一致,反而意味着作家的创造力不足,其价值要受到非议和诟病。从表面上看,法律与文学的追求目标相左,很难通融、交汇,但有一点不可忽视,即文学虽然讲究虚构,却并不完全排斥真实,其追求的,乃是虚与实的完美结合,即对现实生活加以提炼,然后熔铸成为新的形象。如同水中的影像,本身虽虚,但其产生,乃是因为有真实的人临水而照。由于天色、风力、水质等因素的影响,影像与本人会有一定的差距,可能有时差距还很大,但只要有人就会有像;像再走样,也是人的像,绝不会是其他的东西,总会留有一些可资辨认的痕迹。文学因追求虚实结合、虚实相生而呈现出真实性的质地,以此具有了与法律相沟通的基础。

当肯定文学的虚与实,不再苛求它的真实性时,对古代文学作品中法律资料的真实性就有了新的认识。首先,古代文学作品中法律资料所反映的是一种局部的真实。比如说一个罪名或刑名,可能与作品所交代的时代背景不相称,但在其他朝代可找到其存在或部分存在的影子,而很少会是作者的凭

---

① 郑振铎:《西谛书话·谈金瓶梅词话》,生活·读书·新知三联书店 1983 年版,第 73 页。
② 谭正璧:《三言两拍资料》,上海古籍出版社 1980 年版;戴不凡:《小说见闻录》,浙江人民出版社 1980 年版。
③ 拟话本是明清文人模拟宋元话本而创作的白话短篇小说。

空杜撰。正如吴晗所说："一个作家要故意避免含有时代性的记述,虽不是不可能,却也不是一件容易的事。因为他不能离开他的时代,不能离开他的现实生活,他是那时候的现代人,无论他如何避免,在对话中,在一件平凡事情的叙述中,多少总不能不带有那时代的意识。即使他所叙述的是假托古代的题材,无意中也不能不流露出那时代的现实生活。"①此外,古代文学作品中法律资料所反映的是一种本质的真实。以对司法审判的表现为例,只要它反映了官长在法、理、情之间进行调和的努力就够了,至于是通过一个什么样的故事形式表现出来的,是否夸大其词或夸大其词到何种程度,就不必过于追究了。因为一旦较起真来,即便是作为真实庭审记录的司法文书亦不能达标。明代官箴书就堂而皇之地认可"作伪"行径,②如佘自强《治谱》:"人命真确,……若系贫民,偶以小忿殴死,或苦主父母老、子女幼,不愿抵偿,求得埋葬自给者,此法所不听,情有可原,宁可听其讲和。若已经上司,招内亦不必说出讲和,止将尸伤致命处改轻,苦主既不执,上司自允,彼此皆得不死。若拘执一定,恐老幼奔驰,衣食不给,死者之冤未必雪,两家反有拖累之忧。"③为了使苦主家属免受拖累,官长愿意"修改"招稿。古代小说对此亦有所表现。冯梦龙《醒世恒言》第三十卷中的李勉为县尉时,曾出脱被诱为盗的房德,并因此被罢官。后李勉寻访友人颜太守,路遇发迹为知县的房德,去其官署做客。房德本欲重酬李勉,但为其妻子贝氏蛊惑,反欲杀之。不想其派去刺杀李勉的侠客得知实情后,反将房德夫妻杀死,"主簿与县尉商议申文,已晓得李勉是颜太守的好友,从实申报,在他面上,怕有干碍;二则又见得县主薄德;乃将真情隐过,只说半夜被盗越入私衙,杀死县令夫妇,窃去首级,无从捕获。两下周全其事"。出于对上司面子的考虑,官长亦不惜"制作"申文。就此而言,对古代文学作品中的法律资料保持一定程度的"宽容"是非常必要的。

①　吴晗:《〈金瓶梅〉的著作时代及其社会背景》,《名家解读金瓶梅》,山东人民出版社 1998年版。

②　本书所参考的明代官箴书,主要指收录于官箴书集成编撰委员会编《官箴书集成》(黄山书社 1997年版)第一册中的薛瑄《薛文清公从政录》、汪天锡《官箴集要》、吕坤《新吾吕先生实政录》、刘时俊《居官水镜》、不著撰者《新官到任仪注》、不著撰者《新官轨范》,第二册中的蒋廷璧《璞山蒋公政训》、不著撰者《初仕要览》、吴遵《初仕录》、不著撰者《居官必要为政便览》、不著撰者《居官格言》、佘自强《治谱》等 12种。此外,还有吴应箕《楼山堂集》(《续修四库全书·集部·别集类》第 1388册,上海古籍出版社 2001年版)等。

③　(明) 佘自强:《治谱》卷六《人命门·人命出入》,第 151页。

## （二）以法律设施、规章、文书、人物、观念/知识作为本书的分类框架

作为一种社会现象,法律离不开设施、规章、文书、人物、观念/知识五大层面的支撑与拱卫。就中国古代法律而言,各级官署的大堂、刑具等为司法审判提供了必要的场所、用具,是法律存在的设施层面。没有它们的支撑,法律犹如空中楼阁,不仅存在堪忧,发展更无从谈起。刑事、行政、民事等法律规章是法律的直接体现,作为原告、被告及官长意志载体的告状、诉状、判词等,其制作也以法律规章作为参照,它们都体现了法律的价值评判,是法律的核心所在。法律的产生、执行由人来操控,其执行对象也是人,必然在人的行为、心理、观念等方面打上自己的烙印,故此法律的人物层面及其与之密切相关的观念/知识层面就成为法律的最终归旨。

法律的设施、规章、文书、人物、观念/知识五大层面关系很复杂,常常"你中有我,我中有你",难以遽然分离,本书论述时择要而从。

## （三）关于明代白话小说的说明

明代白话小说中的历史演义对史书依附较多,大多是史书的翻版,而少有作家对社会现实的观察与描摹,故不予论述。此外,还有三点需要说明。

第一,关于对前朝的反映。有些明代白话小说以前朝作为故事发生的时代背景,如《韩湘子全传》以唐代韩愈为主人公,《水浒传》讲述的是发生于宋代的故事,以此对前朝事多有反映。但无论对前朝事反映得多么丰富、细致,小说家都不可避免地于其中混杂本朝事,表达对自身所处时代的感受。本书的写作目的是反映明代白话小说中法律资料的总体样貌,并借以揭示明代法律的执行实况与细节,故此,只研究其中反映明代法律的部分,而不涉及表现前朝法律的方面。

第二,关于时代划分。由于种种原因,明代前中期的小说创作比较沉寂,极少作品问世;大约从万历朝开始,小说创作始复苏,此后一发不可收拾,终于迎来小说创作的大发展。就此而言,将明代白话小说定义为"明后期小说"似更贴切。在该时段内,明代法律基本上未发生大的变化,兼之小说家创作的主要目的并非反映法律,而是塑造人物、描绘情节,即小说家们不约而同地对那些有助于其创作目的达成的法律现象表现出关注,而对其他方面较少涉

及,故此,明代白话小说对其时法律的反映呈现出一定的凝固性、重复性。为避免因拘泥于历时性的差异而影响对其中法律资料的整体关照,本书不对明代白话小说作细致的时代划分,但特殊之处会着意点出。

第三,关于对小说家的研究。本书共辑录明代白话小说 91 部,涉及作者(编者)74 人(佚名者计 1 人,一人著、编多书者计 1 人,一书多人著、编者计 1 人),其中有名有姓者 30 人,余则为伪托或化名或佚名;在有名有姓的30 人中,生平可考者仅 7 人,余则有争议或不详。在中国古代文学史上,小说的地位远低于诗文,只有求取功名无望者,才会放下身段进行编著,并常在作品完成后隐去本名,真正心无禁忌、愿意史上留名者毕竟是少数。从 7位有名有姓者的生平来看,作者的为官经历对其作品反映法律具有一定的影响。《铁树记》等的作者邓志谟为“萃庆堂塾师”,《诸司公案》等的编者余象斗为“福建建阳书坊主”,《清夜钟》作者陆云龙为“书坊峥霄馆主”,①均一生未有功名。《西游补》作者董说为“诸生”,②获得过出身;《清平山堂话本》编者洪楩“荫詹事府主簿”,“三言”作者冯梦龙“由贡生选授福建寿宁知县”,“二拍”作者凌濛初“官至徐州通判并分署房村”,③都曾为官。学界的研究已表明:“三言”、“二拍”对明代法律的反映较《铁树记》、《诸司公案》等更丰富、深刻。明律规定官员必须定期学习法律:“百司官吏务要熟读,讲明律意,剖决事务。每遇年终,在内从察院,在外从分巡御史、提刑按察司官,按治去处考校。”④虽然此一规定“因循日久,视为具文”,⑤但其在一定时间、一定地域内必然发生过一定影响,有过为官经历的小说家很有可能受其影响。当然,冯梦龙创作“三言”在其为官之前,但既然最终为官,则其法律素养及心理上对国家制度(法律)的认可等很可能超过一生未官或止步于生员者。

但也不可否认,小说家的为官经历并非其作品高质量反映法律的唯一要件,更多生平不详或托名、化名、佚名的小说家,其作品在反映法律方面亦毫不逊色,如《金瓶梅》作者兰陵笑笑生、《醒世姻缘传》作者西周生等。从现存

---

① 　陈大康:《明代小说史》,人民文学出版社 2007 年版,第 745、733、789 页。
② 　陈大康:《明代小说史》,第 801 页。
③ 　陈大康:《明代小说史》,第 719、770、786 页。
④ 　怀效锋点校:《大明律》卷三《吏律二·公式·讲读律令》,法律出版社 1999 年版,第 36 页。
⑤ 　《明史》卷九三《刑法志一》,中华书局 1999 年版,第 1523 页。

的关于小说家生平的只言片语可看出,即便一生蹭蹬,无缘功名,他们中的不少人也是才华横溢、胸有自有丘壑的。可以说,其作为读书人所接受的法律教育及特定的社会环境等,为其在作品中反映法律创造了条件。本书第六章第二节"民众的法律知识接受途径"分析了普通人与读书人的法律知识接受途径,可看作生平不详或托名、化名、佚名的明代白话小说家反映法律的基础。因绝大多数小说家的生平不可考,且有关其生平与作品反映法律的直接材料较匮乏,故本书没有对其展开专门研究。

## (四) 对本书内容的说明

因学界对明代白话小说中有关刑事、诉讼法律规章方面的资料用力较多,故本书不再重复研究,而将精力放在学界基本未予关注的行政法律规章中的选任、考课,民事法律规章中的雇佣、合伙以及经济法律规章中的赋役等方面,将其中有价值的材料析出,并加以阐释。对于学界已展开相关研究的行政法律规章中的学校、考试,民事法律规章中的典当、结婚等,本书则力图以所掌握的材料补充前说。限于篇幅,本书在出版时割舍了明代白话小说对法律文书中的判词、法律人物中官长的职业素质(品质、性格、知识、交往能力),以及法律观念/知识中百姓的诉讼成本等的表现,限制了对小说中法律资料价值的发掘,也使本书的研究目标一定程度地落空,希望今后能有机会弥补这一缺憾。

## (五) 从法学、史学、文学的视角展开研究

本书的主旨,是以法律设施、规章、文书、人物、观念/知识五大层面为坐标,展示明代白话小说中法律资料的多彩样貌与丰富内涵;同时,吸取法史学界相关研究成果(不限于法律与文学的交叉研究成果),对其价值、意义作出符合实际的评判。

第一,关于法律设施、规章、文书层面。把握历史上法律实施的实况及细节,是每一位法律史研究者的兴趣所在。诚然,相关情况,如法律设施,地方志、官箴书、幕友之书(多为清代)等有记录;如法律规章,律典、正史等有记载,但小说家心思细腻、感受丰富,其出于文学创作目的而对法律的间接表现,常能"见人所未见,言人所未言",发掘出因人司空见惯而被遮蔽的方面,

而这些,恰恰是法律实施中最精微、本质所在,值得研究。

第二,关于法律人物、观念/知识层面。对官员吏役的关注并非小说家所独有,官箴书给为官者提供样板,从为官道德、施政手段等方面提出告诫,对此多有涉及。小说的相关表现与官箴书有同有异,展示了在大的文化背景的浸润下,人们所具有的相同或近似的法律观念;同时,又因出身、地位、创作目的不同,所产生的对于法律的相异理解与期待。再看民众,在传统法律资料中,民众是缺席的;即便有也是以集体面目出现,绝少得到个性化的展示。在小说、笔记中,民众却是受关注的宠儿,其法律观念、法律知识均得到细致表现,故而造就了明代白话小说独一无二的法律资料价值。

## (六) 对明前小说反映法律的传统加以梳理

明代白话小说对法律的反映,建立在明前小说反映法律的基础之上。本书虽以明代白话小说中的法律资料作为研究对象,却将眼光投向古代小说的发轫期,意欲从源头考索古代小说反映法律的传统,并顺势而下,勾勒不同时代小说反映法律的具体轨迹,既见明代白话小说反映法律之渊源有自,又便于总结明代白话小说反映法律之主要成就。

这里关于本书写作思路的交代,只能说是一个美好的设想。由于明代白话小说中的法律资料十分丰富、细致,而本人的法学素养、史料功底均有限,故此本书肤浅、不足之处多多,乞请各位方家、学者不吝赐教,有以教我。

# 第一章　明前小说法律资料概述

中国古代小说与法律有着很深的渊源关系。从小说的发轫期——汉魏六朝开始，小说即与法律结下了不解之缘，虽然表现手段有限，仍尽力对法律设施、规章、人物层面加以反映，小说的肌体内日渐生长出法律的幼芽。随着小说文体的不断发展、成熟，由唐传奇、宋元话本至明清小说，①小说不仅全面表现法律设施、规章、文书、人物、观念/知识层面，且日趋完满、细致，法律幼芽凭借自身的不懈努力，终于长成风姿绰约的参天大树，毫无愧色地跻身于丰富多彩的法律资料阵营。

---

① 中国古代的法律传统一脉相承，但具体到各个朝代，还是有较大差别的。这里主要想展示中国古代小说反映法律的线索，故依照小说的发展阶段划分为汉魏六朝、隋唐五代、宋元等几个大的历史阶段来论述。因此一部分并非论述的重点，故不将小说中的法律资料与相关法条作对比（唐以前没有完整律典传世）。本书关于汉魏六朝、隋唐五代、宋元小说篇目的确定，主要依据王枝忠《汉魏六朝小说史》（浙江古籍出版社 1997 年版）、侯忠义《隋唐五代小说史》（浙江古籍出版社 1997 年版）、萧相恺《宋元小说史》（浙江古籍出版社 1997 年版）、程毅中《宋元小说研究》（江苏古籍出版社 1998 年版）。所引作品除依据前述小说史外，另有上海古籍出版社编《汉魏六朝小说笔记大观》（上海古籍出版社 1999 年版）、《唐五代笔记小说大观》（上海古籍出版社 2000 年版）、《宋元笔记小说大观》（上海古籍出版社 2001 年版）、张友鹤选注《唐宋传奇选》（人民文学出版社 1998 年版），窦怀永、张涌泉汇辑校注《敦煌小说合集》（浙江文艺出版社 2010 年版），以及《清平山堂话本》（上海古籍出版社 1992 年版）、《喻世明言》（人民文学出版社 1958 年版）、《警世通言》（人民文学出版社 1956 年版）、《醒世恒言》（人民文学出版社 1956 年版）等。但有些小说的情况相对复杂，特别是文言小说，部分内容有人物、有故事，可断定为小说，部分内容则不具备小说的构成要素，如《拾遗记》卷一○记昆仑山、蓬莱山、方丈山、瀛洲等"诸名山"，有类于旅游介绍；《古今注》对古代的舆服、都邑、音乐、鸟兽、鱼虫、草木等加以解说诠释，具有百科全书的功能。对类似部分，本书均不视为小说。

# 第一节　汉魏六朝小说中的法律资料

汉魏六朝时期的小说以文言写成,篇幅短小,在内容上或谈神说鬼、叙仙述异,或记名人言谈举止、逸闻轶事,对普通人关注较少,天然地限制了小说反映法律的广度与深度。但小说的现实批判功能,决定了其无法对普通人的生活完全视而不见,在不经意的摹写间,其对规范人们行为的法律有所涉及,由此促成了小说与法律的结缘。

汉魏六朝小说对法律设施的反映比较单一,仅涉及了监狱、刑具,并且未予以细致刻画。《冥祥记》:"(窦传与)同伴六七人共系入一狱,锁械甚严。"《世说新语》卷中之上《方正第五》:"夏侯玄既被桎梏,时钟毓为廷尉。"究其原因,一则篇幅有限,无力涵盖人物、故事情节之外的其他内容;二则小说家的艺术表现力尚处于摸索阶段,未发掘出法律设施之于环境描写等的作用。

与法律设施一样,法律规章也非汉魏六朝小说表现的重点,但因其常关乎人物的命运走向,对情节的发展具有一定的推进作用,故而较法律设施得到更多表现机会。汉魏六朝小说对其时的刑事、行政、民事法律规章作了表现。就刑事法律规章而言,汉魏六朝小说记录了其时的罪名、刑名和刑罚原则。罪名如妖言,《搜神记》卷六《荆州童谣》:"(华容女子)言语过差,县以为妖言,系狱。"此外,还有不忠、奢淫、盗、贿等。刑名如城旦,《搜神记》卷一一《韩凭妻》:"王囚之(韩凭),论为城旦。"还有徒、下蚕室、弃市等。刑罚原则如连坐,《世说新语》卷中之上《方正第五》:"(都督郭淮之妻为)太尉王凌之妹,坐凌事,当并诛。"还有族诛、大赦等。就行政法律规章而言,汉魏六朝小说记录了人才选拔、官吏给假、行政处罚等方面的内容。如人才选拔,《搜神记》卷一一《何敞》:"(何敞)后举方正、博士。"如官吏给假,《搜神后记》卷六《四人捉马》:"上党冯述为相府吏,将假归虎牢。"如行政处罚,《西京杂记》卷四《古生杂术》:"赵广汉为京兆尹,下车而黜之(古生)。"就民事法律规章而言,汉魏六朝小说记录了"重阀阅"的缔姻标准。《世说新语》卷中之上《方正第五》中的王文度为桓温长史时,桓温为子向其女求婚。文度归告其父王述,王述曰:"恶见文度已复痴,畏桓温面?兵,那可嫁女与之!"桓温其时已为晋室重臣,大权在握,但在王述眼中,不过是一介武夫,其子根本没有娶王姓之女的资格。再如离婚,《世说新语》卷下之上《贤媛第十九》中的贾充前妻为李丰女,"丰被诛,离婚徙边"。此外,借贷、买卖、雇佣等民事法律规章在汉魏六朝小说中也得到表现。如借贷,《异苑》卷一〇《扬晚藏锱》:"晋陵曲阿扬晚,财数千万。三吴人多取其直,为商贾治生,辄得倍直。"如买卖,《搜神记》卷一七《张汉直》:"(张汉直)买李幼一头牛,本券在书箧中。"如雇佣,《搜神记》卷一一《郭巨》:"巨独与母居客舍,夫妇佣赁,以给供养。"汉魏六朝小说对法律规章的记录虽显粗线条,但其所确立的命题在后世小说中不断得到表现、加强,故筚路蓝缕之功,不可埋没。汉魏六朝没有完整的律典传世,小说中的相关表现还使我们有机会了解其时法律规章的某些方面。

　　法律人物是汉魏六朝小说摹写的重点,这一时期的小说表现了官长仁爱的品质以及高超的断案技巧。如仁爱,《世说新语》卷上之下《政事第三》中的王安期作东海郡时,有小吏盗池中鱼,据法当究。王安期道:"文王之囿,与众共之。池鱼复何足惜!"不予治罪。如断案技巧,《搜神记》卷一一《严遵》中的扬州刺史严遵闻道旁女子"哭声不哀",心生疑窦。得知其夫遭火烧死后,严遵命吏搬来尸体,"与语讫",道:"死人自道不烧死。"乃拘女子,命人守尸。吏告"有蝇聚头所"。严遵披视,乃铁椎贯顶,拷问女子,招承因奸杀夫。南宋郑克《折狱龟鉴》:"隋襄州总管裴正云:'凡推事有两:一察情,一据证。审其曲直,以定是非。'……盖证或难凭而情亦难见,于是用谲以擿其伏,然后得之。此三事是也。"①严遵先是通过"察情"发现疑问,接着"用谲"给女子造成心理压力,最后"据证"发现证据,与郑克的主张暗合。

　　汉魏六朝小说还表现了官长的草菅人命及吏员的公然索贿。《冤魂志》中的李龙等夜行劫掠,县令陶继之密捕之,中有一太乐伎,"劫发之日,此伎推同伴往就人宿,共奏音声"。陶继之不加详审,"为作款列,随例申上"。待众人为太乐伎作证,陶继之虽"知枉滥",但"以文书已行,不欲自为通塞",将其与李龙等并斩郡门。《述异记》(祖冲之著)中的庾某亡后入地府,府君查其"算尚未尽",命人引至城门,"语吏差人送之"。吏未得赂,不准行,道:"须复白,然后得去。"

① (宋)郑克著,孙一冰、刘承珍译:《白话折狱龟鉴》卷六《擿奸》,警官教育出版社1994年版,第335—336页。

作者虽以阴府摹写人间,但从中可推知现实中吏胥舞文弄法行为之猖獗。

虽然处于发轫期,汉魏六朝小说已然能够较全面地铺开,表现法律设施、规章及人物局面。当然,其对法律设施的表现还极为单薄,对法律规章的记录呈现不足,对法律人物的关注点也非常有限,并且没有涉及法律文书、观念/知识,但小说的肌体内毕竟生长出法律的幼芽,随着小说文体的不断成熟与艺术表现力的日益增强,这棵幼芽终究会长成参天大树。

# 第二节　隋唐五代小说中的法律资料

中国古代小说发展至唐,出现了以记、传名篇,以史家笔法记奇闻逸事的文言小说——唐传奇。其"叙述宛转,文辞华艳,与六朝之粗陈梗概者较,演进之迹甚明,而尤显者乃在是时则始有意为小说",[①]标志着文言小说的成熟。唐代还出现了以白话写就的话本——说话艺人说唱故事所用的底本,"情节曲折离奇,引人入胜。通篇文字口语化特点非常明显,词句流畅"。[②] 由以上决定,小说对法律的反映进入了一个崭新的阶段。

关于法律设施,隋唐五代小说涉及了县门(官署的头门)。《敦煌小说合集·通俗小说·丁　话本类·叶净能小说》:"康太清夫妇号天叫(叫)地,高声唱走,捉(投)悬(县)门告玄都观道士把剑煞人。"很简略。隋唐五代小说还描摹了阴判现场,《玄怪录》卷二《崔环》:"有一军将坐于石北厅上,据案而坐。铺人各绕石。及石,上有数十大鬼,形貌不同,以大铁椎椎人为矿石。东有枡械枷锁者数千人,悲啼恐惧,不可名状。点名拽来,投来石上,遂椎之,既碎,唱其名。军将判之,一吏于案后读之云:'付某狱讫。'鬼亦捧去。"文中,军将"据案而坐",有"枡械枷锁者"被"点名拽来","判"之后,一吏"于案后读之",无不是人间审判的折射,比较可贵。与汉魏六朝小说一样,隋唐五代小说也聚焦刑具,但其所聚焦的并非一般意义上的刑具,而是酷刑刑具。《朝野佥载》卷二:"讯囚引枷柄向前,名为驴驹拔橛;缚枷头着树,名曰犊子悬车;两手

---

①　鲁迅:《中国小说史略》第八章《唐之传奇文(上)》,《鲁迅全集》第九卷,人民文学出版社1982年版,第70页。
②　窦怀永、张涌泉汇辑校注:《敦煌小说合集·前言》,第7页。

捧枷，累砖于上，号为仙人献果；立高木之上，枷柄向后拗之，名玉女登梯。"这主要缘于唐代多酷吏。

关于法律规章，隋唐五代小说继承汉魏六朝小说的传统，对刑事、行政、民事法律规章加以表现。刑事法律规章，罪名如谋大逆，《明皇杂录·逸文》："温求得敬忠于汝州，诬慎矜以自谓亡隋遗裔，潜谋大逆，将复宗祖之业。于是赐自尽，皆不全其族。"此外，还有伪官、逆党、谤朝政、泄漏禁中事等。刑名如笞，《唐国史补》卷上："偆曰：'此恶百姓，何足烦人！'乃各遣笞臀而释之（袁晁伪官）。"还有杖、流、枷等。刑法原则如笃疾不加刑，《朝野佥载》卷二："准法断死讫，大理卿状上：故事，准《名例律》，笃疾不合加刑。"还有议功、官当、疑罪从轻、存留养亲等。基本上与隋唐五代的刑事法律规章保持了一致。

值得一提的是隋唐五代小说对行政法律规章的记录。科举制肇始于隋，大盛于唐，在隋唐五代小说中，科举制得到表现。唐代考试的科目，分常科和制科。每年分科举行的称常科。常科的考生，有两个来源，一是生徒，即中央和地方学校的学生；二是乡贡，即不在学校学习但学业有成的人。他们考试合格后可赴尚书省参加考试。[①]《唐国史补》卷中："国子监诸馆生，污杂无良。阳城为司业，以道德训喻，有遗亲三年者勉之归觐，由是生徒稍变。"《因话录》卷六《羽部》："应举时，曾梦看及第榜，榜上但见大书'凤'字。大中元年冬求解凤翔，偶看本府乡贡士□之首，便是'凤'字。"常科的科目有秀才、明经、俊士、进士等，其中进士最难考取。《唐宋传奇选·闾丘子》："又玄以明经上第。"《唐阙史》卷下《郑少尹及第》："其先相故河中少尹，讳复礼，应进士举十，不中所司选。"唐代取士，不仅看考试成绩，还需有名人推荐，故考生常奔走于名公巨卿之门，投献自己的作品。《唐摭言》卷九《好知己恶及第》："高湘侍郎南迁归阙，途次连江，安石以所业投献遇知，遂挈至辇下。湘主文，安石擢第。"制科由皇帝临时下诏举行，有贤良方正、直言极谏、可以理人等科目。《唐宋传奇选·东城老父传》："开元取士，孝弟、理人而已，不闻进士、宏词、拔萃之为其得人也。"

此外，对官员的考核、监察等也是隋唐五代小说所表现的行政法规内容。如考核，《唐宋传奇选·李娃传》："天子方下诏，俾外方之牧，岁一至阙下，谓

---

① 参见王道成《科举史话》，中华书局 1988 年版，第 4 页。

之'入计'。"如监察,《唐宋传奇选·王知古》:"(张直方)僭轶可知也。于是谏官列状上,请收付廷尉。"隋唐五代小说还表现了官、吏的区别。《唐摭言》卷八《以贤妻激劝而得者》中的彭伉、湛贲为连襟,彭伉举进士擢第,湛贲仍为县吏。妻族为彭伉置贺宴,使彭伉居客之右。湛贲至,却命饭于后阁。湛妻忿然责之曰:"男子不能自励,窘辱如此,复何为容!"

　　隋唐五代小说对有关婚姻的民事法律规章的表现也较汉魏六朝小说细致。关于婚姻成立的要件,一为"父母之命,媒妁之言"。《唐宋传奇选·王知古》中的保母告王知古:"小君以钟爱稚女,将及笄年,尝托媒妁,为求谐对久矣。"二为"六礼"。①《唐宋传奇选·李娃传》:"(生之父)命媒氏通二姓之好,备六礼以迎之。"关于离婚,古时,离婚的合法理由是"七出",隋唐五代小说对此亦有初步涉及。《唐宋传奇选·霍小玉传》中的李益"猜忌"妻子卢氏闺门不谨而"遣之"。关于再嫁,《北梦琐言》卷五《裴氏再行》:"大凡士族女郎,无改醮之礼。"其他民事法律规章,隋唐五代小说除了继续表现在汉魏六朝小说中已出现过的借贷、买卖,还涉及了立嗣、继承方面的内容。如立嗣,《北梦琐言》卷二〇《受赂曲法》中的刘方遇因妻弟田令遵善于货殖,将家产尽付之兴贩。后方遇以疾卒,因方遇子年幼不能督家业,二女皆嫁,其妻与二女仍愿令遵为之兴贩,"乃聚族合谋,请以令遵姓刘,为方遇继嗣",并令鬻券人安美为亲族请嗣,"券书即定,乃遣令遵服斩衰居丧"。如继承,《北梦琐言·逸文》卷三《托梦区分财产》中的周蔼常感慨"时人不能理命,致不肖子争财纷诉,列于讼庭",故死后托梦家人,"传灵语,均财产"。隋唐五代小说还表现了经济法律规章中的牙行,为汉魏六朝小说中未见。《敦煌小说全集·通俗小说·丁话本类·庐山远公话》:"(崔相公使下)直至口马行头,高声便唤口马牙人……牙人闻语,尽言实有此是(事)。牙人遂领远公来至崔相宅。"比较重要。

　　较之汉魏六朝小说,隋唐五代小说的最大亮点在于其首次反映了法律文书。其一,阴判判词。《玄怪录》卷二《董慎》中的张审通为太山府君断闽州司马令狐寔一案后,书写判词:"天本无私,法宜画一。苟从恩贷,是恣奸行。令狐寔前命减刑,已同私请;程邈后申簿诉,且异罪疑。倘开递减之科,实失公家之论。请依前付无间狱,仍录状申天曹者。"以骈文书写,讲究对仗与韵律,

---

① "六礼"是关于婚姻成立的六项程序,包括纳采、问名、纳吉、纳征、请期、亲迎。

与现存唐代骈判的写作风格完全一致。其二,针对僧人犯罪的人间判词。《云溪友议》卷下《金仙指》有六道官长针对僧人犯罪的判词,如韩滉判僧人聚赌:"正法何曾执贝,空门不积余财。白日既能赌博,通宵必醉樽罍。强说天堂难到,又言地狱长开。并付江神收管,波中便是泉台。"也是骈体为判。因针对僧人犯罪而发,判中多引与佛教有关的典故,且语言诙谐,令人捧腹。

与汉魏六朝小说致力于表现官长的仁爱品质不同,隋唐五代小说更欣赏严明的官长。《因话录》卷二《商部上》:"刘桂州栖楚为京兆尹,号令严明,诛罚不避权势。"与此同时,隋唐五代小说还批判了残刻的官长。《朝野佥载》卷二:"周秋官侍郎周兴推勘残忍,法外苦楚,无所不为,时人号'牛头阿婆'。"隋唐五代小说暴露了官长受贿的一面。《三水小牍·逸文》中的滑州卫南县尉裴光远"性贪婪,冒于货贿"。对官长的表现较汉魏六朝小说更深刻。隋唐五代小说还表现了官长与属下的交往。《北梦琐言》卷一二《崔从事为庙神赐药》中的崔从事"正直检身",故为"幕寮所重"。可以想见,这对其从事司法审判工作必将产生良好的效果。《唐国史补》卷上中的陆允公为同州刺史时,其家僮遇参军不下马。参军大怒,将其鞭背见血后,入见允公:"卑吏犯公,请去官。"陆允公从容道:"奴见官人不下马,打也得,不打也得;官人打了,去也得,不去也得。"既维护了自己的面子,又给对方以自省的机会,参军"不测而退"。

隋唐五代小说中还出现了门司、捕贼官等衙门中人。《敦煌小说合集·通俗小说·丁　话本类·韩擒虎话本》:"法华和尚见龙王去后,直到随州衙门。门司入报……"《敦煌小说合集·通俗小说·丁　话本类·叶净能小说》:"捕贼官遂处分所由,揭毡验之,曰:'康太清女子为(与)野狐并卧,女子菀(宛)然无损,野狐斩为三段。'"也是汉魏六朝小说未及之处。

隋唐五代小说的另一亮点是反映了法律观念/知识。在隋唐五代小说中,有的民众为了报仇雪恨,不惜冲绝法律。中国古代社会崇尚个人复仇:"父之仇弗与共戴天,兄弟之仇不反兵,交游之仇不同国。"[①]女子社会地位较低,但在"于亲也孝,妇也节,母也义而慈"的伦理要求面前,[②]她们巾帼不让须眉,亦担当起为亲复仇的重任。《唐宋传奇选·谢小娥传》中谢小娥之父、夫

---

① 《礼记正义》卷三《曲礼上》,李学勤主编:《十三经注疏》,北京大学出版社1999年版,第84页。
② 《新唐书》卷二〇五《列女传》,中华书局1999年版,第4446页。

往来江湖经商,为盗所杀。谢小娥得夫梦示,告以凶手姓名,无奈不得解悟。李公佐"罢江西从事"经过,为之解出。谢小娥恸哭,"书'申兰申春'四字于衣中,誓将访杀二贼"。此后,谢小娥易服为男,佣工于申兰家,得其信任,乘群贼会饮,锁申春,杀申兰,并将平日暗记其党姓名说出,"悉擒就戮"。在孝节面前,法律亦变得柔情似水,浔阳太守张公"善其志行,为具其事上旌表,乃得免死"。

在汉魏六朝小说所创设的反映法律的框架下,隋唐五代小说继续有所作为,即结合其时的法律实况,对法律设施、规章、文书、人物、观念/知识层面予以细致反映。

# 第三节　宋元小说中的法律资料

宋元文言小说"大抵以著名历史人物及其姬妾为描写对象,意在讽戒骄奢淫逸",[①]对现实的关注较汉魏六朝、隋唐五代小说有较大提高。不仅于此,宋元还是中国古代小说发展的转折期,这一时期,随着商业经济的繁荣、市民阶层的崛起,以反映市民生活内容、价值观念、思想性格为主的话本进一步发展起来,[②]其中更有专以"公案"为题材的作品。凡此种种,为宋元小说反映法律提供了更为广阔的空间。

与隋唐五代小说借描摹阴判现场映射现实不同,宋元小说直接反映了阳间官长升堂问案的场景。《喻世明言》第三十六卷:"(大尹)朝殿回衙,即时升厅,引放民户词状。词状人抛箱,大尹看到第十来纸状,有状子上面也不依式论诉甚么事。"《喻世明言》第三十八卷:"大尹听得杀人公事,大惊,慌忙升厅。两下公吏人等排立左右。"弥补了前代小说在此方面的不足。

宋元小说对法律规章的反映也有很大进步。关于刑事法律规章,罪名如违犯教令,《涑水记闻》卷六:"母言不从,违犯教令,当徒二年。"此外,还有自盗、失入、私铸铜器等。刑名如编管,《清平山堂话本》卷一《简帖和尚》:"这婆

---

① 曹光甫校点:《搜神记　唐宋传奇集·前言》,上海古籍出版社 1998 年版,第 12 页。
② 话本小说的断代问题比较复杂,其中有些篇目的断代,古代文学界的认识还在不断发展。因本书不是专门考察话本的古代文学专著,且主要目的是从整体上揭示明代白话小说中法律资料的样貌,并作出评判,故直接采用了目前古代文学界较权威的看法。具体篇目详见本书附录一"本书所涉明代拟话本小说集中的宋元话本"。

子不合假装姑姑,同谋不首,亦合编管邻州。"还有刺配、赎等。基本上与宋元刑事法律规章保持了一致。

关于行政法律规章,宋代科举制度获得极大完善,与之相关的行政法律规章也得到更多表现。开宝六年(973),确立取解试(州)、省试(礼部)、殿试(皇帝)三级考试制度。《夷坚志·支志戊》卷八《湘乡祥兆》:"癸卯春,在书院待秋试,其兄为诣本县投家保状。"《夷坚志·支志戊》卷一〇《金谷户部符》:"甲辰省试,以正月九日与诸人诣贡院,观宣押考试。"《清平山堂话本》卷三《陈巡检梅岭失妻记》:"金榜题名,已登三甲进士。上赐琼林宴,宴罢谢恩。"此外,还涉及了其他方面的考试制度。如试官,《括异志》卷三《王廷评》:"(徐州节度判官王廷评)明年充南京考试官。未试间,忽谓监试官曰:'门外举人喧噪诉我,何为不约束?'"如考后封弥、誊录,《涑水记闻》卷一四:"旧制,试院门禁严密。……皇祐中,王罕为监门,始置平安历,……自知举至封弥、誊录、巡铺共一历,人皆见之,不容有私,人甚便之。"如拆号,《鹤林玉露》丙编卷二《玉山知举》:"玉山既知举,……遂竟批上,置之前列。及拆号,乃非其友人也。"如张榜,《清平山堂话本》卷三《陈巡检梅岭失妻记》:"(陈从善)去赴选场,偕众伺候挂榜。旬日之间,金榜题名。"如告身,《夷坚志·支志戊》卷四《蔡通判》:"(黄梅蔡知县)囊箧仆从悉没,一小箧贮出身敕告,独得全。"这些表现多从侧面入手,且不够细致,但涉及面较广,故亦具价值。宋元小说还表现了科举之外的其他授官途径。《夷坚志·补》卷八《吴约知县》:"(吴约)以父左朝奉郎民瞻遗泽补官。"《夷坚志·补》卷八《李将仕》:"(李将仕)入粟得官。"《清平山堂话本》卷一《柳耆卿诗酒玩江楼记》:"柳耆卿诗词文采压于才士,因此近侍官僚喜敬者多举孝廉,保奏耆卿为江浙路管下余杭县宰。"比较丰富。

民事法律规章方面,宋元小说表现了婚姻缔结上,普通人家多求门当户对的情况。《清平山堂话本》卷二《快嘴李翠莲记》中的王妈妈"与二边说合,门当户对,结为姻眷,选择吉日良时娶亲"。相比之下,工商贾人之家不被看好。《夷坚志·补》卷三《曾鲁公》中的曾鲁公劝说邻人不要将女儿嫁与商人:"商人转徙不常,又无义,将若女浪游江湖间,必无还理。一旦色衰爱弛,将视为贱婢。"宋元小说还涉及了几种婚姻形态。如赘婿婚,《夷坚志·支志戊》卷一〇《芜湖王氏痴女》:"既成婚,赘刘子于家,所挟衾具甚厚。"如赘婿婚(榜下择婿),《夷坚志·甲志》卷五《刘氏冤报》:"高君赟,福州人。登进士第,为檀氏赘婿。"如继娶婚,《夷坚志·支志癸》卷一《董氏笼鞋》:"汪丞相之孙承事郎德辉,娶鄱阳董氏女,数年而亡。终丧后,复娶其女兄。"如典妻婚,《醒世恒言》第三十三卷中的刘贵与妻子从丈人处借得十五贯钱后,当晚独自返家。小妾陈二姐问及钱之来历,刘贵戏说是将其"典与一个客人"所得。

关于离婚,宋元小说对离婚理由"七出"的表现更全面。《清平山堂话本》卷二《快嘴李翠莲记》中的李翠莲因"快嘴",新婚不久即遭公婆嫌弃,她不服:"不曾殴公婆,不曾骂亲眷,不曾欺丈夫,不曾打良善,不曾走东家,不曾西邻串,不曾偷人财,不曾被人骗,不曾说张三,不与李四乱,不盗不妒与不淫,身无恶疾能书算,亲操井臼与庖厨,纺织桑麻拈针线。"在其为己辩护的过程中,不孝、多言、盗窃、妒忌、淫佚、恶疾等"七出"条款被一一道出。关于离婚时的财产分配,宋元小说也有所涉及。李翠莲被休后,其夫张狼"随即讨乘轿子,交人抬了嫁妆,将翠莲并休书送至李员外家"。

宋元小说除了详细表现前代小说中已出现过的借贷、买卖、立嗣、继承等民事法律规章,还涉及了遗失物的归属、典当、合伙等方面的内容。如遗失物的归属,《摭青杂说·茶肆还金》:"(李氏曾于茶肆失银)主人曰:'此物是小人收得,……官人但说得片数称两同,即领去。'李曰:'果收得,吾当与你中分。'"如典当,《江湖纪闻·疫鬼不入善门》:"陈元祀关王甚谨,近因开解库,多取人利钱千二。"如合伙,《夷坚志·三志辛》卷八《申师孟银》:"枣阳申师孟,以善商贩著干声于江湖间。富室裴氏访求得之,相与欢甚,付以本钱十万缗,听其所为。居三年,获息一倍,往输之主家,又益三十万缗。凡数岁,老裴死,归临安吊哭,仍还其赀。裴子以十分之三与之,得银二万两。"

宋元小说在法律规章方面的贡献还在于其反映了前代小说较少表现或未予表现的经济法律规章、刑事诉讼法律规章。经济法律规章方面,如盐法,《涑水记闻》卷一五:"(熙宁)九年,……有买卖私盐,听人告讦,重给赏钱,以犯人家财充。"如赋役,《夷坚志·丁志》卷二〇《姚师文》:"(姚师文)家之田园,先以岁饥速售,产去而税存,妻弱子幼,莫知买者主名,阅十余年,负官物至多。邑令李鼎,治逋峻,系姚子于狱累月。"《癸辛杂识》别集上《祖杰》:"有寓民俞生,充里正,不堪科役,投之为僧。"刑事诉讼法律规章方面,如诉讼资格,《癸辛杂识》别集上《祖杰》:"有印僧录者,素与杰有隙,详知其事,遂挺身出告,官司则以不干己却之。"如证据,《清平山堂话本》卷一《简帖和尚》:"大尹叫将皇甫殿直来,当厅问道:'捉贼见赃,捉奸见双。又无证佐,如何断得他罪?'"如逐级上诉,《癸辛杂识》别集上《祖杰》:"杰闻之大怒,遂俾人伐其坟木以寻衅。俞讼于官,反受杖,遂诉之廉司。杰又遣人以弓刀置其家,而首其藏军器,俞又受杖。遂诉之行省,杰复行赂,押下本县,遂得甘心焉,复受杖。意将往北求直。"很有价值。

宋元小说对法律文书的表现较隋唐五代小说更细致、全面。首先,出现了针对普通人犯罪的判词。《南部新书·癸》中的沈超负罪逃匿,忠懿王禁其母,沈超"百日不出";改追其妻而鞠之,则"当日来"。忠懿王判道:"母禁十旬,屡追不到;妻絷半日,不召自来。倚门之义稍轻,结发之情太重。领于市心,军令处分。"此为骈判,还出现了散判。《醒世恒言》第十三卷中的二郎庙庙官孙神通奸骗宫中韩夫人,被奏报皇帝,"倒了圣旨下来":"这厮不合淫污天眷,奸骗宝物,准律凌迟处死。妻子没入官。追出原骗玉带,尚未出笋,仍归内府。韩夫人不合辄起邪心,永不许入内,就着杨太尉做主,另行改嫁良民为婚。"散判以白话写就,不讲究对仗和典故,是唐以后判词的主要形式。宋元小说还表现了批词,"初审案件中,批词主要适用于对案件是否受理,以及对当事人关于诉讼程序请求的裁决"。①《涑水记闻》卷三中的县令陆参于讼田者状尾批道:"汝不见虞、芮之事乎?""虞、芮之事",语出《诗经》:"虞芮质厥成,文王蹶厥生。"②意思是虞、芮两国息了他们的争讼,文王的国势因之大振。陆参此批乃是拒绝受理争田者的诉讼,要其自行解决。

此外,牌票在宋元小说中也得到表现。牌票是官府发出的拘人凭证,差役执行时持为凭证。《涑水记闻》卷九中世衡知武功县时,每追呼人,不派人执帖下乡村,但以片纸榜于县门,云:"追某人,期某日诣县庭。"此为县级司法机关发出的牌票,宋元小说还涉及了中央御史台发出的牌票。《昨梦录·李伦》中号称"李铁面"的开封尹李伦因处决了触犯王法但巧结权贵的官员,被御史台拘绁:"有展榜以见者,厅吏遽下,取以呈,其榜曰:'台院承差人

---

① 汪世荣:《中国古代判词研究》,中国政法大学出版社 1997 年版,第 99 页。
② 金启华译注:《诗经全译·大雅·绵》,江苏古籍出版社 1984 年版,第 629 页。

某……'"李伦正阅视,二人遽然升厅,怀中出一牒云:"台院奉圣旨推勘公事一项,数内一项,要开封尹李伦一名前来照鉴云云。"可以想见其时御史台牌票的具体内容。

关于法律人物,宋元小说进一步探讨了奢、俭之于官长品质的影响,明确指出:"奢则妄取苟求,志气卑辱。""俭则不贪不淫,是可以养德也。"(《鹤林玉露》乙编卷五《俭约》)小说还塑造了主动远离奢侈的官长形象。《鹤林玉露》乙编卷五《俭约》中的仇泰然与一幕官极相得。一日,问及"公家日用多少",对以"十口之家,日用一千"。泰然曰:"何用许多钱?"曰:"早具少肉,晚菜羹。"泰然惊曰:"某为太守,居常不敢食肉,只是吃菜;公为小官,乃敢食肉,定非廉士。"自此见疏。

与汉魏六朝、隋唐五代小说专注于官长的断案技巧不同,宋元小说比较强调细审的重要性。《醒世恒言》第三十三卷中的陈二姐得知十五贯钱乃是丈夫将自己"典与一个客人"所得的身钱后,伤心之余,决定回娘家告知父母,并连夜去邻舍家借宿。其走后,一盗入房行窃,杀了刘贵,抢走十五贯。次日,邻舍发现刘贵身亡,追上二姐,发现二姐与一后生崔宁同行,而崔宁身边恰好也有十五贯,遂将二人扭送到官。一连串的巧合,迷惑住了府尹的双眼:"胡说!世间不信有这等巧事!他家失去了十五贯钱,你却卖的丝恰好也是十五贯钱,这分明是支吾的说话了。"将二人屈打成招,一死一剐。作者认为此案案情简单,府尹完全可以通过细审断出,却糊涂审断,结果酿成奇冤:"这段公事,果然是小娘子与那崔宁谋财害命的时节,他两人须连夜逃走他方,怎的又去邻舍人家借宿一宵?明早又走到爹娘家去,却被人捉住了?这段冤枉,仔细可以推详出来。谁想问官糊涂,只图了事,不想捶楚之下,何求不得?"

宋元小说亦暴露了官长钻法律空子的情况。《夷坚志·乙志》卷六《袁州狱》中的宜春尉派三名弓手往村墅买鸡猪,过四十日不返,弓手妻诉于郡。宜春尉骗郡守部内有盗起,并自将前往。二月后,宜春尉无以复命,见四村民耕于野,遂持钱哄之曰:"倩汝四人诈为盗以应命,他日案成,名为处斩,实不过受杖十数,即释汝。"四人贪钱应之,执缚送县,"劾因,服实如尉言";送府,"无异词,乃具狱上宪台",得报皆斩。无辜百姓成了官长弥缝己过的牺牲品。

宋元小说还反映了官长与上司、下属的交往。与上司交往方面,宋元小说突出了官长强硬的一面。《涑水记闻》卷六中的胡顺之为浮梁县令时,府常遣教练使至县察查,胡顺之曰:"是固欲来烦扰我也。"他派人偷偷跟随教练使,记其入驿舍及所受驿吏供给之物。后教练使至,胡顺之指出其受贿实迹,收械系狱,杖之二十,"自是府吏无敢扰县者。州虽恶之,然亦不能罪也"。与下属交往方面,宋元小说表现的比较多:下属不合格,不委以重任;下属冒犯,尽量宽容之;下属言己身之误属实,及时改正;下属有功,奖掖之。以及时改正为例,《涑水记闻》卷一〇中的包拯为长吏时,僚佐报告事情,"喜面折辱人",但如所言中理,"亦幡然从之,刚而不愎"。

宋元小说还反映了官长对社会矛盾的调节。如对百姓进行教化,《夷坚志·三志己》卷五《泰宁牛梦》:"陈知县在泰宁日,……盖欲防私宰杀(牛)也。……申严法禁,约束谕晓,自是此风为戢。"如与民息讼,《夷坚志·支志癸》卷一《余杭何押录》:"(县吏何某)每遇受讼牒日,拂旦先坐于门,一一取阅之。有挟诈奸欺者,以忠言反覆劝晓之曰:'公门不可容易入,所陈既失实,空自贻悔,何益也?'"

小说还揭示了吏瞒官坏法的手段。《夷坚志·补》卷六《安仁佚狱》中的少年与一巨室女私通。后女为父母棰责,遂断往还,少年因杀之。少年父"在县作押录",言之曰:"汝奸状著闻,岂应逃窜,……且密藏汝刀,吾执汝告官,但随问便伏,切勿抵讳。"父子"乃共埋刀于床下"。少年坐狱后,其父求长假出外,至于南康军,司理"勘一大辟,其事将结正"。其父询司理平日嗜好,以赌博与之交好,后告之:"吾一子不杀人,而横罹囹圄,缘凶身不获,……闻此狱有囚当死,愿以此项加之。"司理然之。其时,少年供刀所在,但索之不见,其父已徙之他处,故"狱不可成"。至南康军移文,少年得释而出。不仅瞒官,兼且骗子,手段之诈,出人意表。宋元小说还表现了行杖人、狱官(卒)、公人等衙役。《夷坚志·补》卷九《徐汪二仆》中的仆人外出返回,道:"恰在市桥上,有保正引绳缚二十人过,亦执我入其中,我号呼不伏,则以钱五千置我肩上曰:'以是倩汝替我吃县棒。'……与同缚者皆决杖,乃得脱。"主人问所得钱何在,仆人道:"以谢公吏及杖直之属,仅能给用。"《夷坚志·支志癸》卷三《张显祖治狱》中的张显祖"为狱院推级。鞠大辟狱,因家富,赂以千缗,使方便脱免"。《清平山堂话本》雨窗集上《曹伯明错勘赃记》中的曹伯明因妻谢小桃出首,被诬吓诈赃物,"两个公人押伯明到姑娘门首。……姑娘安排酒食,请了侄儿和两个公人"。以上都是前代小说未及之处。

关于法律观念/知识。在宋元小说中,有些百姓遭遇不公后,能够诉之于官。《夷坚志·甲志》卷八《京师异妇人》中的开封某妇死后,家人为之沐浴,见其头上及腰间箧中皆有符,"乃诣府投牒,云王以妖术取其女"。担心受到牵连,会尽量避开矛盾。《涑水记闻》卷七中的僧人暮夜向村民求宿,遭拒,遂求寝于门外车箱中。夜半,有盗入其家,自墙上挟一妇人并囊衣而出。僧见之,"自念不为主人所纳而强求宿,而主人亡其妇及财,明日必执我诣县矣,因夜亡去"。

宋元小说汲取汉魏六朝、隋唐五代小说反映法律的实践与经验,继续从设施、规章、文书、人物、观念/知识层面入手反映法律,取得了令人瞩目的成就。生长于小说肌体的法律幼芽,历经风霜雨雪,终于长成参天大树。

# 第二章　明代白话小说对法律设施的表现

明代是中国古代小说的繁荣期。① 这一时期,继宋元话本而起的拟话本在反映社会现实、描摹人物内心等方面取得了较大进步。此外,中国古代长篇小说的主要体裁——章回小说也得到定型和发展。章回小说形式上的特点是分章叙事,分回标目,每回故事相对独立,但又前后勾连、首尾相接,使全书形成一个统一的整体。这一体裁的出现,大大增加了小说的表现容量,使明代白话小说在人物性格的多色塑造和情节的曲折发展方面获得了较大空间。不仅于此,章回小说还不断突破历史小说、神魔小说的类别拘限,推陈出新了世情小说——更多地关注日常生活、家庭琐事,更多地描写普通人家、寻常百姓,使明代白话小说与现实联系的紧密程度大大超过了前代。随着明代白话小说创作的繁荣,其对法律的反映也进入了一个前所未有的新时代。

古代官署作为法律设施之一,满足了司法审判、人犯羁押对于空间的需要,是古代法律得以存在的前提条件。已有学者意识到官署的特殊性:"中轴线上重重叠叠的大堂、二堂、三堂,乃是州县衙门权威的象征,所谓'八字衙门朝南开'的背后,却是'天下衙门深似海'这种令人畏惧的意象。"②"衙门作为古代政府办公之所,也是国家权力之象征。因此,无论是其构造还是设施均体现出一种威严、震慑之气势。"③明代白话小说对官署的表现具有以下价值:第一,摹写了官署中特定建筑、附属物的位置、形制以及存在于其上的程序、规矩,解惑了古今隔阂的问题;第二,官署中的某些建筑并非仅提供"司法审

---

① 本书所涉书目详见本书附录二"本书所涉明代白话小说(共 91 种)"。
② 徐忠明:《包公故事:一个考察中国法律文化的视角》,第 411 页。
③ 王立民主编:《中国传统侦察和审判文化研究》,法律出版社 2009 年版,第 275 页。

判的场所"，①被动地对司法审判加以陪衬，而是积极地参与到司法审判之中，成为司法审判的一个工具，官箴书屡言"隔别严审"即为明证；②第三，官署的某些建筑还与活动其上的官长、吏役、人犯产生千丝万缕的联系，成为其品质、心理的象征以及面貌、命运的见证。

古人崇尚"中"的价值观念反映在建筑上，就表现为非常重视中轴线，主体建筑位于中轴线上，次要建筑则对称地分布在两边。古代官署的建筑从中央到地方都秉持这一原则，整体建筑主要由位于中轴线上的头门、仪门、大堂、后堂及附属的六科房、监狱等组成。明代白话小说对此有程度不同的反映。

# 第一节　头　门

头门是官署的大门，一般三开间，③每间各安两扇黑漆门，共六扇，故民间有"衙门六扇开，有理无钱莫进来"之说。有的州县将头门加高为两层或三层的门楼，兼为报时的鼓楼或瞭望的谯楼。④"公门大书：越诉笞五十，诬告加三等"。⑤头门与其后的仪门又称大门、二门，"出入封锁大门、二门、小角门等，此最要紧，亦是门面好看"。⑥

或许作为州县衙门的最外层建筑，头门易为人们所熟知，故而明代白话小说没有表现其具体形制，但小说对锦衣卫头门做了细致描摹。《醒世姻缘传》第五回："只见走到门首，三间高高的门楼，当中蛮阔的两扇黑漆大门，右边门扇偏贴着一条花红纸印的'锦衣卫南堂'封条，两边桃符上面贴着一副朱砂红纸对联道：'君恩深似海，臣节重如山。'门前柱上又贴一条示道：'本堂示谕：附近军民人等，不许在此坐卧喧哗，看牌赌博，如违拿究！'"处处透显出

---

① 徐忠明：《包公故事：一个考察中国法律文化的视角》，第411页。
② （明）不著撰者：《居官必要为政便览》卷下《刑类》，第68页。
③ 郭建：《帝国缩影——中国历史上的衙门》："无论多大的州县，大门都只能是三开间（建筑物正面的开间，两根柱子之间的横向空间为一间）。"第7页。
④ 郭建：《帝国缩影——中国历史上的衙门》，第7页。
⑤ （明）吴遵：《初仕录·刑属·严告讦》，第52页。
⑥ （明）蒋廷璧：《璞山蒋公政训·治体·严门禁》，第10页。

官署的特殊与显赫。据《明会典》："凡各卫官员,嘉靖十三年令,只于原卫带俸。锦衣卫系近侍衙门,各卫官无故不得擅入。"①这或许是其头门得以侧身小说的主要原因。州县衙门的地位虽无法与锦衣卫相提并论,但毕竟是治民理刑之所在,自有威严之处,故可以之想象州县头门的某些特点。

小说还表现了头门前的附属物。一是放告牌。放告牌是官长受理案件时挂出的通告牌。放告牌挂出后,两造方可呈递词状。《拍案惊奇》卷一〇:"到得府前,正值新太守吴公弼升堂。不逾时,抬出放告牌来,程朝奉随着牌进去。"《金瓶梅词话》第四十八回:"这安童自思……不如我在此等着放告牌出来,我跪门进去,连状带书呈上。……在察院门首等候多时。……头面牌出来,大书告亲王、皇亲、驸马、势豪之家;第二面牌出来,告都、布、按并军卫有司官吏;第三面牌出来,才是百姓户婚、田土词讼之事。"《新官轨范》:"置立木牌一面,吊挂面里影壁之上。遇接状之日,告状之人牌下立站,聚有三五个人,将牌手执赴县递状。"②小说对放告牌位置的表现与官箴书的记载有异,应是时代、地区差异使然。

二是鸣冤鼓。鸣冤鼓供百姓鸣冤报官使用。明代白话小说表现了鸣冤鼓的形制。《喻世明言》第四十卷中的闻氏协助被押赴京的丈夫沈襄脱身后,反告公人张千、李万设计谋害,"那一日正是放告日期,闻氏束了一条白布裙,径抢进栅门,看见大门上架着那大鼓,鼓架上悬着个槌儿,闻氏抢槌在手,向鼓上乱挝"。鸣冤鼓悬于头门之上,由鼓、鼓架、鼓槌三部分构成。从小说可见,击鼓告诉与一般的告诉不同,它启动的是非正常的诉讼程序:击鼓者在一击之后,须即刻面官受审,不可抽身而退;官长闻鸣冤鼓响后,须迅速出堂处理,不得委之他日。《喻世明言》第四十卷中的闻氏击鼓后,中军官、把门吏"一齐跑来,将绳缚住,喝道:'这妇人好大胆!'……只见门内幺喝之声,开了大门,王兵备坐堂,问击鼓者何人。中军官将妇人带进,闻氏且哭且诉,……王兵备唤张千、李万上来,问其缘故"。一般的词讼,官长可根据具体情况确定听讼时日。《警世通言》第十五卷中的金令史认定家人秀童是盗库银的贼,求张阴捕拷问。秀童被拷得"七损八伤,一丝两气",其爹娘、姐姐奔到县前叫

①　(万历)《明会典》卷二二八《上二十二卫·锦衣卫》,中华书局1989年版,第1119页。
②　(明)不著撰者:《新官轨范·体立为政事情》,第736页。

喊。知县也知金令史"赔补得苦了",但"又被秀童的爹娘左禀右禀",且"此时已是腊月十八了",故吩咐:"岁底事忙,且过了新年,初十后面,我与你亲审个明白。"清代小说《好逑传》对此也有明确交代。第十二回写铁公子去冯按院处告水运等人结党谋害,"走到衙门前,不等投文放告,竟击起鼓来"。众衙役见他击了鼓,"就不依衙规,竟扯扯曳曳拥了进去。到了丹墀,铁公子遵御史代天巡狩的规矩,只得跪一跪,将呈子送将上去。冯按院在公座上看见铁公子,已若认得,及接呈子一看"。而冯按院平日"开门放告"是这样一种场景:"忽拥挤了一二百人进来,俱手执词状,伏在丹墀之下。冯按院吩咐收了词状,发放出去,听候挂牌。众人便都一拥去尽,独剩下一个少年女子跪着不去。左右吆喝:'出去了!'"(第十回)与之完全不同。

三是解审牌。解审牌即巡按、巡道审理解送人犯时抬出的通告牌。《警世通言》第二十四卷:"(玉堂春)随解子到了(山西巡按)察院门首,伺候开门。巡捕官回风已毕,解审牌出。"《醒世姻缘传》第十三回:"(晁源等)次早吃了饭,都到道(东昌巡道)前,开了门,投文、领文毕,抬出解审牌来,原差将一干人带了进去。"明代官箴书对巡按、巡道审案时抬解审牌却很少记录,小说在此方面堪称补充。

在此基础上,小说对头门的功能予以开掘。一般情况下,"无事不入公门",但"(头门、仪门)遇放告日大开"。① 矛盾双方一旦于"头门"或"府前"、"县前"骤遇,完全可据以断定对方"恶人先告状";盛怒之下,双方往往大打出手,从而导致矛盾的进一步升级。《醋葫芦》第十四、五中的都飙被姑父成珪、姑母都氏立为继子后,饮酒宿娼、私卖产业,无所不为;又不服姑父、姑姑的管教,恶拳相向;买下秀才功名后,"昂昂而过,眼梢也不把姑姑门前看一眼"。第十八回中伤心至极的都氏认下丈夫的私生子,如此一来,都飙的继承权受到威胁。第十九回在央亲友说合不成的情况下,都飙求人"写张状子,次日来到府前";成珪也"计议告状",来府前寻人写状。成珪"刚做得一纸状子,恰好都飙也在头门上,衣帽齐楚,踱来踱去",乍见都飙,成珪即意识到:"原来这禽兽先来告我!"继父子关系进一步恶化,饱受其害的成珪"抢上一步,放出老力,揪住就打,连声叫屈"。小说这样写的目的无非是增加故事的曲折性,引

---

① (明)吴遵:《初仕录·刑属·严告讦》,第52页。

人入胜,无意中却强调了头门的功能——只对与争讼事件有关的人敞开;一旦来此,必怀告诉之目的。

从明代白话小说可见,头门在司法审判中亦具有一定作用。不少睿智的官长利用头门将官署与市井隔绝开来的屏障功能,适时关闭,从而将一些难以侦破的"无头案"罪犯纳入"彀中"。无头案是指没有具体的指控对象,犯罪现场也没留下任何证据的案件。因其处理起来很棘手,故非奸杀重案,官长多采取推诿不理的态度。在利用头门审清无头案方面,《百家公案》第十一回中的包公、《新民公案》二卷《劫盗·问石拿取劫贼》中的郭公、《海刚峰公案》第四十七回中的海公堪称高手。三位官长遭遇的都是窃盗案,被盗布或纸,案情不重,但罪犯在现场没有留下任何蛛丝马迹,查证起来难度很大。冥思苦想之下,他们都采取了让罪犯主动现身,并走进官署的计谋:先声言欲审衙内或犯罪现场的某一物件,激起罪犯的好奇心,并因围观者众,有所掩护,使其胆敢走进头门;然后,借口众人"扰政",关闭头门,将其纳入"彀中";最后,提出罚物赎罪,使罪犯在毫无防备的情况下,交出犯罪证据。当然,要使这一计谋收到最好的效果,之前要"广而告之"官府的行动,使罪犯得以接收到此一信息,同时尽可能多地招揽众人,增加罪犯的安全感:包公"令张龙、赵虎出衙传说,将(衙前)石牌抬入头门之下,要问石牌取布还客";海公命吴升一路扬说"布贼已获了,老爷衙底有一烛台说出来,今来拘你(失主)去审"。这是罪犯能够"入彀"的前提条件。一旦所聚人多,即找到合乎情理的借口,关闭头门:包公"喝令左右将府门闭上""作怒"言曰:"吾在此判事,不许诸人混杂,汝等何故不遵礼法,无故擅入公厅?实难饶其罪责。"郭公"怒曰:'我这里理辞讼,尔都来笑我,是何体面!'喝皂隶:'把头门、二门都与我关上。'"既关闭了头门,又不使罪犯心生疑忌,为其后来以赃充罚打下基础。至此,对一干众人"有以惩之",喝令罚物赎罪:包公直言"粜米者即罚他米,卖肉者即罚肉,卖布者罚布,俱各随其所卖者行罚";郭公得知众人"愿罚"不"愿打",命"各罚绵纸一刀"。当此情境,罪犯急于脱罪,自然随着众人,乖乖将赃物充作罚物上交。官长"用谲"断案虽有无视程序法之嫌,但就当时的客观条件而言,确实没有比适时关闭头门更经济、有效的断案手段了。

头门还是衡量官长清与浊、廉与贪的标尺。清廉者,爱民如子,愿为民解纷息争,自然敞开头门,不限告理,其至"也不论其么早堂晚堂,也不论其么投文挂起数,也不拘在衙门,在公所,在酒席上,随到随审"(《醒世姻缘传》第十二回)。贪酷者一旦激起众怒,为安全计,必首先关闭头门。《醉醒石》第八回中的王千户因敲诈民财,遭秀才嘲讽,遂生计作践。他借口秀才所抄进上古书写得不好,不肯收书,还要诈钱。秀才不服,赴县、府告状,并于路途相遇时,"夺板子,扯轿扛,乱打将来。秽言恶语,也听不得。瓦片石块,夹头脸打来"。王千户见势不妙,催促轿夫快走,"飞赶到得衙门,叫:'快关门,快关门!'等不得到堂落轿,头门边便已跳下轿,往里一跑"。《石点头》第八卷中的酷吏吾爱陶因小偷由王大郎家打洞入署盗窃、伤人,将王大郎下狱。待得知其家事富饶后,"就动了贪心",将其一家七命枉杀。后吾爱陶被劾去职,王大郎之妻杨氏"领着儿子,和两个家人妇,到衙门上与丈夫索命。哭的哭,骂的骂,不容他转身",吾爱陶"诚恐打将入去,分付把仪门、头门紧拴牢闭"。

明代白话小说虽然较少细致描摹头门的形制,但对其附属物、功能却多有表现与开掘,这主要是由于头门的附属物及功能有利于小说故事情节的展开、人物性格的刻画。在正史、官箴书、地方志中,不过是作为屏障隔绝官署与市井的头门,在小说中被赋予了更多的内涵:一开一闭,皆与事件关涉;一进一出,均有故事可言,且与法律息息相关,深刻地体现了小说中法律资料的独特魅力。

# 第二节　仪　　门

进入头门,是官署的第二道正门——仪门。仪门"也是三开间","六扇门扇通常是紧闭的,只有在上官来到或州县官的长辈来临,才会打开",[①]平时进出走两侧的角门。

中国古代社会注重礼,据说仪门之设即源于此。《明会典》:"新官到任之

---

① 郭建:《帝国缩影——中国历史上的衙门》,第 7 页。

日，……先诣神庙祭祀毕，引至本衙门仪门前下马，具公服，从中道入。"①或许正是肇因于此，明代白话小说对仪门的形制也有所表现。《醒世姻缘传》第六十二回："到了明伦堂上，门子说道：'相公在此略候一候，待我传请师爷出来。'须臾，门子从里出去，又叫两三个门子进来，把仪门两角门都紧紧的关了。"《醒世恒言》第十五卷："大凡衙门，有个东进西出的规矩。"可见，仪门由正门、角门构成，角门的出入规矩是"东进西出"。

仪门的地位较为特殊：因头门的屏障，其与市井的距离更远；但较之头门，其与大堂的距离更近，故成为官署内外交界的标志。《醒世恒言》第三十卷中的李勉得知县令房德欲加害自己后，"弃下行李，光身子，同着路信跟跟跄跄抢出书院。做公的见了李勉，坐下的都站起来。李勉两步并作一步，奔出仪门外"。在此，仪门是官署内外的分界线，是被羁与自由的分水岭，出得仪门即意味着解除羁绊，重获新生。《型世言》第二十二回中的贼头任敬等人冒充锦衣卫差官，欲劫库银。张知县受其挟制，只得答应，但提出库银"拿去也不便用"，要喻外郎等人去借，以拖延时间。喻外郎等会知其意，以石块冒充银子，借口查看银子成色，向贼人发起进攻。贼人四处躲避，喻外郎等"竟把仪门拴上，里边传道：'不要走了两个贼人，生擒重赏。'"将贼人阻碍在仪门之内，即意味着将其封锁在官署之内，瓮中捉鳖，活捉的可能性大大提高。

与头门一样，仪门也可充当司法审判的工具。有些官长公堂审案时，故意仅留主犯一人听审，而将次犯打发至仪门处等待。此距离不远不近，主犯的信息发布朦胧飘忽，易给次犯造成困扰；一旦别有用心之人从中挑拨，次犯产生误会会无意中吐实。《海刚峰公案》第二十一回中的支德被告窃人金银，海公数掠之不伏。思考之下，海公于支德手中写下一"金"字，道："果尔耶，字当自灭；若非尔，'盗'字当在。"然后命一明白会干事的皂隶拘支德妻"至仪门"。海公问支德："'金'字在乎？"支德答："在。"皂隶故意告其妻："尔夫已招矣，说金子还在。"支德妻惊讶之间，海公又问支德："'金'在否？"支德答："'金'字尚在。"支德妻误以为丈夫果真已招认，遂归家将所盗之物尽付皂隶。若非海公此计，案件不会如此顺利告破。

光棍、衙役还利用仪门的这一隔绝功能诈骗百姓。《杜骗新书》第二十类

---

① （万历）《明会典》卷五九《礼部十七·官员礼》，第364页。

《买学骗·诈面进银于学道》中的学道极公正，不纳分上，一光棍诈言能通之："此道爷自开私门，最不喜人央分上。前途惟对手干者，百发百中。"赵甲问何以献之，光棍曰："候退堂后，先用手本开具某县某人，银若干，求取进学。彼肯面允，便进上银；如不允，银在我手，彼奈我何？"赵甲要求亲看，光棍曰："自然与你亲看。学道的二门，其缝阔一寸，从外窥之，直见堂上，任你看之。"付银之时，赵甲果"于二门缝中看"，只见学道"仍旧纱帽员领而出，棍先以手本高递上，一门子接进，道展看了，笼入袖中去。棍又高擎一封银上，道顾门子，门子接上银。"赵甲以为万无一失，不想揭晓日，榜上无名，棍亦无踪。原来，"此棍先与宿衙人套定，盖妆假道也"。作者批道："二门望入堂上，虽可亲见，终是路遥，那见得真？故落此棍骗而不知。"在此，"二门"成了光棍、衙役勾结诈人的利器。

明代白话小说在介绍仪门形制、功能的同时，还表现了其于司法审判的影响，并揭示了光棍、衙役利用仪门诈害百姓的情况。这些资料在正史、官箴书中很少见到，白话小说却使读者跨越时代鸿沟，对其时的仪门有了全面而深刻的理解。

# 第三节　大　　堂

大堂是官署内最主要的厅堂，大堂"有一个向前延伸较远的大台基，称之为'月台'"，"州县大堂正面一般应为三开间，但因为大多数州县的大堂都围绕一圈檐廊，看上去是五开间。檐廊和主体建筑联结，内部一般作卷棚顶，所以也叫'卷棚'"。[①]

明代白话小说对大堂的形制作了描绘。《醒世恒言》第二十九卷："汪知县在堂等候，……众公差押卢楠等，直至丹墀下，……众公差跑上堂禀道：'卢楠一起拿到了。'将一干人带上月台，齐齐跪下。"《型世言》第二十二回："众人扯向川堂，禀：'假官自刎，假校尉已拿了，请爷升堂。'张知县便出来，坐了堂上。丹墀里边排了这些民壮，都执着刀枪，卷篷下立了这干皂隶，都摆了刑

---

① 郭建：《帝国缩影——中国历史上的衙门》，第10—11页。

具,排了衙。"《警世通言》第二十五卷:"少顷,闻堂上传呼唤进。桂迁生平未入公门,心头突突地跳。军校指引到于堂檐之下,喝教跪拜,那官员全不答礼。"可见,丹墀即为台阶,与月台相连,其上有卷棚;一般人不得进入大堂,只能于月台或堂檐下听命。

大堂最主要的功能是听讼断狱。《清平山堂话本》欹枕集《雪川萧琛贬霸王》:"自古及今,立州治公厅,号为'黄堂',日与天子理民间之疾苦。"《杨家将演义》卷二《寇准勘问潘仁美》中的寇准在皈依寺套出潘仁美诈奏杨家父子谋反的口词后,杨延昭激烈谴责,欲与其对理。寇准道:"此非勘问之所,带到堂前取刑具拷打一番,彼方肯供状。"次日,寇准"升堂,唤左右取出仁美,绑于阶下",勘问之。

官长升堂前要敲梆,以音响通知衙门人役,引起注意。《新官轨范》:"宅内置木梆一个,五更时一声,令把门皂隶公廨内摇铃。第一次省会,第二次吏兴上堂,签押公文,皂隶站堂,方出。"①明代白话小说对此作了表现。《醋葫芦》第十九回:"却好三声梆绝,知府许召升堂。"《禅真后史》第二十四回:"少顷,击梆起鼓,廉访升堂。"从明代白话小说可见,有些官长以击鼓或云板代替敲梆。《醒世姻缘传》第十回中的县尹刚上堂,"门子击了云板,库夫击了升堂鼓,开了仪门"。《金瓶梅词话》第四十八回中的曾爷升堂前,"里面打的云板响,开了大门、二门"。可能因时代、地域不同而有所差异。

官长坐堂后,吏胥差役依次签署画卯、排衙参谒。《官箴集要》:"凡公门吏典兵卒及里长人等,皆须置簿,付承发典吏收掌。每日侵晨于上画卯,至暮画酉讫,呈示。"②《新官轨范》:"吏房吏公座押毕,首领官坐揖,六房吏亦作揖,东西侍立。门子、皂隶、应捕人役以门子为首,各依次第,一齐参见,各从其事,于分定班次立站。"③明代白话小说对此也有表现。《贪欣误》第六回中的徐谦檄充勘官,"随程攒路前进。来到任所,少不得门吏健皂,齐来迎候;升堂画卯,投文放告,一应事照常行去"。《型世言》第二十二回中的张知县升堂后,"丹墀里边排了这些民壮,都执着刀枪。卷篷下立了这干皂隶,都摆了刑具,排了衙"。

---

① (明)不明撰者:《新官轨范·体立为政事情》,第740页。
② (明)汪天锡:《官箴集要》卷下《公规篇·卯酉》,第300—301页。
③ (明)不明撰者:《新官轨范·直日第二》,第742页。

　　接下来,官长派领文、受投文,"放领文牌,将标准印行堂票,令原告、原差唱名给领",①"放投文牌。内又分第一小牌,执牌呼昨夜巡风不到者及犯夜者,当时责发。第二小牌,又唤上司批行投到、诉状人犯、应保者,当堂即时押保,注簿。第三小牌,……第四小牌,……"②《石点头》第九卷中的韦皋升堂理事,"眉州差人投文,解到罪囚听审"。《龙图公案》卷一〇《扮戏》中的包公升堂后,"投文、签押既完",取人来审。

　　派领文、受投文后,官长方审案。其时,官长衣冠整齐,端坐于上。《警世通言》第二十五卷:"那老爷乌纱袍带,端坐公堂之上。"《醒世姻缘传》第十六回:"那晁老一个教书的老岁贡,刚才撩吊了诗云子曰,就要叫他戴上纱帽,穿了圆袖,着了皂鞋,走在堂上,对了许多六房快皂,看了无数的百姓军民,一句句说出话来,一件件行开事去。"隶卒噤声,侍立两旁。《醒世恒言》第二十九卷:"堂前灯笼火把,照辉浑如白昼,四下绝不闻一些人声。……举目看那知县,满面杀气,分明坐下个阎罗天子;两行隶卒排列,也与牛头夜叉无二。"《醒世姻缘传》第十三回:"那巡道的衙门,说那威风,比刑厅又更不同。只见:居中大大五间厅,公案上猴着一个寡骨面、薄皮腮、哭丧脸弹阎罗天子;两侧小小三间屋,棚底下蚊聚许些泼皮身、鹰嘴鼻、腯凸胸脯混世魔王。"官长如阎王,皂隶如"牛头夜叉"、"混世魔王",气氛之恐怖,可以想见。

　　原、被告受审前,先对其唱名。《型世言》第二十三回:"临审一一唱名,那殷知县偏不叫裘龙。"《型世言》第十三回:"去见恤刑,也不过凭这些书办,该辨驳的所在驳一驳,过堂时唱一唱名。"然后,跪于固定位置受审。《新官轨范》:"先将原告分付甬路两边,及将干证之人当面对排开跪下,不许交头接耳说话。"③明代白话小说对此有所涉及。《醒世恒言》第二十九卷:"众公差押卢楠等,直至丹墀下。……齐齐跪下。"《拍案惊奇》卷一一:"(王生被)前拖后扯,带进永嘉县来,跪在堂下右边。却有个原告,跪在左边。"

　　明代小说还从整体上对大堂断案程序作了揭示。《喻世明言》第三十一卷:"(重湘)戴平天冠,穿蟒衣,束玉带,装扮出阎罗天子气象。鬼卒打起升堂鼓,报道:'新阎君升殿!'善恶诸司,六曹法吏,判官小鬼,齐齐整整,分立两

<hr>

① (明)余自强:《治谱》卷三《堂事门·投文会客次序》,第106页。
② (明)余自强:《治谱》卷三《堂事门·投文会客次序》,第106页。
③ (明)不著撰者:《新官轨范·体立为政事情》,第737页。

边。重湘手执玉简,昂然而出,升于法座。诸司吏卒,参拜已毕,禀问要抬出放告牌。……随叫直日鬼吏,照单开四宗文卷原、被告姓名,一齐唤到,挨次听审。……鬼卒禀道:'人犯已拘齐了,请爷发落。'重湘道:'带第一起上来。'判官高声叫道:'第一起犯人听点!'原、被共五名,逐一点过,答应。'原告韩信——''有——''彭越——''有——''英布——''有——''被告刘邦——''有——''吕氏——''有——'……分付判官,将众人口词录出。……立案且退一边……再唤第四起乘危逼命事,人犯到齐,唱名已毕。"虽然借阴判来写,应是人间诉审程序的折射。

对于官署内最重要的建筑——大堂,明代白话小说不仅描绘了其形制,还表现了具体的升堂、断案程序,非正史、官箴书可比,显示了小说作为法律资料之一种的独特魅力。

# 第四节 内 宅

内宅是官长及家人的居住地。

内宅的大门称宅门。官箴书明确提出"宅门尤亦严谨"的建议:"退堂入衙,该吏承印至宅门外,门子接印盒送入宅内,……门子即出,不许容令穿房入户行走。"①明代白话小说对此作了表现。《鸳鸯针》第二卷第三回:"约莫到二更时分,听得里面传点,叫把衙的开门。把衙的答应,接钥匙开了门。"宅内亦须保持安静。《醒世恒言》第一卷中的月香被贾婆卖给钟知县家作女儿的陪嫁,前来领人的张婆告知实情后道:"官府衙门,不是耍处,事到其间,哭也无益。"月香"只得收泪,上轿而去"。女眷尤其不能任情出入。《醒世姻缘传》第七十七回中的薛素姐想走出工部相主事的私宅,打听丈夫狄希陈在北京的住所。大妗子道:"这是官衙,岂容女人出去? 你既进了这门,休想再要出去,只等你小叔儿升转才是咱们离京回去之日。"薛素姐如"只猛虎落在陷阱里,空只发威,不能动弹,好生难过"。

内宅与外界的沟通,主要靠梆子和转桶(又称传桶),"宅门之内置一云

---

① (明) 不著撰人:《居官必要为政便览》卷下《工类》,第72页。

牌,门外置木梆,门旁墙中置转桶。有事传进,令击梆;有事传出,令击云牌"。① 关于梆子的样式,《醒世姻缘传》第七十一回借来陈府拜访的童奶奶之眼作了描摹:"进了仪门,打大厅旁过道进去,冲着大厅软壁一座大高的宅门,门外架上吊着一个黑油大桑木梆子。"小说还表现了衙役敲梆子沟通内宅的情况。《醒世姻缘传》第七十一回中的童奶奶随看门的来至宅门前,"那看门的把那梆子'邦'的声敲了一下,里边一个老婆子出来问道:'说甚么?'那看门的回说:'看门的任德前见太太禀话。'老婆子道:'进来……'"《醒世姻缘传》第九十四回中的薛素姐来到丈夫狄希陈成都经历任所,"皂隶不敢怠慢,一面开了仪门,放他抬轿进去,一面跑到衙门口速急传梆"。

明代白话小说没有描摹转桶的样式,但揭示了其及时转入、转出物品的功能。《醒世姻缘传》第十五回中的梁生、胡旦曾走太监王振的门路,助晁思孝得官。后王振势败,梁、胡受其牵连,"在那搜寻缉访的里边",藏身于晁家。晁氏父子见二人大势已去,一意寻计驱赶。晁源故意写了假本,说厂卫要来晁思孝衙门捉拿梁、胡。二人慌作一团,乖乖听其安排,转藏香岩寺。但晁源并未如约"不住的差出人去探望",胡、梁遂托香岩寺主持差人送信给晁源。来人到州里内衙门口说:"三日前,衙里出来两位相公,住在寺里,等衙里人不出去,叫我送进这封书来。"把衙门的传了进去。晁源欺心,"自己走到传桶跟前回说"、否认。《醒世姻缘传》第三十六回中的沈裁给县官做衣服时,贪图"这般腥血红的好尺头",将尺寸做小了。县官很生气,要"打四十板子,赔了圆领,再赶他出境"。夫人说情,"叫人把这套圆领发出与他,叫他把做坏的圆领比样押着他火速赔来"。家人奉命,"到传桶边分付,他还有许多的分理"。

明代白话小说还表现了衙门中人利用转桶做非法之事的情况。《醒世姻缘传》第五十四回中的尤聪在胡知县家做厨子,抛撒米面,还"背了人传桶里偷买酒吃",甚至"每顿三四升的落米,从传桶里边央那把衙门的人卖钱换酒"。尤聪毕竟仅是厨子,故利用转桶为恶的程度有限;如果是一衙之主,其通过转桶一逞其私的恶性就很大了。《醒世姻缘传》第九回中的计老因晁源听信姜珍哥诬捏奸情,致其女自缢而死,去官府告状。知县得了晁源的贿赂,将原、被告一概罚银了事。第十一回原差伍少川、邵次湖来计家催交罚银时,

---

① (明)不著撰人:《居官必要为政便览》卷下《工类》,第72页。

遗下一个书夹,为计老之子计巴拉拾到,中有一张拜帖,"上面写着:'晁源一起拘齐,见在听审。'旁边朱笔写道:'再换叶子赤金六十两妆修圣像,即日送进领价。'"计巴拉不甚明了。后计巴拉去官府上纸价,礼房书手方前山告之:"那一日,我刚在衙门传桶边等稿,一个管家在传桶边往外张了一张,把我不知错认了是谁,叫我到跟前,递出一个帖来,却是伍小川、邵次湖的禀帖,说:'晁源一干人犯都齐到了,见在听审。'大凡是这样的禀帖传进去,定是有话说了。我接来朝了日头亮照看,那朱判的日子底下有'五百'二字,旁边朱笔又写道:'再换叶子赤金六十两妆修圣像。'这是嫌五百两银子少,还要叫他添六十两赤金。"原来,"这是那武城县近日过付的暗号。若是官准了,却在那'五百'二字上面浓浓的使朱笔标一个日子,发将出来,那过付的人自有妙法,人不知,鬼不觉,交得里面。若官看了嫌少,把那丢在一边,不发出去;那讲事的自然会了意,从新另讲"(《醒世姻缘传》第十回)。转桶就这样被不法官长利用,助其需索钱财、讨价还价。

事实上,更多的不法之事发生在官长内宅,如收受贿赂。《醋葫芦》第九回中的钱通"与水儿(胡芦提)十分相得,繇你大小事体,没他不说话,凡百过龙等样,一发情熟"。第十回中的成珪送银,请他于胡芦提处求情。钱通"将一半用纸包好,传下梆,径进私衙门首"。胡芦提刚醒,问道:"这时候,那个传梆?"管家道:"禀爷,外边传梆,一则为晚关未放,一则钱书办要见。"胡芦提道:"钱通要见,定主财交发动。"待"瞧见钱通手里捧着白雪雪地两大锭银子",胡芦提喜笑颜开,答应:"看这银子分上,到要胡乱抟一抟。"

再次,如生计害人。《醒世恒言》第三十卷中的知县房德得李勉昔年救拔之恩,本欲重酬之,"唤路信跟着回到私衙,要收拾礼物馈送"。但其妻贝氏舍不得钱财,"在私衙中,料无外人来往,恣意调唇弄舌",污蔑李勉当年放房德是"指望放了暗地去孝顺",此次稍不满意,必"揭起旧案"。房德信以为真,与贝氏定下烧屋杀人之计。

关于内宅,明代白话小说最具价值之处,不仅在于其对梆子样式、转桶功能的表现,更在于其对衙门中人——上至官长,下至役仆利用转桶以及内宅所为不法之事的揭示。这些资料,只有在一意揭露衙门黑暗、官长贪婪的小说家笔下,并且只有在那些对衙门内部情况相对熟悉的小说家笔下,才会得见。

以上为中轴线上的主体建筑。此外,还有一些辅助建筑,如书房、六房等。

# 第五节　库　　房

吏的办事房叫司房。司房位于仪门与大堂之间,呈对称分布,东侧由北向南为吏、户、礼科房,西侧由北向南为兵、刑、工科房。此外,"还有管理粮仓的'仓房',管理物资的'库房',管理邮传、迎送过往官员的机构'铺长房',汇总、分发所有出入衙门公文信件的机构'承发房',保存、整理公文档案的机构'架阁房',负责记录、誊抄诉讼文书、审讯口供证词、批词判决的'抄案房'(或称'取供房'、'供招房')等等机构的办公用房也排列在六房之后"。①

明代白话小说从整体上对各房的职能作了介绍。《咒枣记》第二回:"若金在吏房管些文书也好,金在礼房管些祭祀及迎送各官的下程也好,金在户房管些钱粮也好,金在工房管些工匠造作等事也好,金在兵房管些军丁也好,偏偏的当着刑房。一入了这个刑房,出罪入罪,不得不使些机巧,弄些刀笔。"此外,明代小说还对个别司房作了重点表现,其中对库房的表现尤为突出。

关于库房的具体位置与设施,《醒世姻缘传》第十一回:"计巴拉还得了七十六两银子,走到县前那马快房内,只见静悄悄一个人也没有。又走到库门口,刚刚只一个张库吏在那里静坐守库。……计巴拉别了出来,那县里边也是冷冷落落的。从礼房门口经过。"可见,库房地近马快房与礼房。《型世言》第二十二回:"库中是豆麦熟时征毂,有六七千银子。"《警世通言》第十五卷:"新库吏将厨柜等都检看封锁,又将库门锁钥付与金满。"《醒世姻缘传》第十一回:"计巴拉与他(张库吏)相唤了,说要交那罚的纸价。张库吏道:'只还得同了原差拿了票来,我照票内的数目收了,登了收簿,将你票上的名字榻了销讫的印。如今原差不来,我倒可以收得,只是你没了凭据。'"可见,库房中有银子、厨柜、收簿等,以锁钥封门。

从明代白话小说可见,清官治下的库房,空虚少银。《型世言》第十八回中的知县李莹斋清廉自守,视民如伤,"征收钱粮,止取勾转解上司,并不加耗;……准理词讼,除上司的定罪,其余自准的,愿和便与和,并不罚谷要纸"。

①　郭建:《帝国缩影——中国历史上的衙门》,第13页。

他去世后，二衙为其经理丧事，"可怜库中既无纸赎，又无兑头"。受清官的影响，清官家属还以他人助己之财充实库房。《韩湘子全传》第二十三回中的潮州刺史韩愈尸解修真，其侄韩湘子"一面表文回京报死，一面收拾起程，各处吊奠赙仪，毫不肯收，俱收贮库内，替百姓完纳了税粮，申报上司，不烦征索"。贪官则念念不忘收银入库。《鼓掌绝尘》第三十二回中的知县"不曾行得一件好事，只要剥虐下民"。李蔑出首杨一、李氏私和人命，并拿出一大锭银子为赃证。知县"接过这锭银子，就如见血的苍蝇，两眼通红，那里坐得稳，走出公位"，唤速拘人犯到来。无辜受牵连的杨亨出银消弭此事，知县责罚李蔑的同时，不忘叮嘱："把那一锭出首的赃银，贮库入官。"贪官还以库房中的财物不能尽入己囊为憾。《石点头》第八卷中的吾爱陶诬王大郎为贼，将其家产"尽发去附库"，并害死其一家七命。后吾爱陶被革职，回乡前，"王大郎箱笼，尚在库上，欲待取去，踌躇未妥，只得割舍下来"。

善断之官还以库银辅助断案。《百家公案》第七十一回中的许二、许三兄弟恨韩定不肯借银，将其养子砍死。恰好张木匠路过，因尸伤致命处为斧痕，血迹至其家而止，张木匠夫妇被疑下狱。包公复审时，知其被冤，但"不得其明处"，不得开释。忽见一小童持一帕饭送与狱卒，"连说几句私话，狱卒点头应之"。包公问之，狱卒答以家人令其早归。包公遂呼小童入后堂，"分付库子李十八取四十文钱与之"，细询之。小童告有人"教我狱中探访，今有甚么包丞相审勘，看所勘人命事，其夫妇何如承认"。包公派人捉拿，得许二、许三兄弟，审出实情。《百家公案》第十六回中的宋乔携万两白银去开封贩买红花，夜宿龚胜店时，钱财被贼人劫去。龚胜被疑下狱，但苦口诉冤。包公得知宋乔此前曾宿曹德充家，断定其在那时已走漏风声，遂扮为客商，前去暗访，得知赵国祯、孙元吉"去开封府做买卖，半月捡银若干"。包公派赵虎拿锦缎往赵家卖，得其所付银，命"将数锭银分付库吏藏在匣内，与别锭银同放"，唤拘宋乔来看。宋乔认出赵国祯所付银为自己的。得此证据，包公拿来赵国祯等人，破获此案。在此，库银为案件的破获起了一定的作用。

库房主管官署内的财务收支，故"（库房）这个美缺。……是个利薮"（《警世通言》第十五卷）。可取损耗，《醒世姻缘传》第十回："大尹又接道：'计都、计巴拉都免打，也免问罪，每人量罚大纸四刀。'……甚么叫是大纸？是那花红毛边纸的名色。虽是罚纸，却是折银。做成了旧规，每刀却是折银六两。……共该上纳四十八两银子,库里加二五秤收。"亦可收常例,《醒世姻缘传》第五十回:"商确递呈子援例。……狄宾梁同了主人家高没鼻子,预先的与事例房合库官并库里的吏书都送了常例,打通了关节,专候三八日收银。"这些都是为律法所允许的。

为得管库一职,各吏运筹谋划,费尽心机。《型世言》第七回:"况且管库时是个好缺,与人争夺,官已贴肉摁,还要外边讨个分上,遮饰耳目。"《警世通言》第十五卷详细描写了苏州府昆山县库房主管的择取办法:"吏房要开各吏送阄库房,……那库房旧例,一吏轮管两季,任凭县主随意点的。众吏因见是个利薮,人人思想要管,屡屡县主点来,都不肯服;却去上司具呈批准,要六房中择家道殷实、老成无过犯的,当堂拈阄,各吏具结,申报上司。若新参及役将满者,俱不许阄。然虽如此,其权出在吏房。但平日与吏房相厚的,送些东道,他便混账开上去,那里管新参、役满,家道殷实不殷实? 这叫做官清私暗。"新参户房吏金满欲谋此缺,得门子王文英指点,走吏房令史刘云的门路,将其名字"开得上去";又央本县显要士夫写信嘱托知县,说他"老成明理,家道颇裕,诸事可托";拈阄之时,卷阄传递的门子恰是王文英,"已做下弊",金满"一手拈起,扯开,恰好正是"。

但库吏也容易受累赔补。《杜骗新书》第二十一类《僧道骗·诈称先知骗绢服》:"东阳江达涧,父遗产万金,因为本府库吏,累累浸溷剥削,破去家强半。"《型世言》第七回:"(张大德管库后)衙门工食,九当十预先支去。虽有领状,县官未曾札放。铺户料价,八当十预先领去,也有领状,没有札库。还有两廊吏书那借,差人承追纸价未完,恐怕追比,情出虚收。……一旦接管官来逐封兑过,缺了一千八百余两。"如果官长滥支,则库吏累赔更苦。《醒世姻缘传》第十七回:"(华亭知县晁思孝)在那库吏手里成十成百取用,红票俱要与银子一齐同缴,弄得库吏手里没了凭据,遇着查盘官到,叫那库吏典田卖舍的赔偿,倾家不止一个。"《警世通言》第十五卷中的吏房吏有言:"就是做库房,未知是祸是福,直等结了局,方才见得好歹。"《型世言》第七回的夹批:"贪便宜,折便宜。"皆诛心之语。

某些库吏贪污自肥,却又担心赃迹败露,遭受责罚,遂栽赃他人。《二刻拍案惊奇》卷三九中的苏州府库失去元宝十来锭,做公的皆私议为贼懒龙盗去。懒龙心疑库吏知情,走到库吏房中静听。库吏对其妻道:"吾取了库银,外人多疑心懒龙，我落得造化了。却是懒龙怎肯应承？我明日把他一生做贼的事迹，纂成一本，送与府主，不怕不拿他来做顶缸。"懒龙为"免受无端的拷打"，连夜逃走。有些官长则出于对自身前途的考虑，不顾是非，袒护贪污的库吏。《禅真后史》第二十一回："本县库吏暗盗钱粮、嫖赌撒漫用度，后因盘库事露，扳累无辜百姓株连受害。这县官糊涂，恨不的一时出豁了库吏，保全了自己前程，一概波及良民，登时酷刑严比，其中借贷变产、鬻妻卖子者何止一二百家！凡下狱的，将所扳银两照数赔纳，兀自要寻分上说了方便，才得出狱；那库吏反唤亲人保领出去，外厢快乐。"

作为一县(州)，甚至一府的经济命脉，库房还成为海贼强盗的觊觎之地。《型世言》第二十二回中的贼头、响马因滑县张知县上任后，日命民壮巡绰闹市，使得他们生意全无，遂商量："如今我们先动手他起来，勾合一班，打入私衙，或是劫了他库。"《征播奏捷传》第三十五、三十六回中的杨应龙、杨朝栋父子起兵谋反，飞练军校驰赴杨都司、潘经历衙内禀报，杨都司、潘经历"令众军昼夜巡警把守"。无奈反军势大，城被攻陷，"劫去库银四千余两，各衙门印信尽行收搯"。

小说还涉及了库房受损的法律责任。《型世言》第二十二回："(贼人打劫库银)若使当日是个委靡的，贪了性命，把库藏与了贼人，失库毕竟失官。"《醒世恒言》第三十卷中的房德欲"只得在库上撮去"绢匹，报答李勉。其妻贝氏道："啧啧，你好天大的胆儿！库藏乃朝廷钱粮，你敢私自用得！倘此时上司查核，那时怎地回答？"无论出于何种原因，官长都摆脱不了受惩的命运。

明代白话小说在表现库房的位置、设施、职能的基础上，揭示了各吏争竞其职、贪污后栽赃他人等情况。官箴书对此也有所揭示："若正堂精明，钱粮纸赎出入，不经库吏各役；工食起解银两，俱当堂验发，则库吏库书，无所事事。"[1]"库吏害民欺官，奸诈百出。收头重秤，皆库吏主之也。……又拆封时，朋合多方窃取，及合总不足，便归之等小。……至若发各项银两，或剋减，或抵换，无非是弊。"[2]但对库银与官长的关系、库吏为官长累赔以及海贼强盗对库房的觊觎等，官箴书却鲜有涉及，小说在此方面显示出独特的价值。

---

[1]　(明) 佘自强：《治谱》卷二《到任门·各房通弊》，第102页。
[2]　(明) 佘自强：《治谱》卷二《到任门·库吏书之弊》，第100页。

# 第六节　监　　狱

监狱设于官署内仪门之外。

明代监狱以高墙围就,明代官箴书屡言"将监内墙垣房屋修筑高厚",①小说对此也有所表现。《征播奏捷传》第二十五、二十六回:"同入监看取奇栋。刚进牢城,但见:门高墙壮,地阔池深。"

关于监狱内部的格局,从现存资料来看,明代监狱大多低矮、狭窄、黑暗、肮脏。洪洞明代监狱是我国唯一一座保存完整的明代县级监狱,有普通牢房六间,每间约四平方米,门低窗小,阴暗潮湿,最多时关押十几人。② 小说对此作了表现。如言其低矮,《醒世恒言》第二十九卷:"如今坐于狱中,住的却是钻头不进、半塌不倒的房子。"如言其狭窄,《禅真后史》第四十四回中的掌案孔目禀报县尹:"本县狱房窄小,众犯患病者多。"如言其黑暗,《禅真逸史》第二十五回:"入监房里来。但见:昏惨惨阴霾蔽日,黑沉沉臭恶难闻。"如言其肮脏,《型世言》第六回:"将来拴在柱上,并无椅桌倚靠,那有铺盖歇宿?……(唐贵梅)要地下坐时,又秽污杀人。"

明时,监中并无被褥,人犯多宿于草席之上。《大明令》:"荐席常须铺置。"③荐席即草席。明代白话小说的表现与此相一致。《醒世恒言》第二十卷:"禁子引二子来到后监。见父亲倒在一个壁角边乱草之上,两腿皮开肉绽,脚镣手杻,紧紧锁牢。"有时,简陋得连草席都没有。《欢喜冤家》第十六回中的费人龙醉中入监,"这一时醒来,也不知天晓夜暗,……把手去摸,又不在床上,又无衾枕,寒冷起来,又不知在何所在,竟不知身陷狱中"。

关于监中饮食供给,《大明令》规定:"凡牢狱禁系囚徒,……夏备凉浆,无家属者,日给食米一升。"④但至后代,情况发生了变化,官府不再为在押囚犯提供饮食。据《新吾吕先生实政录》:"狱囚请给衣粮医药,原无已成狱、未成

---

① （明）不著撰者:《新官轨范·体立为政事情》,第738页。
② 参见温海慧《苏三与洪洞明代监狱》,《文物世界》2000年第3期。
③ 《大明令·刑令》,附于怀效锋点校《大明律》,第268页。
④ 《大明令·刑令》,附于怀效锋点校《大明律》,第268页。

狱之别。近来有司不知何据,惟奉决及曾上长枷者,照月给粮;而见审未成刑之人,牵连淹禁经三五年,少衣缺食,有病全不照管分毫,但报陆续病故。"①明代白话小说对此作了表现。《石点头》第五卷:"来元监在江都狱中,因不曾定有罪名,囚米无分。"如家中不方便送饭,人犯可于监中寄饭。《欢喜冤家》第三回中的文甫在监半年多,幸亏其妻月仙与婢女红香"卖东卖西,苦苦支吾。连床帐不留,俱皆卖完。可怜铁桶样的家私,弄得寸草也无"。无奈之下,月仙只得将红香卖掉,换些银子,自为丈夫送饭。文甫得知后,道:"贤妻,你来送饭,我心不安。况出头露面,甚是不便。此间有例在此寄饭者,每日纹银四分,三餐饱饭,实是便事。"对经济状况不好的家庭来说,为在监者备饭是一项很大的负担。《水浒传》第六十二回中的卢员外被陷下狱,家产尽失,家人燕青"又无送饭的钱财",只得"城外叫化得这半罐子饭,权与主人充饥"。在这种情况下,如能得监中人犯或其他人的帮助,实为幸事。《醒世恒言》第二十卷中的张权被屈下狱,二子来看,哭作一团。在监人犯种义见之,道:"谁想有此冤枉! 我种义岂忍坐视! 二位小官人放心回去读书。今后令尊早晚酒食,我自支持,不必送来。"

如家中无力送饭,亦无他人可倚,人犯的境遇就很糟糕了。《欢喜冤家》第二十二回的黄金色被枷后,"无人寄信,连这三餐不给,死在旦夕"。《详情公案》卷二《强盗门·断强盗掳劫》中为王恒伐木的众工人,"被官穿胛擒捉,又受刑法,且无人送饭者而死者二十人"。至此,无人可倚的人犯只能自寻出路。《鸳鸯针》第一卷第二回中的丁协公蹲在冷铺里,"又没一个管家跟随,谁人替他送饭? 饿得他眼见鬼,只得脱了身上衣褶,央火夫去当了几钱银子,买些饭食点心吃"。《欢喜冤家》第十一回中的蔡林是生意人,"一日不趁,一日无食的了。又无亲友送饭,难道在监饿死不成。还幸喜手艺高强,不是结网浇人去卖,便是打草鞋,易水度日"。

如已成狱,则官府供给饮食,称"吃官饭"。《欢喜冤家》第二回中的陈小二承认早年曾谋财害命后,县官将其"重责三十板,上了枷,押入牢中"。小二妻子哭哭啼啼,"道无人送饭,哭个不止"。三元道:"二嫂,你不须啼哭。二哥成了狱,有官饭吃。我方才拿了三两银子,浇差人寄去与他使用,不必记念。"

---

① 　(明)吕坤:《新吾吕先生实政录·风宪约卷之七·优恤八条》,第579页。原书作"卷之二"。

《禅真逸史》第十二回中的重犯王歪七"原是劫财强盗,生得魁伟长大,也是一条好汉。因打劫赴任官员,事发拟成死罪,在牢吃了数年官饭"。

关于狱中医药,《大明令》规定:"若狱囚患病,即申提牢官验实,给药治疗。"①为了加强保障,还专设药局、医生,"成化十二年令有司买药饵送部,又广设惠民药局,疗治囚人"。②明代白话小说对此有所表现。《警世通言》第三十三卷中的洪三下狱后,"看看病重,狱卒告知安抚,安抚令官医医治"。《型世言》第十二回中的李御史被下锦衣卫狱后,曾受其恩的管监王指挥告李夫人:"李爷儒官,久处冷局,又在客边,狱中供给医药,都不要费心,我这里自备。"

关于监规。如依罪轻重,施戴戒具:"其在禁之内,徒以上应杻,充军以上应锁,死罪应枷。凡枷者兼锁、杻,凡锁者兼杻。"③明代白话小说对此予以揭示。《喻世明言》第二十六卷中的张公谋财杀人之情属实,知府命"取具大枷枷了,脚镣手杻钉了,押送死囚牢里,牢固监候"。《警世通言》第三十三卷中的安抚命"取一面长枷,将高氏枷了。周氏、玉秀、洪三俱用铁索锁了,押下大牢内监了"。狱中本已狭小,再施带械具,遇夏暑冬寒,则人犯苦不堪言,故有些官长采取措施,从宽处置。《拍案惊奇》卷二○中的襄阳刺史裴安卿有感于某些人犯"一时过误,问成罪案,困在图圄,受尽鞭笞,还要肘手镣足,这般时节(暴暑难当),拘于那不见天日之处,休说冷水,便是泥汁也不能勾;求生不得生,求死不得死",决定"散禁他每在狱,日给冷水一次,待交秋再作理会"。《禅真后史》第二十一回中的建州廉访刘仁轨因"狱中囚犯冻死者相继数人",不仅自己"捐俸资籴米煮粥,遍济饥囚;又买棉花草褥,给赐狱中",还吩咐狱吏:"天色寒冷,一概镣杻笼匣刑具,暂且宽放,待春来又作区处。"

再如不得高声说话。《禅真逸史》第二十五回中的禁子告在押的杜伏威其叔已自尽而死,杜伏威听罢,大喊一声道:"罢了!"禁子吓得慌张无措,连忙掩其口道:"这牢狱中,不是大惊小怪之处,莫带累我吃棒。"《欢喜冤家》第三回中的红香到府前打听主人消息,几个好事的公人假效勤劳,将其领到牢中,"两下一见,大哭起来",众人道:"牢狱不通风,不可放声,决不可响。"

---

① 《大明令·刑令》,第261页。
② 《明史》卷九四《刑法志二》,第1548页。
③ (明)雷梦麟:《读律琐言》卷二八《刑律十一·断狱·囚应禁而不禁》,法律出版社2000年版,第476页。

事实上，仅强调监规，难以及时发现、制止人犯各种脱序情况的发生。"但系强贼，尤为死鬼。朝思暮想，只求撞网脱笼；得便乘机，便要劫囚反狱"。① 明代白话小说还透露了其他防范措施。其一，紧守监门，"将监内房门、锁钥、铁索等项，俱用壮实"。②《拍案惊奇》卷二〇中的兰孙劝父亲不可散拘人犯，"倘有不测，受累不浅"。裴安卿道："我以好心待人，人岂负我？我但分付牢子紧守监门便了。"《近报丛谭平虏传》卷一《刑部狱焚监逃逸》中的可可孤山串通狱囚反监，道："今夜更深，约我砍开狱门出去，他在外面应援。"监门乃进出监狱的要道，对其严加防范，具有一定效果。

其二，及时点监（也叫点闸、点押）。"囚犯在监，关防宜谨。……每晚严令点监吏照簿点入监房"。③《弁而钗·情烈记》第一回："至晚，一禁子来点监。"《禅真后史》第二十一回："建州司大狱中，俱是各州县成案大辟重犯总解来监候的，向来官府十分严禁。因本司近海贼寇出没之处，常虑劫牢越狱。狱中官吏等昼夜防闲，不敢时刻懈弛。"此为早晚点监，小说还表现了不定时点监。《醒世恒言》第二十九卷中的狱卒得卢家银子，任其亲友到狱中看视卢楠，"直进直出，并无拦阻"。知县心腹蔡贤得知此情，"如飞禀知县主，魆地到监点闸"。

其三，夜间摇铃鸣锣巡逻。明吕坤在其辖区内创立夜巡之法："每更，监中用禁子一人，鸣锣走狱监外，外一人鸣梆，内一人提铃，相约各十步一声。先一声锣，次一声铃，次一声梆，周而复始，不许断续，亦不许铃梆乱响，致令狱中动作不闻。"④小说的表现与此大体一致。《欢喜冤家》第十六回："这一时醒来，也不知天晓夜暗，只听得耳边厢喝号提铃，好生惊恐。……吆吆喝喝，直至天明。"《醒世恒言》第二十九卷："如今坐于狱中，……到了晚间，提铃喝号，击柝鸣锣，唱那歌儿。"

人犯甫一下狱，今昔对比悬殊，心情烦闷，可想而知。《禅真逸史》第二十五回中的杜应元入狱后，"心下烦恼，止不住腮边流泪"。《醒世恒言》第二十九卷中的卢楠"虽是豪迈之人，见了这般景象，也未免睹物伤情。恨不得胁下

---

① （明）吕坤：《新吾吕先生实政录·明职引·司狱官之职》，第413页。
② （明）不著撰者：《新官轨范·体立为政事情》，第738页。
③ （明）不著撰者：《居官必要为政便览》卷下《刑类》，第66页。
④ （明）吕坤：《新吾吕先生实政录·风宪约卷之七·关防八条》，第581页。

顷刻生出两个翅膀来,飞出狱中。又恨不得提把板斧,劈开狱门,连众犯也都放走。一念转着受辱光景,毛发倒竖"。如逢阴雨或年终,则更为不堪。《欢喜冤家》第十回:"次日起来,那天上乌云四起,忽然倾下一阵雨来,好生大得紧。初似倾盆,后如泼水,那窗下芭蕉,不管愁人自响;池边宿乌,却教幽梦难成。那些狱里罪人好生愁闷。"《四游记·北游记》卷四《孟山放囚入仙道》:"广西府牢中犯人甚众。……有一岁,年终十二月二十五,众囚于禁中悲悲哭哭,惨声震天。……众囚曰:'我等本非好人,亦有一点孝心,至年终不见父母,思思切切,故有此哭。'"不少人犯身受刑伤,还需承受肉体上的痛苦。《警世通言》第三十三卷:"高氏浑身是肿,棒疮疼痛熬不得。"《醒世恒言》第二十卷:"(张木匠)棒疮目下虽凶。"当此情境,人犯之面貌可怖可憎。《醒世恒言》第二十九卷中卢楠"眼前见的无非死犯重囚,言语嘈杂,面目凶顽,分明一班妖魔色怪;耳中闻的不过是脚镣手杻铁链之声"。《弁而钗·情烈记》第一回中的文生入狱后,"不像旧时容颜矣:鹄面鸡形少色,蓬头垢面无光。鹑衣百结魂寄黄,行步葳蕤模样。病恹恹止欠一死,昏昏不辨两厢"。

在这种情况下,人犯的免疫力下降,极易身患重疾。《拍案惊奇》卷一一:"王生自从到狱之后,……虽是有人殷勤送衣送饭,到底不免受些饥寒之苦,身体日渐羸瘠了。……劳苦忧愁,染成大病。"封闭狭小的空间,还使产生于个体的病痛极易发展为蔓延整个监牢的牢疫。《欢喜冤家》第二回:"小二在监,闻知三元做亲,自身受苦,心下十分气苦,染了牢瘟,一命亡了。"《醒世恒言》第三十四卷中的朱常、卜才下到狱中,"想起枉费许多银两,反受一场刑杖,心中气恼,染起病来,却又沾着瘟气,二病夹攻,不勾数日,双双而死"。

明代白话小说不仅表现了监狱的形制、管理,还揭示了人犯的面貌、命运,较律例、判牍、正史、官箴书的记载更为丰富、细致,是中国古代法律史、监狱史研究的一笔重要财富。

明代白话小说很少从整体上描摹官署。《型世言》第二十回以反讽的笔触表现了地处烟瘴之地的广西繁县官署:"一个衙宇,一发齐整,但见:烂柱巧镶墨板,颓椽强饰红檐。破地平东缺西穿,旧软门前搠后补。川堂巴斗大,纸糊窗每扇剩格子三条;私室庙堂般,朽竹笆每行搁瓦儿几片。"《三宝太监西洋记》第十六回通过描摹宝船样式,间接表现了明代官署的具体格局:"第一号是个帅府,头门、仪门、丹墀、滴水、官厅、穿堂、后堂、库司、侧屋,别有书房、公廨等类,都是雕梁画栋,象鼻挑檐,挑檐上都安了铜丝罗网,不许禽鸟秽污。"相比之下,地方志、官箴书的表现要正式得多。明嘉靖《尉氏县志》:"正厅三间、幕厅一间、左右六房、司库、仪门,狱禁建于仪门之西,谯楼建于仪门之南,申明亭在仪门外东,旌善亭在仪门外西,知县宅居正厅之后,县丞宅居正厅之左,典史宅居正厅之右,吏舍在正厅之西南。"①就此而言,明代白话小说的价值不如地方志、官箴书高。但在小说中,官署不仅是司法审判、人犯羁押的处所,还是司法审判的工具,以及官长、吏役、人犯的品质、心理的象征和面貌、命运的见证。它犹如一面"镜子",如实地折射着官署的里里外外、方方面面;又如一位见证者,不动声色地记录着法律人物的粉墨登场与法律故事的发生演绎。藉此,人们对官署的理解更为明确、深刻。

## 第七节 办 案 用 具

相对于官署内体量宏大的头门、仪门、大堂等,案桌、刑具等办案用具可谓形制狭小。但从明代白话小说来见,即便微小至此,其在司法审判中亦具有一定的作用。

## 一、案 桌

案桌是形状狭长的桌子,官长审案时端坐其后。《西湖二集》第三十三卷中浙江按察使周新坐堂时,"那二鹊直飞到案桌边悲鸣不已,似有诉冤之意"。案桌也叫公案。《禅真逸史》第十二回中的武士将祝鹍、刁应祥带上堂,二人"见正堂中间放着圣旨,侧首三张公案,左边上首立着左仆射谢举,下首立着刑部尚书王明,右边立着大理寺卿黄相"。

关于案桌的铺陈,明代白话小说也有所表现。《金瓶梅词话》第九十四

---

① (嘉靖)《尉氏县志》卷二《官政类·公署》,《天一阁藏明代方志选刊》,上海古籍出版社1963年版,第23b页。

回:"紫绥桌围。"《警世阴阳梦》第二回:"这衙门就与都天院一般。只见上边坐着十七员官,十七座案桌,都是锦缎红围。"虽写阴间衙门,亦是对阳间官署的折射。

案桌之设,主要是方便官长处理案件,如摆放"朱墨笔砚,文书簿册"(《警世阴阳梦》第二回),或用以书写批词、判词等。《西游补》第八回对阴判的文具作了表现:"案上摆着银朱锡砚一个,铜笔架上架着两管大朱红笔。左边排着幽冥皂隶签筒——一个判官总名签筒,一个值堂判官签筒,一个无名鬼使签筒——三个。"此应以阳间文具为蓝本。

从明代白话小说可见,案桌的功能绝不仅限于此,它还是案件审理难易的指示牌。官长公堂审案时,端坐于案桌后,原、被告跪于固定位置;如案件难审,官长则将当事人唤至公案前加以询问。《五鼠闹东京》卷二《真施俊假施俊争妻告状》中的王丞相命公差将一干人犯押入公厅跪下,见两个施俊一般模样,难辨真伪,"公座坐定,思了半晌,亦不能决。心下思量道:'莫若叫其妻何氏来,私地问个详细,方可判断。'即叫何氏跪在案桌边来"。《拍案惊奇》卷一七中的府尹李杰想不通年纪小小、甚通情理的达生会做出忤逆寡母吴氏之事,待见到吴氏"是后生妇人,又有几分颜色",他始生疑心,"又叫他(达生)到案桌前,密问"之。

此外,案桌还是官长情绪好坏的风向标。如官长审案时遭遇不敬,情绪失控,往往首先从限制其体位的案桌"站出",厉声呵斥当事人。《禅真后史》第四十二回中的县官因羊雷出言不逊而"大恼",喝令军校将其拖翻行杖。一旁的潘崖忙叩头表示情愿代责,县官不理,"站出公案,喝教将羊雷重打"。

# 二、刑　　具

《明会典》规定的"合用刑具"——法定刑具有笞、杖、讯杖、枷、杻、铁锁、镣。[1] 其中可用于"杖人"的刑具是笞、杖、讯杖。《大明律》对笞、杖、讯杖的规格、质地、施刑部位等作了明确规定,如笞:"大头径二分七厘,小头径一分七厘,长三尺五寸。以小荆条为之,须削去节目,……毋令勒胶诸物装钉。应决

---

[1]　(万历)《明会典》卷一七八《刑部二十·狱具》,第906页。

者,用小头,臀受。"①

大约从明中后期开始,"杖人"的刑具发生了变化。《寓圃杂记》:"三十年前,官司杖人,惟用荆棍,或加皮鞭,故罪人易受。后稍用竹篦,一篦之重,不过三四两。自成化十九年,一巡官忽有翻黄之制,重过二斤,用以侧斫,名之曰'砍'。故狱中之人,罪无轻重,但受'砍'者多死。"②竹篦又称竹筲,即竹片制成的刑具。

明代白话小说没有对笞、杖、讯杖或竹篦加以明确区分,而是统一称杖,或径称竹板、板子。在明代白话小说中,关于板子的名目最多,分粗板子、大号粗板、重板子、头号板子、第一号板子、大样板子、大毛板、上号毛板、顶号刑具、鸳鸯大板等。《新民公案》一卷《人命·断问驿卒抵命》中的郭公"叫手下选过粗板子,将杨重重打三十"。《新民公案》一卷《欺昧·断客人失银》中的郭公"叫皂隶选大号粗板过来"重责汪元三十。《醋葫芦》第十九回中的许知府叫皂隶:"选头号板子,与我采下,先打四十! 明早上道,再行参处。"《五鼠闹东京》卷二《真施俊假施俊争妻告状》中的假冒王丞相升堂后,点名已完,吩咐公差:"取第一号板子来,拿了这个施俊下去,重与我打这妖怪。"

小说还表现了板子的施刑方式:先褪去受刑者的中衣,然后拷打其臀、背。《海刚峰公案》第六十九回中的冯氏背夫不义,海公命"去衣受刑,重责三十"。清代小说的描写更细致。《于公案奇闻》卷八第十五、十六回中的县令命将郎能打二十大板,"不容分辨,按倒当堂,褪下中衣,皂隶动手,五板一换,登时打完"。《梦中缘》第十二回中的知府喝令将山鹤野人、吴瑰庵每人重责三十大板,"那些如狼似虎的皂壮走上堂去,将二人摔到丹墀下边,翻按在地,去了中衣,就要重责"。

"凡妇人有犯奸罪,去衣受理,余罪单衣断决"。③ 明代白话小说对女性挨板子的表现较律典更细致。《灯草和尚》第十二回中越州乡宦的夫人与小厮通奸,被人出首,拿在官府。官长命动刑,"差人提出,当堂众目之下,去了下衣,打了十板"。《醒世姻缘传》第十三回中的巡道命将珍哥"褪衣二十五板","原来妇人见官,自己忖量得该去衣吃打的,做下一条短短的小裤绷在臀上,

---

① 《大明律》附图《狱具之图》,第446页。
② (明)王锜:《寓圃杂记》卷五《刑具》,中华书局1984年版,第41页。
③ 《大明令·刑令》,第262页。

遮住了那不该见人所在,只露出腿来受责。珍哥却不曾预备,那日也甚不成光景"。清代小说的表现也很细致。《于公案奇闻》卷二第十五、十六回中的于公命将钱婆、才姐每人重责四十大板,"青衣发喊拉下,丹墀以前支开黄伞,遮住公堂,脱去裤子,重责"。《于公案》(六回)第三回中的于公命责谢秋香、屈自亮,"青衣喊堂,遂将悍妇、恶子拉至台下,按倒在地,扯去中衣,把那三檐蓝伞撑开,遮蔽官府的眼目"。清代小说还揭示了如此行刑的原因。《于公案》(六回)第三回:"衙门的规矩,有一定例,娼妓挨打不脱中衣,皆因是无耻妇人,不足羞辱。若是良家,脱中衣所为羞辱犯妇,儆戒闺阃。"

明代白话小说还表现了打板子时,衙门人役从旁报数的情况。《醒世姻缘传》第三十五回:"县官道:'……把这小献宝这三个光棍拿下去使大板子打!'喝了数,五板一换,每人三十板。"如官长不加怜悯,则行刑时故意不令报数。《喻世明言》第二十六卷中的黄大保、小保贪图官府赏钱,将老父杀死,以其头冒充被杀的沈小官之头。事情败露后,知府认为"真乃逆天之事,世间有这等恶人"。他"喝令手下不要计数,先打一会,打得二人死而复醒者数次"。

关于打板子时皂役做手脚的情况,明代官箴书亦予以揭示。《新吾吕先生实政录》:"近日各衙门用重大竹篦,不去棱节,听从恶卒,任责腿湾,多者三五十,或内溃割肉,或筋伤残废。"[1]《治谱》:"皂隶之权,轻重在手。……故不特竹板亦分上、中、下三号,即同一号中,尤要审察。"[2]显然比较粗线条,小说的表现要细致得多。普通一根"官杖"(《二刻拍案惊奇》卷三三),到了行杖公人手上,即非同凡响,可轻可重,轻重由人。

从轻。其一,手腕偷力。《二刻拍案惊奇》卷三三中的杨抽马有异术,算出与妻子当受刑责,预先请皂隶张千、李万杖责解禳。张千等不敢依从,但答应"他日有用着两小人处,水火不避便了"。后有人告杨抽马"左道惑众",司理有心出脱,判为"妄言祸福",仅问不应、决杖,"元来那行杖的皂隶,正是前日送钱与他的张千、李万,两人各怀旧恩,又心服他前知,加意用情,手腕偷力,蒲鞭示辱而已",杨抽马夫妇因之"恬然不以为意"。其二,打"出头棍儿"。杖头打人重,杖头伸出,仅以杖中着于人身,则受刑较轻。《喻世明言》第四十

---

[1] (明)吕坤:《新吾吕先生实政录·风宪约卷之六·用刑四款》,第554页。
[2] (明)余自强:《治谱》卷四《词讼门·用刑》,第128页。

卷中的严世蕃命将沈錬打死。锦衣卫堂上官陆炳平时极敬重沈錬气节,况且又是属官,相处得好的,"反加周全,好生打个出头棍儿,不甚利害"。

从重。其一,手腕加力。《三教偶拈·皇明大儒王阳明先生出身靖乱录》:"触瑾怒,票旨下先生于诏狱,廷杖四十。瑾又使心腹人监杖,行杖者加力,先生几死而苏。"其二,在板子本身上做文章,如选用新板子,以尿浸之。《型世言》第二十八回中的和尚颖如设局诈害张秀才,为县令审出,下令拷打,"张秀才用了银子,尿浸的新猫竹板子,着着实打上四十下"。新板子粗糙,容易着肉;以尿浸之,既可增加分量,一旦皮肉破溃,又可加剧痛楚。颖如受刑后两日,"血胀而死"。

受杖人若想从轻受责,须花钱打点行杖公人。《喻世明言》第三十九卷中的汪革、汪世雄父子被诬谋反,引起朝廷注意。不想阴差阳错,杀死朝廷命官,坐实谋反之名。后束手自投,汪革被枭首示众,汪世雄杖脊发配二千里外。好汉董三、董四在外,"已自使了手脚,买嘱了行杖的,汪世雄皮肤也不曾伤损"。《诸司公案》六卷《雪冤类·邹推府藏吏听言》中的曹煌在秦制本利还清的情况下,仍不肯退还借批,为秦制打了一拳。后曹煌病死,其子曹基诬为秦制打死,并买嘱何稽、周景等干证及仵作作弊。秦制不甘拟死,于邹理刑处陈告。邹理刑设计,将一干人关于司内,另藏史典于左近密听。何稽、周景等担心受刑责,埋怨曹基。曹基安抚道:"内外班中都用银子,每一板许银一钱,刑亦必轻。用拶梜,一把是五两。"行杖钱一般于受杖前送出。《型世言》第二十三回中的姚明见财起意,将朱恺杀死,反写帖诬裘龙所为。殷知县命拘裘龙来审。裘龙想逃,又怕事情越坐实了,见官又怕夹打,"只得设处银子,来了班上,道打得一下一钱,要打个出头"。亦可于受责后补送。《醋葫芦》第九回中的抽分葫芦提不懂乡音,将成珪妻都氏告丈夫与周智蒙蔽图嗣之情,错听为假冒关防、私偷税钞,命将成、周杖责。二人"被众皂隶拽倒,一五一十的吃打了二十精臀"。后行杖的皂隶田仲、白七来提审,成珪感激"适才多蒙扶持",忍疼走入库房,"称了那行杖的旧规,递与二人",道:"少刻晚堂,还要扶持。"

如果与受杖人有仇,可贿赂行杖公人从重下手,叫倒棒钱。《型世言》第十三回中的富尔毂因姚居仁、利仁兄弟阻其霸占已故受业师之女,诬兄弟俩打死小厮。县令不明就里,命兄弟二人招供,"居仁、利仁因富尔毂用了倒棒钱,当不得刑罚,居仁便认是打死"。《石点头》第十卷中的赵成恨周玄奸其妻子,恰周玄父告之丁奇引诱儿子赌博,赵成遂怂恿周父告官,"一则追这丁蛮的东西,二则也警戒令郎下次"。公堂上,知县命将周玄拿下去打,赵成"好不快活,伸头望颈的对皂隶打暗号,教下毒手打他"。赵成虽然只是"打暗号",但其"久惯帮打官司……衙门里买差造访",此"暗号"必与钱物交易相关联。

还有遮羞钱一说。《拍案惊奇》卷一〇中的赵孝因做假证,为太守审出,"打了屈棒,(程朝奉)免不得与金朝奉共出些遮羞钱与他,尚自喃喃呐呐的怨怅"。《诸司公案》六卷《雪冤类·邹推府藏吏听言》中的何稽、周景埋怨曹基:"我当初不肯作干证,只得你十两银,后许谢十两。"曹基道:"也只是这一摊难过,那十金出去就奉矣。若有刑杖,一两一下,决不失信。"这又是受杖的花样了。

对于案桌这一由官长掌控的办案用具,明代白话小说描摹了其铺陈,揭示了其与案情及官长情绪的关系;对于刑具这一由衙役经手的办案用具,小说则表现了使用的方式及花样等,角度虽有不同,都揭示了法律执行过程中的细节性问题,弥补了相关史料记载的不足。

在明代白话小说中,官署及办案用具得到较多的表现机会,这与明代白话小说注重交代故事发生的背景,讲究氛围渲染有关。将其与律典、正史、官箴书等的相关记载相对比,可看出这些表现具有较高的真实性。尤其值得一提的是,因与人物、故事紧密结合,它们甚或成为官长、吏役、人犯的品质、心理、面貌、命运等的风向标,使法律设施层面这一相对"实"的部分,幻化出"虚"的一面。实中有虚,虚实相生,临水之际,魅力顿生,为我们今天回溯历史,了解当时法律文化的诸多细节,窥见法律传统的某些特征,提供了巨大机缘。

# 第三章　明代白话小说对法律规章的记录

较之前代小说,明代白话小说对刑事、行政、民事等法律规章的记录更丰富、细致,但仍无法与律例、会典等的相关记载相比拟。不过将频繁出现于明代白话小说中的某类法律规章全部集中起来,可以看出,出于一定的创作目的,小说对该类法律规章的记录还是比较全面、细致的。不止于此,小说还反映了该法律规章执行过程中的一些实况。瞿同祖在《中国法律与中国社会》中说:"条文的规定是一回事,法律的实施又是一回事。某一法律不一定能执行,成为具文。社会现实与法律条文之间,往往存在着一定的差距。如果只注重条文,而不注意实施情况,只能说是条文的、形式的、表面的研究,而不是活动的、功能的研究。我们应该知道法律在社会上的实施情况,是否有效,推行的程度如何,对人民的生活有什么影响等等。"①正是在这一点上,明代白话小说对其时刑事、行政、民事等法律规章的表现才呈现出较高的史料价值。

## 第一节　行政法律规章

明代行政法律规章既有模仿前代之迹,又有自创新格之处。对于明代行政法律规章的诸方面,明代白话小说表现最多的是官吏管理制度,举凡学校、科考、选任、考课、致仕等都有细致入微的刻画。相比之下,小说对行政机关,特别是内阁、六部等中央行政机关的表现要少很多,即便有所涉及,也仅是史书记载的翻版,而少有真实情状的披露。这固然有材料自身的因素,如行政

---

① 　瞿同祖:《中国法律与中国社会·导论》,中华书局 2003 年版,第 2 页。

机关本身可供发掘的故事性不多,无法像官吏管理制度那样可与一个人由民而官的经历相挂钩。此外,还与小说家的身份有关。从现有材料看,明代白话小说家多出身中下层,"学得文武艺,货与帝王家"乃其萦绕于心、挥之不去的梦想,故关注出仕为官事项就成为其"情之所钟"。此外,他们中的少数即便出仕为官,所任也不过知县、县丞等品秩较低的官职,一生沉于下僚,中央行政机关既是其无缘了解,也是其无力表现的。

# 一、学　　校

明时,学校主要有两种,一为府、州、县学,属地方学校;二为国学,属中央学校。

## (一) 府、州、县学

### 1. 童子试

府、州、县学的入学考试称"童子试",一般分县试、府试、院试三级,县试取中后送府,府试取中后送院;其间一次落卷,即前功尽弃。《欢喜冤家》第二回:"三元闻知学道发牌,考试生童,兄弟二人即往县中纳卷。考过取了,又赴府考,又取了。宗师考了,取他覆试。文字做完,亲自纳卷,恳求面试。……提学即将三元取了案首,登时补廪。兄弟何泰,亦取进学。"《醒世姻缘传》第四十六回:"宗师行文岁考,晁梁初次应试,县里也取了名字。府考是他丈人姜副宪的人情,也取在三四十名之内。学道将次按临东昌。……宗师说:'……我取你进学。'"

童子试不是每年举行,而是随主要针对生员的岁、科二考进行。岁考是由提学官主持的对在校生员的黜陟赏罚考试,科考是准予生员参加乡试的资格考试。如随岁考进行,《石点头》第十二卷:"(董昌)却好服满,遇着岁考,去应童子试,便得领案入泮。"如随科考进行,《型世言》第十八回:"如此年余,恰值科考。……(李实甫)县中取了十名,府中也取在前列,道中取在八名,进学。"

明代白话小说对童子试的三级考试过程作了细致描摹。以《醒世姻缘传》第三十七、三十八回为例。济南府绣江县童生狄希陈与妻弟薛如卞、薛如兼及表弟相于廷同在程乐宇门下读书。某年，"提学道行文岁考，各州县出了告示考试童生"——童子试与主要针对生员的岁考同时进行。程乐宇因妻兄连举人之子连城璧是县学廪生，"将这几个徒弟托他出保"——赴试须有人做保。此时，薛如卞因入籍不久，有童生攻他冒籍——冒籍在当时可是一件严重的事，搞不好，连城璧本人也要受到牵连。连城璧归与其父商量。连举人本欲引薛如卞为东床，当此情境，慨然道："他已经入籍当差，赤历上有他父亲绅粮实户的名字，怕人怎的！就与宗师讲明，也是不怕！"有了"这等苴实的保结，那些千百年取不中的老童，也便不敢攻讦"，薛氏兄弟与狄、相如期参加县试。

县试时，"县官点完名进去，四个人都坐成了一处"——"府县虽然编号，是任人坐的"。薛如兼完卷后，"头一个递上卷去，……求那县官面试"——除了笔试，还有面试。县官取中薛如兼后，要求"你去旧位上坐在那边等，再有几人交卷，放你出去"——考生完卷后分批放出，不可随交随出。后狄希陈交卷、取中后，"又等了二三十个交卷的，狄希陈与薛如兼都头一牌放了出去"；薛如卞、相于廷交卷、取中后，"领了照出的牌，开门放出"——考生放出，还需以牌为证。过了十数日，县里发出案来，"共取了二百一十二名。相于廷第四，薛如卞第九，……狄希陈第二十一名，薛如兼第一百九十名"。

不几日，"县里造了册，要送府学考"。程乐宇携四人到府，"礼房投了文，听候考试的日期"。"府里挨次考到绣江县，……四人还是连号"——府试与县试一样，不重隔绝。此次，狄希陈"早早的递了卷子，头一牌就出去了"——没有面试，但出门程序与县试相同，也是以牌放出。后程乐宇问薛如兼"面试不曾"，薛如兼答曰"官不在堂上，没有面试"，可推知如果官"在堂上"，应有面试。后"拆了号"，有人来报，"薛如卞第一，狄希陈第二，相于廷还是第四，薛如兼第十九"。

院试时，一行人又来到省城。程乐宇"也因要岁考，扯头的先读起书来"——再次强调童子试与岁考同时进行。考试日，连城璧也到了省城，"好往道里认保"——仍须保人。"放过了头炮，一齐才往道门口去，挨次点名而入"——声势非县、府试可比。"这学道里是要认号坐的，一些不许紊乱"——"狄希陈第二个就点着他坐了'玄'字八号，……薛如卞头一个已是坐到远处，第四相于廷坐了'地'字七号。看着薛如兼，学道叫另拿桌子合一伙光头孩子都在堂上公座旁边坐"。点完了名,学道"下来自己看着封门";随后,"站堂吏拿上书去出题,旁边府里礼房过在长柄牌上。《四书题》……稍刻,又拿下牌来叫童生看题"——考试程序较县、府试更正规。狄希陈交卷后,宗师问了他府试的名次、题目及授业师等,道"准你进学,出去",随"把卷面上边一点"——亦有面试。狄希陈"领了照出的牌,等了三十个人,头一牌放出"——出门方式仍与县、府试一样。十余日后,"绣江的童生倒抬出卷来拆考,取了三十八名。第一是相于廷,第三是薛如卞,第七是狄希陈,第十六是薛如兼"。于是,各家差人来省下"打银花,买红,做蓝衫,定儒巾靴绦,买南菜等物"。

《醒世姻缘传》主要提供了以下有关童子试的考试环节。其一,保结应试。小说明确提到县试、院试前,有廪生为考生保结,府试没有提及,想来亦应有。其二,考试座位。县试、府试不"认号",随便坐;院试较正规,"认号"而坐,"一些不许紊乱"。其三,面试取中。无论县试、府试、院试,都可在考生交卷后面试,并当时取中,但不定名次。其四,考生出场规矩。考生完卷后,不能马上离场,达到一定的人数,方"领了照出的牌,开门放出"。

但有如下疑问。第一,关于考试座位。明刘时俊针对吴中童子试顾倩传递之弊,提出:"令投卷者结各十人,人各一号,以'海阔从鱼跃天空任鸟飞'十字编之。即就此十字分之以命题,顺之以列坐,从之以隔异,类之以点进。……题以先期密刻,分号分卷印之,坐号亦先期编定。"① 可见,当时童子试有对号入座的规定。其二,关于面试取中。《清夜钟》第一回中的史科给事中陈启新上本道:"府县考童生,也要糊名,如何考翰林反直书姓名?易于寻看,不公之甚。"糊名是为了防止作弊,《醒世姻缘传》第三十七回中的考官却不避嫌疑,当面取中,不太可信。《醒世姻缘传》第五十回则表现了凭卷录取的情况。臧主簿道:"昨日考童生的卷子,二衙里倒是个恩贡,只分了三百通卷子与他;四衙里连一通也没有;这七八百没取的卷子,通常都叫我拆号。我开了十个童生上去,一个也没遗,都尽取了。"据清初叶梦珠所记,明崇祯七年(1634),娄县一地参加童子试的考生即不下二三千人。② 在这种情况下,县

---

① (明)刘时俊:《居官水镜》卷一《附考试之法》,第607页。
② (清)叶梦珠:《阅世编》卷二《学校五》,中华书局2007年版,第37页。

令、县丞、主簿等分卷批阅、录取，似更符合实际情况。

《醒世姻缘传》第三十七回所写与史不同，可能出于以下原因：其一，明代某时某地可能暂时出现过童子试不认号而坐、当面取中等情况；其二，作者出于一定的创作目的，不得已而违背史实。作品欲表现文墨不通的狄希陈在相、薛的帮助下考中秀才，故写县、府考试不对号入座，为狄希陈作弊创造条件；故写面试，以凸显相、薛之文采出众。不管怎样，作品第五十回都予以了弥补，故仍不失"史余"之谓。

### 2. 生员

通过童子试，入府、州、县学学习者，称生员，亦称秀才。① 明时，生员按资格分附学、增广、廪膳三种名目，"凡初入学者，止谓之附学，而廪膳、增广，以岁、科两试等第高者补充之"。② 至廪生，每月可领到一石米，称廪膳，生活基本有了保障。《戚南塘剿平倭寇志传·罗龙纹说汪五峰》："汪五峰是徽州歙县人，为县附学生员。"《醒世姻缘传》第十六回："（邢皋门）从小小的年纪进了学，头一次岁考补了增。"《辽海丹忠录》第三十二回："这马秀才是开原一个廪生。"明代白话小说还表现了"廪缺"空出的具体情形。《醒世姻缘传》第五十八回中的相栋宇告儿子相于廷："门子来说，廪缺出来了，叫你明日到学哩。"相于廷道："这一定是沈太宇的缺，但这缺该算着是薛大哥补，还到不的我跟前哩。"可见，生员是排队等候"廪缺"的。相栋宇道："门子说不是沈太宇的缺，沈太宇的缺已是薛大哥补了，文书也待中下来。这又另是个飞缺，他说是谁的来，我就想不起来了，是荆甚么的缺。"相于廷道："阿，是了，是荆在鄙保举了。"狄员外问："沈太宇是怎么出了缺？"相栋宇道："沈太宇贡了。"可见，生员出贡或保举，有了出身，"廪缺"才会空出来。

在岁、科考中，除了"一二等皆给赏"外，还有"三等如常，四等挞责，五等则廪、增递降一等，附生降为青衣，六等黜革"的规定。③ 小说对此也作了表现。关于"三等"，《拍案惊奇》卷一〇："曾有一首《黄莺儿》词，单道那三等的苦处：无辱又无荣，论文章是弟兄，鼓声到此如春梦。高才命穷，庸才运通，

---

① 段江丽在《通俗小说中的童生试、岁考与科考——以〈醒世姻缘传〉等为中心》中指出："新进秀才按名次确定进县学还是府学，名次在前的入县学，名次在后的入府学，但是，如果考生或家长提出要求，可以酌情改换。"

② 《明史》卷六九《选举志一》，第 1127 页。

③ 《明史》卷六九《选举志一》，第 1127 页。

廪生到此便宜贡。且从容,一边站立,看别个赏花红。"关于"五等",《鸳鸯针》第一卷第三回:"提学道来岁考,……看案之时,只见卢公子高高考在五等。这五等或者还是提学奉承他令尊的。不然,恐怕六等也要见教了。"关于六等,《石点头》第一卷:"郭乔无奈,只得也随众去考,心下还暗暗想道:'到考一个六等,黜退了,倒干净,也免得年年奔来奔去。'"

如科考未被录取,还可参加遗才考试,通过后亦可参加乡试。①《天凑巧》第二回中的州官认为陈都宪"安贫养高",助其进学后,"又为他弄名遗才科举"。《西湖二集》第十八卷中的李旻考科举,正试见遗,遂拥住提学道轿子道:"宗师老大人,若不取李旻科举,场中如何得有解元?"提学道立试果佳,遂取之。从明代白话小说可见,遗才之后还有大收。《欢喜冤家》第二十三回:"绍兴府考遗才,又考过了,好生烦闷。幸喜王年身边,盘费尚自充裕。挨到八月初头,宗师下了演武场,大收十一府生员。至期,面禀其事,方得收考。"《型世言》第十八回:"王小姐对公子道:'你力学年余,谅不止博一青衿便了。今正科举已过,将考遗才,何不前往?功名正未可知。'"结果,"府间得王太守力取了。宗师考试,却是遗才数少。宗师要收名望,府县前列,抚按观风批首,紧要份上。又因时日急迫,取官看卷,又在里边寻自己私人,缘何轮得他着?只得空辛苦一场"。王小姐劝他"还须努力去候大收"。到七月底,"得御史先看,认得他,竟批取了"。

### 3. 生员之行

明时,生员享有很多优渥,"一得为此,则免于编氓之役,不受侵于里胥,齿于衣冠,得以礼见官长,而无笞捶之辱"。② 明代白话小说对此多有表现。如关于"免于编氓之役",《醒世姻缘传》第五十回中的薛教授对狄员外说:"如今差徭烦,赋役重,马头库吏,大户收头,粘着些儿,立见倾家荡产。亲家,你这般家事,必得一个好秀才支持门户。"如"无笞捶之辱",《宜春香质·花集》第四回中的另才买出一班光棍,告铁生是响马强盗,拐带人口。官府得了重贿,"虽以生员身份不加刑罚,却把艳姬官卖"。

很多生员富有公心,对于民间不平,敢于直抒己见。《型世言》第十三回

---

① 参见段江丽《通俗小说中的童生试、岁考与科考——以〈醒世姻缘传〉等为中心》。

② (明)顾炎武:《亭林文集》卷一《生员论上》,《续修四库全书·集部·别集类》第 1402 册,上海古籍出版社 2001 年版,第 77 页。

中的富尔毅乘老师新丧,欲霸占其女,遭仗义执言的姚居仁兄弟抢白。为报复姚氏兄弟,富而毅打死小厮,嫁祸姚居仁。同学胡行古听说此事后,"拉通学朋友为他公举冤诬"。有些还很有气节。《皇明中兴圣烈传》二卷《魏忠贤矫旨建祠额》写魏忠贤当权,各地遍建生祠,拜者升官,不拜者遭殃。杭州一个秀才酒后避暑,走到魏祠檐前,公然坐了。守祠的骂道:"不跪拜也罢,还把了一个屁股朝着千岁。"生员笑道:"岳王祠却是忠臣的庙宇,我也常常去坐,何向你这个祠,我便坐不得? 我秀才家一日身荣,便金阶上还也让我们站站。"谈笑自若,全不避忌,颇具气节、胆识。

但明代愈到后期,生员的数量愈多,而举人、进士的名额有限,上升的途径狭窄,且生员"不事生产",在博得出身前有"养家糊口"的生存压力,一些生员遂凭借身份的特殊性,出入衙门,妄说公事,如此一来,扰官害民、为害一方的事情就很多了。顾炎武在《生员论中》中概括了生员的恶行:"今天下之出入公门以挠官府之政者,生员也;倚势以武断于乡里者,生员也;与胥史为缘,甚有身自为胥史者,生员也;官府一拂其意,则群起而哄者,生员也;把持官府之阴事,而与之为市者,生员也。"①明代白话小说亦有所揭示。

第一,关于挠官府之政。洪武十五年(1382),《禁例十二条》颁行天下,禁止生员干涉地方词讼:"镌立卧碑,置明伦堂之左。其不遵者,以违制论。"②《醒世姻缘传》第九十四回中的监生逼死结发妻子后,自恃有钱,且欺狄希陈是个署印首领小官,着几个赖皮帮虎吃食的生员来说情。狄希陈道:"秀才不许把持衙门,卧碑有禁。"对此予以强调。虽则如此,还是有不少生员不顾禁令,不惜羽翎,出入官府,妄说公事。《型世言》第十九回:"这些秀才,一入学了,便去说公话事,得了人些钱财,不管事之曲直,去贴官府的脸皮,称的是老父师、太宗师,认的是舍亲敝友。"《拍案惊奇》卷八:"有一等做举人秀才的,呼朋引类,把持官府,起灭词讼,每有将良善人家,拆得烟飞星散的,难道不是大盗?"小说的批判可谓深刻。

第二,关于武断于乡里。《喻世明言》第三十九卷中的汪孚"曾登乡荐,有财有势,专一武断乡曲,把持官府,为一乡之豪霸"。《石点头》第八卷中的吾

---

① (明)顾炎武:《亭林文集》卷一《生员论上》,第78页。
② 《明史》卷六九《选举志一》,第1126页。

爱陶"破天荒做了此村的开山秀才,不久又补禀食粮。这边方去处没其科目,做了一个秀才,分明似状元及第,好不放肆。在闾里间,兜揽公事,武断乡曲。理上取不得的财,他偏生要取;理上做不得的事,他偏生要做。合村大受其害,却又无处诉苦"。某些秀才还达不到武断于乡里的程度,但其招摇过市,诈财生事,亦为地方之害。《鸳鸯针》第三卷:"若是一进了学,似带了一顶平天冠。有趁妓串戏的,有插科蒇片、图肥酒肉吃的,有今日告张、明日告李、这边干证、那边公举的,有包揽钱粮、硬帮中保的,得了二三钱轿马,肩膀上都硬浪起来,大荤饭店扁食酒家、烧刀炒豆细嚼横吞。"

第三,关于与胥史为缘。欲结交官长,需先打点胥吏、门子、礼房先生、皂隶等。《醒世姻缘传》第三十三回:"你要结识官府,先要与那衙役猫鼠同眠,你兄我弟,支不得那相公架子,拿不出那秀才体段。要打迭一派市井的言谈,熬炼一副涎皮顽钝的嘴脸。苗实处,还要拿出钱把钞来时常的请他吃酒吃面。听事史是兄,门子是弟,礼房先生是朋友,直堂书办是至亲,皂隶快手都是相识。把这些关节打通,你才得与那官府讲话。……既然结识了官府,你便走到衙门传桶边,那些把门的皂隶,直宿的门公,倒也落得没人拦阻,得以与那些管家相见。但这第三件,更要赔出小心,拿出和气,费些本钱,服些低小,也不是要他在官府面前赞扬,只是求他不在官府面前谤毁。"如此,方可登堂入室。

第四,关于"群起而哄"。生员人数多,气味相投,得罪了一人,即意味着得罪了全体,故有"破靴阵"之称。《醉醒石》第八回中的苏州生员遭王千户愚弄后,受气的秀才出来一传,外边反乱了破靴阵了,"墨兜鍪乌云一片,蓝战袍翠霭千层。皂靴脱脱壮军声,腰际丝绦束紧。尽道百年养士,何尝受役阉人。卷拳攘臂竟先登,排个簸箕大阵"。他们先是去县、府告状,得官长撑腰后,于途中大打出手。虽事出有因,但全然忘却"温柔敦厚"的古训,亦有乖于雅道。某些秀才甚而为虎作伥,充当打手,"群起而攻"。《醒世姻缘传》九十九回中的狄希陈致仕还乡,逼死媳妇的监生"带了四五个家人,领了十来个无行生员",赶到江边,说狄希陈"曾诈过他四千两银,要来倒去";并威胁若不退还,要扭狄希陈去见两院三司。秀才们"起先好说,再次喧嚷,后来朝了船大骂。围了许多人,再三劝他不住"。狄希陈吓得不敢出头,童寄姐气得浑身打战。周相公竭力劝说,监生"恃了那几个歪秀才的声势,那里肯听周相公的说话,只管在那江边乱嚷,越发照了船丢泥撒石,撩瓦抛砖。只是因无跳板,不得赶上船来"。如此无行,深可叹惋。

明代白话小说对童子试的三级入学考试,生员在学期间的黜陟赏罚及相应的待遇等,作了全面而细致的表现,除个别地方由特殊的创作目的所决定,与史有出入,绝大多数内容与史载保持了一致。此外,明代白话小说还揭示了生员的无行,显示了对实际情况的关注,比较重要。

## (二) 国学

国学即国子监。初建于南京,称国子学,"诏增筑国子学舍,初即应天府学,为国子学"。① 洪武十五年(1382),改称国子监。明成祖迁都北京后,复建于北京,南京国子监遂称南监,北京国子监则称北监。明代白话小说对此予以表现。《型世言》第二十回:"(秦凤仪)随父在京做个上林苑监付,便做京官子弟,纳了监在北京。"《警世通言》第三十二卷中的孙富之所以为"南雍中朋友"——入南监读书,因其为"徽州新安人氏,……积祖扬州种盐"。

### 1. 监生的类别

按照来源的不同,监生可分为以下几种:"举人曰举监,生员曰贡监,品官子弟曰荫监,捐赀曰例监。同一贡监也,有岁贡,有选贡,有恩贡,有纳贡。同一荫监也,有官生,有恩生。"②明代白话小说对此作了表现。

岁贡,即生员循序入国子监者。开始是"必考学行端庄、文理优长者以充之",③后演变为"但取食廪年深者"。④《醒世姻缘传》第一回中的晁秀才每遇岁、科二考,"大约不出前第",但"连科不中,刚刚挨得岁贡出门"。

纳贡,即生员由捐纳入国子监者。《醒世姻缘传》第五十回中的狄希陈虽中了秀才,文理原是不通,岳父薛教授甚是担心,劝其父给狄希陈纳贡:"倒不如趁着如今新开了这准贡的恩例,这附学援纳缴缠四百多金,说比监生优选,上好的可以选得通判,与秀才一样优免。"

例监,即民间子弟通过捐纳入国子监者。《欢喜冤家》第十二回中的汪礼

---

① 《明实录》附录《明太祖宝训》卷一《兴学》"洪武二年三月戊午"条,1962年中研院历史语言研究所据国立北平图书馆红格钞本微卷影印,第70页。
② 《明史》卷六九《选举志一》,第1119页。
③ 《明史》卷六九《选举志一》,第1123页。
④ 《明史》卷六九《选举志一》,第1123页。

因儿子云生考不上秀才,"便与他克买附学名色,到南京监里纳了监生,倒也与秀才们不相上下"。

官生,即承父、祖官品入国子监者。《喻世明言》第四十卷中严嵩谗害大学士夏言,代为首相后,权尊势重,朝野侧目,其子严世蕃亦"由官生直做到工部侍郎"。

### 2. 纳贡入监的程序

如系一般生员,在向学道递交援例呈子,向布政司纳银,取两邻、里老并府学结状后,方准入监。《醒世姻缘传》第五十回中的狄宾梁听从亲家的建议,决定为儿子纳贡,"凑了银子,自己同了狄希陈来到省下,先寻拜了学道掌案先生,商确递呈子援例"。掌案先生黄桂吾讲清个中内情后,受了谢礼,"替狄希陈写了援例的呈子,……众书吏明白向学道乞恩。学道惟命是听,准了呈子,行咨布政司。……等到初三纳银,布政司因接诰命,改到初八,初八又因右堂到任,彼此拜往,吃公宴,又改至十三,方才收了银子,出了库收,行文本县,取两邻、里老并府学结状"。至此,父子俩方"纳了准贡回去"。

如系京官子弟,于礼部递呈后,由同乡京官做保,即准入监。《醒世姻缘传》第六回中的晁源随父就通州知州任后,想援例入监,其父"部里递了援例呈子,弄神弄鬼,做了个附学名声。又援引京官事例,减了二三十两,费不到三百两银子,就也纳完了。寻了同乡京官的保结,也不消原籍行查,择了好日入监"。

### 3. 监生的沦落

监生的沦落,主要由例监造成。关于例监的缘起,"始于景泰元年,以边事孔棘,令天下纳粟纳马者入监读书,限千人止。……然其后或遇岁荒,或因边警,或大兴工作,率援往例行之,迄不能止"。[①]《警世通言》第三十二卷对此予以补充:"万历二十年间,日本国关白作乱,侵犯朝鲜。朝鲜国王上表告急,天朝发兵泛海往救。有户部官奏准:目今兵兴之际,粮饷未充,暂开纳粟入监之例。原来纳粟入监的,有几般便宜:好读书,好科举,好中,结末来又有个小小前程结果。以此宦家公子,富室子弟,到不愿做秀才,都去援例做太学生。"明代白话小说还表现了朝廷强制各县按定额捐纳例监的情况。《醒世姻

---

① 《明史》卷六九《选举志一》,第 1124 页。

缘传》第四十二回：

　　适值朝廷开了事例，叫人纳监。绣江是个大县，额定要十六个监生。……若是那监生，见了官府待的也有个礼貌，见了秀才贡举也都入得伙去，杂役差徭可以免的，这绣江县莫说要十六个，就要一百六十个只怕也还纳不了。无奈那朝廷的事例只管要开，那下边的官府不体朝廷的德意，把那援例的人千方百计的凌辱。做个富民还可躲闪，一做了监生，倒像是做了破案的强盗一样，见了不拘甚人却要怕他。凡遇地方有甚上司经过，就向他请帏屏、借桌椅、借古董、借铺盖，借的不了。借了有还已是支不住的，说虽借，其实都是"马扁"。有上司自己拿去的，有县官留用的。上司拿剩，县官用剩，又有那工房礼房催事快手朋伙分去，一件也没的剩还与你。或遇甚么军荒马乱，通要你定住的数目出米出豆；遇着荒年，定住数叫他捐赈；遇有甚么紧急的钱粮，强要向你借贷；遇着打甚么官司，几百几千的官要诈贿略，差人要多诈使用，又不与你留些体面，还要比平人百姓多打板子。这监生不惟遮不得风，避不得雨，且还要招风惹雨，却那个肯去做此监生？没人肯纳。户部行了布政司催这纳监的银子急如星火，只得叫那各里里长报那富家的俊秀，后来也不拘俊秀，只论有钱的便报。

　　例监不仅给百姓生活造成极大的影响，"十个纳监的倒有九个监不曾纳完，卖的那房产一些没有，讨饭穷生的苦楚"（《醒世姻缘传》第四十二回），还直接败坏了国子监的风气。《型世言》第十二回："这国子监，是聚四方才俊之地，只因后边开个纳粟例，杂了些白丁，祭酒都不把这些人介意，不过点卯罚班。就是季考，也假眼瞎，任这些人代考抄窃，止取几个名士放在前列罢了。还有些无耻的，在外面说局诈人。"《魏忠贤小说斥奸书》第二十五回："古来乡举里选而入太学，则太学与府州县学不同，即如今举人恩选岁贡，俱肄业其中，光景自该尊重。但自开纳马纳票事例，把这班铜臭子弟尽行收入，以此外边都道是赔钱货，便看轻了。又是这班偏不肯自惜，毫无廉耻，琢丧士气，令人言之犹有遗恨。"

　　明末，随着魏忠贤专权，士风沦落，监生的人格也江河日下。《梼杌闲评》

第四十二回中的监生陆万龄、祝监生欲献媚魏忠贤、上本配享黉宫,与曹代同见林祭酒。林祭酒道:"这事可笑! 就是三生创出此论,欲把阉祠与文庙并列,不要说通学共愤,就是三生也要遗臭万年的。"三人假说不上本恐招祸,林祭酒道:"就是本监阻抑也何妨! 只是尔等为士的,持身有士节,在监有监规,上言德政,祖制俱在,本监自不相假。"三人不理,直至通政司挂号上本。管司事的吕图南看过副本,道:"不意有这等丧心的畜生!"存下不上。后魏忠贤过问此事,吕图南知不可遏,只得代上。圣旨下:"准于国子监旁择地兴建。即着该生陆万龄等监督,钦此。"三人公借了三千两银子,买地伐木,于太学之东,买了一块空地,"基址还小,又把监内射圃、斋房概行拆去"。立定条规:"凡新纳监要来坐监的,勒捐银十两,才许进监;拨历的捐二十;科举的捐五两。"并"特置加二三的重平子收银,火耗加三,是三人均分"。又"将监里堆的旧料,道是公物,硬行变卖"。沦落至此,不堪至极。

明代白话小说除了表现监生的类别、纳贡入监的程序等,还揭示了监生不堪的原因及明末监生的堕落,内容非常丰富。

# 二、科 举

## (一) 乡试

明代乡试,每三年一次于两京及各省举行。因考试时间在八月,又称秋闱、秋试、秋榜、秋荐。明代白话小说对此作了表现。《警世通言》第二十四卷中的王景隆"竟到八月初九日,进过头场"。《拍案惊奇》卷三二中的秀才刘尧举"是年正当秋荐"。

乡试中各省取额的定限,称解额。洪武三年(1370),定各省解额数。洪武十七年(1384)重开科举,则不拘额数。景泰四年(1453),各省乡试定额,多为 70 名至 90 名,此后保持了较长时间的稳定。[①]《醒世姻缘传》第三十五回:"北边每一乡科,每省也中七八十个举人。……比那南方也没有甚么争差。"比较符合史实。

---

① 参见赵子富《明代学校与科举制度研究》,北京燕山出版社 2008 年版,第 228—229 页。

考场乃"试士之所,谓之贡院"。[①]《警世通言》第十八卷:"八月初七日,街坊上大吹大擂,迎试官进贡院。"《欢喜冤家》第二十三回中的国卿中举后,"往贡院访问房师姓名,披红簪花,游街迎宴"。

"诸生席舍,谓之号房"。[②]《清夜钟》第五回:"到了试期,进了场,到了号舍。"《拍案惊奇》卷四〇中扬州兴化县举子应应天乡试,得人试卷,"拿到号房,照他写的誊了,得以完卷"。

监考时,"人一军守之,谓之号军"。[③]《拍案惊奇》卷四〇中扬州兴化县举子,"头场日酣睡,一日不醒,号军叫他起来,日已晚了"。《清夜钟》第五回:"此人还是未醒。及至出题,题纸未到,先传来监军,半晌推摇方醒。"

考毕,"弥封、誊录、对读、受卷,……各执其事"。[④] 弥封所将考生的姓名密封,并加盖关防,以防有人拆动。《拍案惊奇》卷四〇中浙场士子交的白卷"锦绣满纸",并得高中,"元来弥封所两个进士知县,多是少年科第,有意思的,道是不进得内帘,心中不伏气。见了题目,有些技痒,要做一卷试试手段,看还中得与否,只苦没个用印卷子。……已后得了此白卷,心中大喜。他两个记着姓名,便你一篇,我一篇,共相斟酌改订,凑成好卷,弥封了,发去誊录。三场皆如此,果然中了出来"。此为文人的游戏之笔,现实中的考场之弊当不会猖獗至此,但小说对弥封的职责、工作程序的表现还是真实可靠的。

试卷弥封后,送誊录所重新誊写一遍,以防考官识别考生笔迹,致生弊窦。考生试卷以墨书写,称"墨卷";誊录则用红,称"朱卷"。誊写须照录试卷,不得更改,并于卷末附记"某人誊录无差"字样。[⑤]《醒世姻缘传》第十六回中的邢皋门"指望那科就可中得,……偏偏第三场落了一问策草,誊录所举将出来,监临把来堂贴了"。

誊毕,朱卷、墨卷同送至对读所,差人对读,并于卷末附书"某人对读无差"字样。[⑥] 至此,将朱卷送交各房考官,墨卷则留于外。《拍案惊奇》卷四〇中的浙场士子进场之夜,梦有人对他说:"你今年必中,但不可写一个字在卷

---

① 《明史》卷七〇《选举志二》,第1132页。
② 《明史》卷七〇《选举志二》,第1132页。
③ 《明史》卷七〇《选举志二》,第1132页。
④ 《明史》卷七〇《选举志二》,第1132页。
⑤ (万历)《明会典》卷七七《礼部三十五·贡举·科举·乡试》,第450页。
⑥ (万历)《明会典》卷七七《礼部三十五·贡举·科举·乡试》,第450页。

上。"于是交了白卷。出了场,自认头一个就是他贴出,不许进二场了,"只见试院开门,贴出许多不合式的来:有不完篇的,有脱了稿的,有差写题目的,纷纷不计其数。正拣他一字没有的,不在其内"。士子不由感慨:"这些弥封、对读的,多失了魂了!"

清代小说《歧路灯》第一百一回对会试中的搜检、入监、给题、审阅等环节作了形象描摹:"直到点名之日,这个家人手提篮笼,那个小厮肩背毡包,到了贡院辕门,觅个空闲地面,把毡条铺下,这三人将篮子内物件一一齐摆出来,仔细瞧看。或有寸纸,或有只字,鉴影度形,一概俱无,又仍一件一件装入篮笼。忽听一个风言,说场中搜出夹带来了,……这举子一点疑心,……幸而点名到辕门以内,独自又行展毡细搜。此时功名得失之念,又置之九霄云外,但求不犯场规免枷号褫革之辱,这就算中了状元一般。……娄朴点过名,又到了外监试点名处。高唱道:'搜检无弊!'到了散卷处,按名给卷。过了龙门,认了号房,径分东西,照号而入,伺候老军钉帘挂篮。……五更题纸下来,只听老军喊道:'众位老爷看题!'这号门就如蜂衙门一般,轰轰攘攘。……到第二场,依旧场规如前,……及三场,场规依旧,却已不甚严赫。……士子责毕,场内任重。弥封官糊名,送于誊录所,严督不许一字潦草。誊录官送于对读所,谨饬不许一字差讹。对读一毕,由此至公堂传与至明堂。"可以想见明代乡试概况。

乡试录取,按五经分房。明末乡试,《诗经》六房、《易经》六房、《书经》四房、《春秋》一房、《礼记》一房。[①]各房录取,由同考官主持,对试卷审阅批抹后,将取中试卷上交主考官。《警世通言》第十八卷中的《礼记》房考官蒯公,科考时取了鲜于"先辈"遭人耻笑,决心乡试时取一少年初学,"算计已定,如法阅卷,取了几个不整不齐,略略有些笔资的,大圈大点,呈上主司。主司都批了'中'字"。《国色天香》卷三《刘生觅莲记(下)》中的刘一春"赴省应试,……以《诗经》中式第十四名"。

录取后,拆名填榜。《警世通言》第十八卷:"到八月廿八日,主司同各经房在至公堂上拆号填榜。《礼记》房首卷是桂林府兴安县学生,复姓鲜于名同,习《礼记》。"《拍案惊奇》卷四〇中的诸葛一鸣"后边榜发,一鸣名在末行,

---

① 转引自赵子富《明代学校与科举制度研究》,第 244 页。

上有丹印"。原来"数已填满,一个教官将着一鸣卷竭力来荐,至见诸声色。主者不得已,割去榜末一名,将一鸣填补"。

填榜后,张挂榜文。《警世通言》第二十四卷:"十三省乡试榜都到午门外张挂。"《鸳鸯针》第一卷第一回:"(徐鹏子)来到榜棚下,单看那下面'《春秋》'两字。"

明时,详载乡试中式人数、姓名、年龄、籍贯的名册称乡试录。《警世通言》第二十四卷:"(王银匠和金哥)买了一本乡试录,走到本司院里去报玉堂春说:'三叔中了。'玉姐叫丫头将试录拿上楼来,展开看了,上刊'第四名王景隆',注明'应天府儒士,《礼记》'。"《鸳鸯针》第三卷第四回:"京中传到山东乡试录,卜亨连忙去买,看见宋连玉中了解元,黄绣虎中了第五名经元。"

中举后,州县官长宴请得中举子,或发榜次日,宴请主考、执事人员及新举人,称鹿鸣宴。《警世通言》第二十四卷:"(王景隆)在南京乡试终场,……到了二十九关榜之日,……外边报喜的说:'王景隆中了第四名。'三官梦中闻信,起来梳洗,扬鞭上马。前拥后簇,去赴鹿鸣宴。"《熊龙峰刊行小说四种·张生彩鸾灯传》:"又逢大比。舜美得中首选解元,赴鹿鸣宴罢。"

宴后,拜座师、房师,"生员之在天下,……一登科第,则有所谓主考官者,谓之座师;有所谓同考官者,谓之房师"。① 《欢喜冤家》第十八回:"那些新中的举人旧规,先要见房师,即时参谒。申推官的门子写了七个举人的名姓,在那边寻来寻去,这般问,一时间问着了柳家天吉。那门子领到三司厅里,同年各各相认。……门子引进至公堂,再到《易》一房,一齐进来参拜。"《拍案惊奇》卷一六:"只听得外面叫喊连天,锣声不绝,扯住讨赏,报灿若中了第三名经魁。灿若写了票,众人散讫。慌忙梳洗上轿,见座主、会同年去了。"

明代白话小说对其时乡试的取额、考场、审阅、录取、赴鹿鸣宴等情况作了全面、细致、生动的表现,显示了自身的独特价值。

## (二) 会试

明代会试,在乡试的次年于京城举行。因考试时间在二月,又称春闱、春试。明代白话小说对此有所表现。《石点头》第二卷:"候到二月初九头场,进

---

① (明)顾炎武:《亭林文集》卷一《生员论中》,第78页。

了贡院,打起精神,猛力的做成七篇文字。"《二刻拍案惊奇》卷三〇中的鹤龄、鹤算"春榜连捷"。

关于会试的录取额数。洪武三年(1370),诏礼部额取百名,此后屡有变化。成化以后,取中额数相对固定,多在 300 名左右。[①]《醒世姻缘传》第三十五回:"(北边)每一会场,一省也成二三十中了进士,比那南方也没有甚么争差。"《醒世恒言》第二十卷中的赵昂道:"每科普天下只中得三百个进士,就如筛眼里隔出来一般,如何把来看的恁般容易?"基本符合史实。此外,南北分录。《清夜钟》第五回:"南北卷不相妨。"

乡试、会试各分三场,中选的关键在第一场,故有"重头场"一说。《石点头》第二卷:"大抵乡、会试,所重只在头场。头场中了试官之意,二三场就不济,也是中了。若头场试官看不眼,二三场总然言言经济,字字珠玑,也不来看你的了。"《醒世姻缘传》第十六回中的邢皋门"指望那科就可中得,果然头场荐了解,二场也看起来"。

乡试、会试皆分五经取士,故每科前五名即于五经中各取其第一名,称"经魁"。《石点头》第二卷中的卢梦仙"二十一岁,案首入学,以儒士科举,中《礼记》经魁"。《龙图公案》卷四《二阴答》:"包公为之旌表其门。房氏次年生一子,名恕,养至十岁还卫家,后中经魁。"

明时,详载会试中式人数、姓名、年龄、籍贯的名册称会试录。《警世通言》第十八卷:"在北京第二遍会试,在寓所得其一梦。梦见中了正魁,会试录上有名,下面却填做《诗经》,不是《礼记》。"《二刻拍案惊奇》卷一一中的满生考中进士后回乡,其叔父道:"前日我见你登科录上有名。"

## (三) 殿试

明代殿试,在会试后于京城举行,由皇帝亲临策试。参加殿试的人一概不被黜落,只是从中挑出三份卷子,确定为一甲三名的人选。《玉闺红》第一回:"(李世年)连捷殿试十一名进士。"《型世言》第十八回:"(李实甫)进会场便中了进士,殿试殿了二甲十一名。"

试后,皇帝赐诸进士宴于礼部,称"恩荣宴":"中府官之有会武宴,犹礼部

---

① 　赵子富:《明代学校与科举制度研究》,第 253 页。

之有恩荣宴也。"①明清小说对此极少描摹。

明代白话小说对会试、殿试的表现，虽然也很真实，但不如其对乡试的反映那样细致入微，可以说，是小说家的出身、经历限制了其对此一领域的把握与开掘。

## （四）考试弊端

关于考试弊端，《明史》有所揭示："其他指摘科场事者，……其贿买钻营、怀挟倩代、割卷传递、顶名冒籍，弊端百出，不可穷究，而关节为甚。"②明代白话小说对此予以形象、细致表现。

其一，怀挟。"无赖孝廉久弃帖括者，尽抄录小本，挟以入试"。③《型世言》第十六回："其时还是嘉靖年间，……道中考试又没有如今……夹带的弊病。"《拍案惊奇》卷四〇中的诸葛一鸣将鬼所报题目"放在头巾内带了进去"，结果"到得监试面前，不消搜得，巾中文早已坠下，算个怀挟作弊，当时打了枷号示众，前程削夺"。

其二，代考。"顺天乡试多四海九州之人，人不相识，暮夜无知，可以买托代替者有之"。④《型世言》第十九回："（先生）临考，毕竟掇哄主人，为央分上；引领学生，为寻代考。"《型世言》第二十七回中的钱公布"只是往来杭州代考。包覆试三两一卷；止取一名，每篇五钱；若只要黑黑卷子，三钱一首。到府间价又高了。每考一番，来做生意一次"。

其三，冒籍。"有顺天诸生张元吉者，投揭长安，谓浙人冒籍得隽，致妨畿士进取"。⑤ 从明代小说可见，只要舍得花钱，冒籍入试并非难事。《型世言》第二十七回中的钱公布在"本府专保冒籍，做活切头"。他"自与杭、嘉、湖富家子弟包倒，进学三百两。他自去寻有才、有胆、不怕事秀才，用这富家子弟名字进试，一百八十两归做文字的，一百二十两归他。覆试也还是这个人。到进学，却是富家子弟出来，是一个字不做，已是一个秀才了。……又捱一两

---

① 《明史》卷一九九《李钺传》，第 3504 页。
② 《明史》卷七〇《选举志二》，第 1139 页。
③ （明）沈德符：《万历野获编》卷一六《科场·会场搜检》，文化艺术出版社 1998 年版，第 441 页。
④ （明）王世贞：《弇山堂别集》卷八二《科试考二》，中华书局 1985 年版，第 1573 页。
⑤ （明）沈德符：《万历野获编》卷一六《科场·乙酉京试冒籍》，第 447 页。

年,待宗师新旧交接时,一张呈子,改回原籍,怕不是个秀才"。《醋葫芦》第十四回中的都飙来到嘉兴,"等得学道按临,都飙即冒了秀水籍贯,倚着钱神有灵,县、府、道三处名儿高挂,早做了黉门中士子"。

其四,传递。"吴号多才地,每试,子弟辄如云入试场。不受部分,倩笔聚谈惟便,甚则题与卷从墙隙中出入也"。①《型世言》第十六回:"(道中考试又没有如今)买通场传递。"《醒世姻缘传》第三十七回中的狄希陈文理不通,相于廷、薛如卞欲"我们两个,每人管他一篇,也到不得贴出提先生的田地",助其进学。县试,"薛如卞先与狄希陈做了头篇,相于廷也先与狄希陈做了二篇,方才做自己的文字",狄希陈得中。府试前,两人商量"薛如卞专管薛如兼,相于廷专管狄希陈"。先生程乐宇提醒:"你两个全以自家要紧,不要误了正事。他两个不过意思罢了,脱不了到道里,饶不得进,还要提先生,追究出代笔的情节,不是顽处。"试中,"他(相于廷)把这两个偏锋主意信手拈了两篇,递与狄希陈誊录,他却慢慢的自己推敲。薛如卞先把自己的文字做完,方才把薛如兼的文字替他删改了",结果狄希陈、薛如兼又中。

其五,割卷。"贿藩胥,割卷面以黏他卷"。②《型世言》第十六回:"(道中考试)纳卷又没有衙役割卷面之弊。"《鸳鸯针》第一卷第一回中的丁协公欲场中作弊,周白日道:"我有个表兄,姓陈字又新,他是府学老秀才,他每科顶了誊录生名字进场。因他积年老靠,场内该誊的文字,都从他手里分散。"丁协公大喜,催周白日赶快请来。陈又新答应:"待小弟进场内,选那《春秋》有上好的文字,截了他卷头,如此如此,用心誊写。"后"徐鹏子的墨卷,陈又新截了,竟自藏匿过了",丁协公因之中举。

其六,关节。"知推各看墨卷,恣通关节,竞取所私"。③《拍案惊奇》卷一〇:"那梁宗师是个不识文字的人,又且极贪,又且极要奉承乡官及上司。前日考过杭、嘉、湖,无一人不骂他的,几乎吃秀才们打了。曾编着几句口号道:'道前梁铺,中人姓富。出卖生儒,不误主顾。'"《梼杌闲评》第四十八回中魏忠贤心腹崔呈秀之子崔铎,于顺天乡试中中了第二名乡魁,轰动了一城下第

---

① (明)刘时俊:《居官水镜》卷一《附考试之法》,第607页。
② (清)徐珂编撰:《清稗类钞·狱讼类·嘉庆戊午湖南科场案》,中华书局1984年版,第1079页。
③ (明)沈德符:《万历野获编》卷一五《科场·有司分考》,第408页。

举子。人道："魏家时常送书子与主考,内帘官常得魏家的人参,这不是关节么? 不然何以二十四日拆号,二十六日才揭晓? 停了两日,都是为他。"

叶楚炎在《明清通俗小说中的科举舞弊》中指出:"科举舞弊进入小说之后,小说由于舞弊的加入而获得了人物塑造和情节设置的新契机,舞弊也在小说这一特殊的文本场域中呈现出复杂的状貌。"[1]明代白话小说除了表现怀挟、传递、关节等靠财、势进行的舞弊,还有"由于仙术梦示、机缘巧合、鬼魂鹦鹉等种种看似无稽的方式获得考题",[2]内容之丰富,可以想见。

# 三、选 任

## (一) 铨选、推升、保举、特简

铨选即选才授官。《警世通言》第十八卷中的鲜于同"考在二甲头上,得选刑部主事"。《型世言》第一回中的铁铉"自国子监监生,除授左军都督府断事"。

官员必俟考满,方得升授;若员缺当补,不待考满即升,称推升。《喻世明言》第四十卷中的宣大巡按路楷在严嵩的指使下,诬陷沈鍊"煽妖作幻,勾虏谋逆",结果沈鍊被下狱,路楷则"纪功,升迁三级,俟京堂缺推用"。《醒世姻缘传》第五回中的晁思孝欲谋通州知州的缺,走太监王振的门路,吏部"没等那通州知州俸满,推升了临洮府同知,将晁知县推了通州知州"。

保举指对吏部铨选范围内的官员,不由吏部铨选,而由大臣推举,皇帝任命。《型世言》第三十一回中的徐晞在工部当差,实心干事,"恰值着九卿荐举人材,吕尚书就荐举了他,升了个兵部武库司主事"。地方官经推荐保举后调任京职,称行取。《警世通言》第十八卷:"蒯知县为官清正,行取到京,钦授礼科给事中之职。"

特简是皇帝破格选用官吏。《鼓掌绝尘》第三十回:"高太守去不多日,各衙门奉章特荐,钦取进京。圣上召见便殿,多方慰劳。又问为治之要,对其详

---

① 陈平原主编:《科举与传播:中国俗文学研究》,第163页。
② 陈平原主编:《科举与传播:中国俗文学研究》,第161页。

悉。遂超擢九卿之列，眷注优渥，行将付以重任矣。"《英烈传》第七十二回："太祖私心自喜，拱手别去。回宫，即令监中查本生名字，拜受礼部郎中。次早视朝，监生朝见，方知酒肆中见的是太祖。"

## （二）庶吉士

庶吉士为明代始设。明初设庶吉士本为提高进士的办事能力，从正统元年（1436）开始，专属翰林院，不及其他衙门。

关于庶吉士的考选方式，弘治前无定制；弘治后，多从新进士中考选。嘉靖十四年（1535），世宗亲御文华殿，赐题考试庶吉士。[①] 明代白话小说对此作了表现。《型世言》第十二回："（永乐）三年正月，圣旨命解缙学士将新进士才识英敏的选文渊阁进学。"永乐二年进士李时勉"喜得选在里边，授官庶吉士"。《于少保萃忠全传》第一卷第四传中的董镛"原中进士，选为翰林庶吉士"。

明代特重庶吉士的教养。明成祖道："朕不任尔以事，文渊阁古今载籍所萃，尔各食其禄，日就阁中恣尔玩索，务实得于己，庶国家将来皆得尔用。……遂命司礼监给笔、墨、纸，光禄给朝、暮膳，礼部月给膏烛钞，人三锭，工部择近地宅居之。"[②]《型世言》第十二回中的李时勉选为庶吉士后，"司礼监供纸墨笔，光禄寺供早晚膳，礼部供油烛，工部择第宅。五日一出外宅，内官随侍，校尉笼马，好不荣耀"。与史载一致。

正统后，庶吉士在馆年限定为三年。三年后考试，成绩优良者分授编修、检讨等职，余则为给事中、御史，或出为州县官，谓之"散馆"。[③]《醒世姻缘传》第六十三回："那巡道是个少年甲科，散馆的给事中转外，正是一团火烈的性子。"《梼杌闲评》第四十七回："后来忠贤访知叶有声不肯覆本，乃杨汝成之意，到散馆时，便吩咐不许照科道授官。"

## （三）告敕

告敕，即告札、告身，是朝廷授官的文凭。明代白话小说对告敕的内容作

---

① 赵子富：《明代学校与科举制度研究》，第259页。
② （清）孙承泽：《春明梦余录》卷三二《翰林院·庶吉士》，《景印文渊阁四库全书·子部十·杂家类三》第868册，台湾商务印书馆1986年版，第419页。
③ 《明史》卷七〇《选举志二》，第1136页。

了表现。首先，告敕上有官员的名字及所授官职。《金瓶梅词话》第三十回中的蔡京"金押了一道空名告身札付，把西门庆名字填注上面，列衔金吾卫衣左所副千户、山东等处提刑所理刑。……唤堂候官取过一张札付：'我安你在本处清河县做个驲丞，倒也去的。'那吴典恩慌的磕头如捣蒜。又取过一张札付来，把来保名字，填写山东郓王府，做了一名校尉"。此外，告敕上还有挂号、印信及"朝廷钦依事例"等内容。《二刻拍案惊奇》卷二六中的韩赞卿"到了海边地方，寻着了那个学吏，拿出吏部急字号文凭与他看了"。《金瓶梅词话》第三十回中的蔡京吩咐来保："明日早辰，吏、兵二部挂号，讨勘合，限日上任应役。"后来保将告身交付主人，西门庆"看见上面衔着许多印信，朝廷钦依事例，果然他是副千户之职"。

关于空名告身。空名告身即未填姓名的补官文凭。《金瓶梅词话》第三十回中的蔡京道："昨日朝廷钦赐了我几张空名告身札付。"《喻世明言》第六卷中的葛令公捧出告身一道，"原来那时做镇使的，都请得有空头告身，但是军中合用官员，随他填写取用，然后奏闻朝廷，无有不依"。

告敕是官员赴任的凭证。《喻世明言》第九卷："历任文簿和那告敕，是赴任的执照。"《型世言》第十六回："（萧仲升）选了一个湖广湘阴巡检候缺，免不得上任缴凭。"一旦失去，则"连官也做不成"（《喻世明言》第九卷）。但赴任途中多"凶险"，[①]因风、因水、因盗失去告敕之事不可避免，故《醒世姻缘传》第八十五回中的骆校尉在狄希陈赴成都府经历任前，才提醒其妥善保管告敕："第一文凭要紧，多使油纸包封，不可错失。"

从明代白话小说可见，告敕的补办，颇为烦难。《拍案惊奇》卷二二中的郭七郎赴横州刺史任途中，因风失了告身，"商量到零陵州州牧处陈告情由，等所在官司替他动了江中遭风失水的文书，还可赴任"。不想其母受惊病故。州牧虽替他殡葬了母亲，厚礼赆行，"却是丁了母忧，去到任不得了"。后郭大郎盘缠用尽，再来请求，州牧厌其缠扰，借故其没有告身，质问道："既无凭据，知你是真是假？"将其逐出。《喻世明言》第九卷中的唐璧赴湖州录事参军任途中，被强盗抢去行李告敕。在一老者的资助下，他返回京师，到吏部门下，将情由哀禀，"那吏部官道是告敕、文簿尽空，毫无巴鼻，难辨真伪。一连求了

---

①　郭建：《非常说法——中国戏曲小说中的法文化》，第107页。

五日,并不作准"。若不是偶然结识裴令公,得其"密地分付堂候官,备下资装千贯;又将空头告敕一道,填写唐璧名字,差人到吏部去,查他前任履历及新授湖州参军文凭,要得重新补给",唐璧很可能与郭七郎一样,赴任之梦就此破灭。

如不愿出仕或被罢官,则将告敕交还官府或由官府追回。《水浒传》第一百回:"戴宗纳还了官诰,去到泰安州岳庙里,陪堂出家。"《续英烈传》第三十一回:"到了八月,方降旨着礼部行文各府州县,将逃去诸臣尽行削籍,不容复仕。有诰敕者,俱着追缴。"

明代白话小说表现了告敕发放过程中的弊端。《型世言》第十六回:"吏部书办作弊,或将远年省祭咨取不到人员,必是死亡,并因家贫、路远、年高,弃了不来,竟与顶补。"《拍案惊奇》卷二二中的郭七郎"家资巨万,产业广延",进京讨债时,听说"朝廷用兵紧急,缺少钱粮,纳了些银子,就有官做",请张多保、包大帮忙打关节。其时有个粤西横州刺史郭翰,方得除授,患病身故,告身还在铨曹。主爵受了郭七郎钱财,"就把籍贯改注,即将郭翰告身,转付与了郭七郎,从此改名做了郭翰",衣锦荣归。

告敕上所提供的官员个人信息极为简单,"最多也只是写着'面白无须'、'身长头方'之类的体形特点"。① 以之证明官员的身份,很嫌不够。《唐三藏西游释厄传》卷四《刘洪谋死陈光蕊》中的陈光蕊赴任江州途中,因舟子刘洪贪图其妻美貌,于夜深人静之时,先将家僮杀死,又将陈光蕊打死,"就穿了陈光蕊衣帽,带了官凭,同殷小姐往江州上任去了"。小说所写不一定实有其事,但却暴露了告敕设计上的某些漏洞。

官员自己出于某种目的,也对告敕加以利用。《醒世姻缘传》第八十五回中的狄希陈赴任成都府经历前,欲回家祭祖,但担心厨子吕祥归后在妻子薛素姐面前搬弄是非,说出自己京中娶妾一事。骆校尉为之设计,将吕祥羁縻京中。骆校尉假装要看文凭的模样,待狄希陈从拜匣中取出,递到骆校尉手中后,"骆校尉将凭展开一看,读了一遍。读到'成都府推官狄希陈',问道:'姑夫你是经历,怎么又是推官,这不错了么?'"狄希陈故意吃了一惊:"可不错了! 这怎么处? 那日领出来,我只见有我名字,我就罢了,就没看见这官

_____

① 郭建:《非常说法——中国戏曲小说中的法文化》,第107页。

衔。我想官员到任全凭的是这文凭"。骆校尉假装推测"这是他凭科里书办一时间落笔错了,写了推官",主张:"姑夫你只管走着,留下凭,我合他说去,这说不的要递呈子另换。你到家祭祖。"但提出将吕祥留下,"叫他换了凭再赶"。吕祥就这样被"合情合理"地留下来。此后,骆校尉"托名呈换文凭,只逐支调吕祥住在那都城热闹的所在",并未引起吕祥怀疑。因吕祥知道,"狄希陈等文凭不到,断没有就去上任之理"(第八十六回)。

## (四) 做官的靠山

明代白话小说认为,做官的靠山,不外财、势。《拍案惊奇》卷二二:"而今的官,有好些难做。他们做得兴头的,多是有根基,有脚力,亲戚满朝,党与四布,方能勾根深蒂固,有得钱赚,越做越高。"

相比之下,财又胜势。《醒世姻缘传》第九十四回:"这靠山第一是'财',第二才数着'势'。就是'势'也脱不过要'财'去结纳,若没了'财',这'势'也是不中用的东西。所以这靠山也不必要甚么着己的亲戚、至契的友朋,合那居显要的父兄伯叔,但只有'财'挥将开去,不管他相知不相知,认识不认识,也不论甚么官职的崇卑,也不论甚么衙门的风宪,但只有书仪送进,便有通家侍生的帖子回将出来,就肯出书说保荐,说青目。"

小说还以反面的例子说明了"财"的重要性。《清夜钟》第一回中的浙江宁波府慈溪汪知县考察卓异,留京考选,"先是户部清查任内钱粮,那些浙江司、新旧饷司掌印郎中主事要书帕,多是六十、四十,少也二十四、十二两。书办少是二钱四,多二两四,也叫书帕。若要他遮掩,以少作多,以无为有,便百十讲价,才向御览册上开作分数及格,才得咨送吏部。到此时,也不免用几个铜钱。及过吏部,又要稽宦迹,考乡评,治下大老、科道在朝的,都要送书帕,求他出好看语,访册上多打圈儿。就是治下在翰林部寺冷署闲曹,虽没他柄权,但要他道好不诽谤,也得八两,极少六两、四两相送。若在同乡,更轻不得,必竟要个同乡有权力大老、科道作靠山,他出来讲说,方得在翰林六科,这人恰要二三千两。其余看他权势力量为书帕厚薄,这干人也看书帕厚薄为官评高下,书帕送得厚,靠山硬,在访册名字上圈上四圈,便是该翰林科里,三圈便是御史,还有不圈的,这不是不肯用钱,便是没钱用的了"。汪知县"宦囊清薄,没力气去寻靠山,书帕又不腆,人只寻常相待",结果"在京熬清受淡一年"。

有些小说则认为,势的重要性同样不可忽视,有了势,选官时尽可挑肥拣瘦、嫌好道歉。《醒世姻缘传》第一回中的秀才晁思孝上京廷试,遇礼部侍郎,其原为山东提学,"晁秀才在他手内考过案首"。侍郎表示:"你如今不要廷试。坐了监,科他一遍科举,中了更好,即不中,考选有司,也定然不在人下。况我也还有几年在京,可以照管着你。"乡试失利后,晁思孝寻思:"老师望我中举,举既不得中,若不趁他在京,急急考就了官,万一待他去了,没了靠山,考一个州县佐贰,读书一场,叫人老爷,磕头参见,这也就苦死人了。"遂与侍郎商量,侍郎"也深以为然"。后晁思孝得其帮助,做了华亭县令。消息报到家中,亲戚朋友都不相信:"这个华亭县,自古来都是进士盘踞住的,那有岁贡得的?"第五回中的胡旦提出自己有太监王振的门路,可为知县晁思孝跑官,但要其先定下"要那个地方的衙门"。至此,晁思孝"审时度势",一一盘算:"我这几年做官的名望虽然也好,又保荐过四五次,又才考过满,第一望行取,这只怕太难些,做不来。其次是部属,事倒也易做,但如今皇上英明,司官都不容易,除了吏部、礼部,别的兵、刑四部,那一部是好做的?头一兵部,也先寻常犯边,屡次来撞口子,这是第一有干系的。其次刑部,如今大狱烦兴,司官倒也热闹,只是动不动就是为民削夺,差不多就廷杖,这是要拘本钱的去处,是不消提起的了。其余户、工两部,近来的差也多极难,有利就有害,咱命薄的人担不起。除了部属就是府同知,这三重大两重小的衙门,又淡薄又受气,主意不做他。"兵、刑、户、工四部属员及府同知的职位被其逐一否定。最后决定做知州:"看来也还是转个知州罢,到底还是正印官,凡事由得自己。"但晁思孝又对地点提出要求:"那远处咱是去不得的,一来,俺北方人离不得家;第二,我也有年纪了。这太仓、高邮、南通州倒好,又就近;但地方忒大,近来有了年纪,那精神也照管不来。况近来闻说钱粮也多逋欠,常被参罚,考不的满。不然,还是北直,其次河南,两处离俺山东不甚相远。若是北通州,我倒甚喜。离北京只四十里,离俺山东通着河路。又算京官,覃恩考满,差不多就遇着了。你到京再看,若得此缺,方好。"得寸进尺,欲做炙手可热的京官。但因其有势可倚,后来果遂心愿。

《明会典》对明代授官方式的记载得非常细致,小说中的相关材料只能说是如实地反映了史实。但小说关于告敕发放的弊端、设计上的漏洞以及做官靠山等的揭示,在其他史料中难得一见,为小说独具的特色。

# 四、考　　课

明代对官员的考课有考满、考察两种形式。

## （一）考满

考满，即"论一身所历之俸"，①通过考核官员在一定任期内的工作情况，决定是否给以加级、进俸或升职。

关于考满的期限，"国家考课之法，内外官满三年为一考，六年再考，九年通考，黜陟"。② 明代白话小说对此作了反映。《型世言》第七回中王翠翘的父亲"是个吏员，三考满，听选，是杂职行头，除授了个浙江宁波府象山县广积仓大使"。《石点头》第三卷中的知县"六年考满，朝廷给赐诰命，封其父母"。

关于考满的程序，依任官的类别与职务各有不同，以小说多所反映的针对府、州、县以下官员的考满为例："三年考满，先行呈部，移付选部作缺铨注，司勋开黄，仍令给由。其见任官将本官内行过事迹，保勘覆实明白，出给纸牌，攒造事迹功业文册、纪功文簿，称臣金名，交付本官，亲赍给由。如县官给由到州，州官当面察其言行、办事勤惰，从实考核，称职、平常、不称职词语。州官给由到府，府官给由到布政司，考核如之。以上俱从按察司官覆考。仍将考核、覆考词语，呈部考核。"③小说的反映与此相一致。《二刻拍案惊奇》卷一五："顾提控在州六年，两考役满，例当赴京听考。吏部点卯过，拨出在韩侍郎门下办事效劳。"《醒世姻缘传》第五回："晁知县在华亭县里，……去年六月里考了满，十月间领了敕命，各院复命，每次保荐不脱。"《型世言》第十六回："这年萧仲升因两考满，复疏通□考又满，要赴京。考功司办了事，送文选司题与冠带。"

明代白话小说还涉及了不准考满的情况。《型世言》第十六回："（萧仲升）后来实授（湖广湘阴巡检），拿了一起江洋强盗，不曾送捕厅，竟自通申，恼了捕厅。那强盗又各处使钱，反说他贪功生事。任满了，不准考满，只得回家。"

---

① 《明史》卷七一《选举志三》，第1150页。
② （万历）《明会典》卷一二《吏部十一·考核一·官员》，第70页。
③ （万历）《明会典》卷一二《吏部十一·考核一·官员·在外司府州县官》，第72页。

## (二) 考察

考察,指于特定的时间,就官员的德行和能力进行考核,以决定其去留。依被考察对象的不同,分外察、京察两种。

外察又称朝觐考察,是对京师以外官员的考察,"通天下内外官计之,其目有八:曰贪,曰酷,曰浮躁,曰不及,曰老,曰病,曰罢,曰不谨"。① 明代白话小说对此有所表现。《二刻拍案惊奇》卷四:"杨金宪赍表进京,拜过万寿,赴部考察。他贪声大著,已注了'不谨'项头,冠带闲住。"天顺四年(1460),"令朝觐官贤能卓异者,赐宴及衣如例"。② 小说对此也有所涉及。《清夜钟》第一回:"(浙江宁波府慈溪汪知县)到京考察,考在卓异里边,留京考选。"

京察指对京官的考察,每六年举行一次。在京各衙门堂官即四品以上京官,取自上裁;五品以下京官,由吏部一体考察。③ 明代白话小说对此较少提及,清代小说有所表现。《官场现形记》第五十三回:"这位淮安府乃是翰林出身,放过一任学台,后来又考取御史,补授御史,京察一等放出来的。"

考语,即考核官吏成绩的评语。明代白话小说中也有所反映。《醒世姻缘传》第八十三回中的骆校尉告狄希陈:"你不该选这个官,这府经历不是你做的。……你做了这首领官,上边放着个知府、同知、通判、推官,都是你的婆婆,日合你守着鼻子抹着腮的,你都要仰着脸看他四位上司。……堂上合刑厅但有些儿不自在,把笔略掉掉儿,就开坏了考语,巡抚巡按考察,大不好看的事都有了。"《醒世姻缘传》第九十七回中的太守道:"他(狄希陈)若毕竟阘茸不才,开坏他的考语,叫他家去,冠带闲住。"

小说还表现了考语的具体内容。《型世言》第二十回:"(库藏文卷)内有'各官贤否',只见中间秦凤仪的考语道:恃才傲物,黩货病民。"《醒世姻缘传》第九十九回:

上面开那考语道:

---

① 《明史》卷七一《选举志三》,第 1150 页。
② (万历)《明会典》卷一三《吏部十二·朝觐考察》,第 79 页。
③ 《明史》卷七一《选举志三》,第 1151 页。

家政纷乱如丝,妻妾毒于继母。

开那实事道:

一、本官不能齐家,致妻妾时常毒打辱骂,与刑厅相邻,致本厅住居不宁。

一、本官被妻薛氏持椎毒殴,数至六百不止,卧床四十余日不起。

一、本官被妻薛氏将炭火烧背成疮,卧床两月,旷废官职。

可见"考语"后面,还罗列"实事"。

## (三) 关于弹劾

从明代白话小说可见,进士出身的官员不惧弹劾。《型世言》第三十回中的何知县因宠任门子张继良而遭乡绅诽谤。张继良得知后,请求责革,"以舒乡绅之愤"。何知县道:"我进士官,纵使他们谤我,不过一个降调,经得几个跌磕,不妨。"小说还揭示了不弹劾进士出身官员的心理。《警世通言》第十八卷:"做官里头还有多少不平处,进士官就是个铜打铁铸的,撒漫做去,没人敢说他不字;科贡官,兢兢业业,捧了卵子过桥,上司还要寻趁他。比及按院复命,参论的但是进士官,凭你叙得极贪极酷,公道看来,拿问也还透头,说到结末,生怕断绝了贪酷种子,道:'此一臣者,官箴虽玷,但或念初任,或念年青,尚可望其自新,策其末路,姑照浮躁或不及例降调。'不勾几年工夫,依旧做起。"官箴书云:"考订官员贤否,……若在甲科之列,则必匿其故实而保护之矣。"①小说的表现与之相符。

此外,有靠山的官员也不惧弹劾。《醒世姻缘传》第九十四回:"常说:'朝里无人莫做官。'又说:'朝里有人好做官。'大凡做官的人,若没有个倚靠,居在当道之中,与你弥缝其短,揄扬其长,夤缘干升,出书讨荐,凭你是个龚遂、黄霸这等的循良,也没处显你的善政。……若是有了靠山,凭你怎么做官歪憋,就是吸干了百姓的骨髓,卷尽了百姓的地皮,用那酷刑尽断送了百姓的性命,因那峻罚逼逃避了百姓的身家,只管有人说好,也不管甚么公论,只管与他保荐,也不怕甚么朝廷。"

---

① (明) 不著撰人:《居官必要为政便览》卷上《吏类》,第59页。

明代白话小说对官员考语的记录以及对弹劾的揭示等,颇具价值。

明代白话小说对其时的学校、科举、选任、考课等作了真实、全面、细致的表现,并且因与具体的人、事相结合,一扫其在律典中的枯燥面貌,呈现出生动可感的质地。不止于此,小说还揭示了行政法律规章在执行过程中出现的一些问题以及由此造成的社会评价,展示了"活的法典"的魅力与价值,为我们全面、立体地了解其时的行政法律规章提供了帮助。

# 第二节　民事法律规章

明时,随着生产力水平的提高,商业经济的繁荣,以及私有观念的不断增强,与之相关的民事法律规章也较宋、元时期更加丰富。其时的民事法律规章主要包括所有权、债、婚姻家庭、继承等方面。与对行政法律规章有选择地反映不同,明代白话小说对民事法律规章的诸方面均有较多表现,显示了民事法律规章与百姓日常生活的密切关系以及小说家的重视。

# 一、借　贷

徐忠明《〈金瓶梅〉反映的明代经济法制释论》一文以《金瓶梅》为例,论述了明代借贷契约的形式要件。这里主要探讨明代白话小说中有关借贷的法律与社会问题。

从明代白话小说可见,债主将本银以少抵多后,方才支付。《型世言》第七回中的张大德祖父"在乡村广放私债",他"借银九折五分钱"。《新民公案》一卷《人命·吴旺磊算打死人命》中的吴旺将"银九两一钱,准作十两本"后,方出借罗子仁。如此一来,钱尚未到手,债务人即已遭到盘剥,正如罗子仁之弟罗子义所言:"小的哥郎,借他成色银九两作十,已赔加一在内。"但又不能反对,"只为本钱是他的,那江湖上走的人,拼得陪些辛苦在里头,随你尽着欺心算账,还只是仗他资本营运",万一"冲撞了他,收拾了本钱去,就没蛇得弄了"(《拍案惊奇》卷二二)。

关于利息。明时,"凡私放钱债及典当财物,每月取利,并不得过三分"。①小说对此作了反映。《拍案惊奇》卷一五中的陈秀才向卫朝奉借银,卫朝奉"将三百银子借与,三分起息"。《新民公案》一卷《欺昧·富户重骗私债》中的刘知己向本乡富户曾节借银一百两,一年后,"将田上稻谷粜银一百三十两"来曾家还债,也是三分起息。此外,还有五分起息的。《型世言》第七回中的张大德祖父借人银钱,"五分钱起利"。《新民公案》一卷《人命·吴旺磊算打死人命》中的吴旺"放债取利,每要对本加五"。二人均违背了"每月取利,并不得过三分"的法律规定,属"违禁取利"。②

在明代白话小说中,有些债主要求债务人以不动产作为其债务的抵押。《警世通言》第二十五卷中的桂富五"将薄产抵借李平章府中本银三百两,贩纱段往燕京"。《诸司公案》五卷《争占类·赵县令籍田舍产》中的郑穆为买田,"以己之庄券质于西邻,货钱一百万缗"。甚或有以人身作抵的情况。《型世言》第七回中的张大德祖父借银与人,"来借的写他田地房产,到田地房产盘完了,又写他本身"。《醒世恒言》第二十九卷中的钮成因生了儿子,"弄空头,装好汉,写身子与卢楠家人卢才,抵借二两银子,整个大大筵席款待众人"。

俗话说:"好借好还,再借不难。"但以"救急"为出发点的借贷,经常会引发纠纷。从小说可见,有些纠纷由债务人无力偿还而引发。《警世通言》第二十五卷中的桂富五向李平章府借银贩纱段,无奈时乖运蹇,本利俱耗,"宦家索债,如狼似虎,利上盘利,将田房家私尽数估计。一妻二子,亦为其所有,尚然未足,要逼某扳害亲戚赔补"。《唐钟馗全传》卷三《磨磨地狱》中的鲁细向土豪沈别借银,临期未还,沈别"纠统多人,拆毁其房屋。鲁细与之讲论,沈别遂喝令多人即时打死"。为了不连累家人,某些债务人选择了出家逋逃。《东度记》第六十二回中的捕窃道:"我往常只见一个人,……欠官钱,少私债,没个头项生意,或是孤苦伶仃,把头发剃光,手里拿个梆子,颈项挂串数珠,身上穿件缁衣,头顶戴个瓢帽。"甚或有为此而自尽者。《韩湘子全传》第六回老头儿道:"寻死的有几等:上欠官钱,下欠私债,追逼拷打的过不得;衣不遮身,食不充口,饥寒穷苦的当不得,……方才去寻条死路。"私债"猛如虎",故百姓

---

① 《大明律》卷九《户律六·钱债·违禁取利》,第82页。
② 《大明律》卷九《户律六·钱债·违禁取利》,第82页。

小民以"上不欠官钱,下不欠私债"为荣。《新民公案》四卷《奸淫·捉拿东风伸冤》中的养正被郭公责打后,就理直气壮地质问:"小的乡下小民,上不欠官钱,下不欠私债。不知老爷亲临,甚事责打小的?"

有些纠纷则因债务人钻未订立契约的空子,故意赖账不还。《警世通言》第二十五卷中的施济代桂富五偿还欠银,并将其一家安顿至祖传桑枣园中。桂富五偶于园中掘出一千五百金,私置田产,"已做个大家事",并于施济病故后搬出。后施家家道中落,施妻与子施还前来讨要代还银两。桂富五本欲偿还,但其妻孙大嫂担心"惜草留根,到是个月月红了",坚执不给,桂富五遂仅以盘缠打发施家母子。施妻误以为孙大嫂不知其夫行事,请求店家王婆通报。孙大嫂明确表示:"如今我也莫说有欠无欠,只问他把借契出来看,有一百还一百,有一千还一千。"赖账嘴脸暴露无遗。《二刻拍案惊奇》卷二四中的缪千户赴任前,向同乡元自实借银三百两,并书以文券。自实道:"通家至爱,要文券做甚么?他日还不还在你心里。你去做官的人,料不赖了我的。"后自实家遭强盗劫掠,与妻子投奔缪千户、讨银。缪千户当面不好赖帐,但要自实"将文券简出来,小弟好照依数目打点,陆续奉还"。自实吃惊道:"当初乡里契厚,开口就相借,从不曾有甚么文契。今日怎么说出此话来?"大概是忆起初心,缪千户一面表示"债负往来,全凭文券,怎么说个没有",一面又婉转道:"而今文券有无也不必论,自然处来还兄。只是小弟也在不足之乡,一时性急不得。"但此后仍以推诿了之。

借贷纠纷的发生,除了前面提到的来自债务人方面的原因,还有源于债主方面的原因,明代白话小说对此也作了反映。

其一,债主对无力还债者,强以其产业或人身折抵。法律对此明令禁止:"若豪势之人,不告官司,以私债强夺去人孳畜产业者,杖八十。若估价过本利者,计多余之物,坐赃论,依数追还。若准折人妻妾子女者,杖一百。强夺者,加二等。因而奸占妇女者,绞。"[1]但在小说中,这种情况并不少见。《七曜平妖全传》第十二回中的董一经"放子母债,准折人家田产,羊羔起利"。《禅真后史》第十五回中的唐榔因吴十三所借银两"三五年之间,本利重叠,盘算至数十余金",在其死后,"即将他器皿尽行搬去,又把他一个女儿——年已及笄,抢去做了使女"。

---

[1] 《大明律》卷九《户律六·钱债·违禁取利》,第82—83页。

其二,债务人有力还债,但债主贪心不足,起"吞产"、"霸屋"之心。《廉明公案》下卷《债负类·孟侯判放债吞业》中的吴亘借范忠银三十两,越三年,已还十五两。但范忠觊觎吴亘"价值百金"之八亩腴田,"叠创磊算",遂吞其田,致使吴亘"妻儿男女,如鸟摘毛"。《廉明公案》下卷《债负类·左侯判债主霸屋》中的全汝亨借伊凤银十两,历经二载,"已还对合"。但伊凤犹且不足,"磊利叠算而准折房屋",竟"以债负而逐人露宿"。

其三,债主得知债务人生意得利,乘机敲诈,"蛮来磊算"。《新民公案》一卷《人命·吴旺磊算打死人命》中的罗子仁向吴旺借银贩米,因生意顺溜,半年得银百两。罗子仁为人厚道,"年月虽未满足,也对银一十五两"。不想吴旺知其贩卖得利,存心勒索,道:"我这里放债,那管年月? 出门便要加一日。你今得许多利钱,合该还我二十五两。"罗子仁道:"乡中借债,自然只照原批乡例还息,你今何得蛮来磊算?"吴旺大怒:"尔当初手无分厘银子,一贫如洗,纵有惊天本事,亦无施展。今得我银做买卖,不消半年,身衣口食,一家件件充足。合该一本十利,欢喜还我。"二人遂产生争执。

其四,债主钻债务人未及时立批、取批的空子,执批重讨。《诸司公案》五卷《争占类·赵县令籍田舍产》中的郑穆向西邻高泳借钱一百万缗,"契章甚明,且言来岁赍本以赎券"。郑穆至期来赎,先交纳一百千缗为利息。时天色已晚,约明日交完余钱。因隔宿未远,且两家为世交,郑穆未让高泳另立收息之批。次日,郑穆同中人唐建及家僮赍资前来,算完一百万缗本钱后,又纳一百千缗为利,遂取前年之契。高泳全不认账:"你今日方还本还利,唐建在见,何谓昨日还也?"郑穆无奈,讼之于县。《新民公案》一卷《欺昧·富户重骗私债》中的刘知几去曾节家还银时,曾节"喜其老诚,留之酒饭"。不想刘知几家人要其速归办事,曾节亦被县中催去完粮,"两在忙迫之中,曾亦忘写受数,刘亦忘取借批"。数年后,曾节于账簿中寻出刘知几亲笔借批,"陡然昧起心来,即时着家人到刘家索前银。说他逋欠多年,怎么不完"。刘知几道:"债无重取,罪无重科。前年本利尽数完纳。"曾节遂具状去告。

对于民间因债务发生的纠纷,官箴书的判断原则是:"告私债准折,必是本利之外者,方断还人。"[①]在小说中,官府则根据情节的不同,采取不同的应

---

① (明)蒋廷璧:《璞山蒋公政训·治体·理词讼》,第13页。

对措施。

其一,对于单纯的欠债不还或违禁取利,官不为之理,多批中保或亲属剖断。《廉明公案》下卷《债负类·班侯判磊债》中的王九德告丘章"借银五两,约限对月付还。临期节取,触凶反殴";丘章反诉王九德"每月违禁取利,竹节生枝,未几换约,滚作十两。欺身无还,势夺血产"。班侯认为:"贫人借债而负债,此贫不守分也;富户放债而磊债,是为富不仁矣。"但"债凭代保,或骗或磊,保人胸中自有泾渭者",自己邃然难断,故判断:"合为公剖,以塞讼端。"《廉明公案》下卷《债负类·宋侯判取财本》中的胡珮告倪遂"领身本银一千两,贸易五载,获利万金,广置基地。与取前银,称说分地节哀。求地,又约算账还银。岂料延今,账既不算,地又不分";倪遂反诉胡珮"将银一千两付身营觅,得失均沾,账约两证。五年,还过一千七百两,亲笔领存。岂豪妒买基地,计诬吞本谋分。不思明月尚有盈亏,买卖岂无得失"。宋侯认为:"今为一片基地,切齿仇争,是二人者,又易反易覆之小人也。"故为风化计,"仰中亲速为允释,毋以蜗角交讼鼠牙"。批中保、亲友调解的好处,一则减轻了官长的审判压力,二则保全了诉讼双方的面子,有利于"熟人社会"的稳定。

其二,如"阎王大户"有欲"吞产"、"霸屋"之险恶用心,或"执约复告"之不法行径,官则为之理。《廉明公案》下卷《债负类·孟侯判放债吞业》中的吴亘借范忠银三十两,越三年,已还十五两。因范忠有"磊债吞产"之举,吴亘上告。孟侯为之断:"为亘者可以还过银作利,再偿范忠三十两之银;为忠者毋得执契照田,而吐还吴亘八亩之业。"如此判断的目的,是为了取得"庶放债者无沉债之冤,而有恒产者因有恒心焉"(《廉明公案》下卷《债负类·孟侯判放债吞业》)的效果,即既然吴亘已无力还债,范忠取利亦应适可而止。《廉明公案》下卷《债负类·叶侯判取军庄》中的陆良九借饶钦银十两,历经二年,已还过十六两伍钱,但饶钦"捏称军庄,执约复告"。左侯认为"此贪天之狗利者也",故判断:"还银已足,纵军庄亦不重给。"在民间债务的偿付问题上,官长秉承"夫债在常条,利有定额。欠债不偿,虽私债亦所当追"(《廉明公案》下卷《债负类·叶侯判取军庄》)的判断原则,尽量不偏不倚。

如果债主有执券重讨的前科,官府处理完案件后,会将债券交还债务人或收入官府,以免他日重蹈覆辙。《诸司公案》五卷《争占类·赵县令籍田舍产》中的赵县令断案后"令检还当契于郑穆"。《廉明公案》下卷《债负类·叶侯判取军庄》中的叶侯审断后也命将"借约入官,毋使滚骗"。

明代白话小说对其时借贷中本银的支付、利息、抵押、纠纷、官府的判断等作了全面、细致的反映,显示了其作为法律史资料的独特价值所在。

# 二、典　当

典当在我国古代分动产典当、不动产典当两类。关于动产典当,徐忠明指出:"也称质库、质铺、解库、典解库、盘典当等;它是一种以经营动产抵押贷款为主的金融行业。"①从明代白话小说可见,动产典当还有解铺、当铺、典铺、典库等名目。典当在古代的社会生产、生活中占有重要地位。徐忠明《〈金瓶梅〉反映的明代经济法制释论》以《金瓶梅》为例,对明代的解当铺进行了富有见地的释论。此外,不少明代白话小说也对其时的典当作以反映,有些角度还是《金瓶梅》所没有涉及的,下文予以补充。

徐文观点之一,就解当铺的规模来说,西门庆的启动资本是2 000两银子,到他死时,已发展为2万两银子,"这期间应该注入过资本,而且数量不少",否则不可能在不到两年半的时间里,增值10倍,"这一点,向为学者忽视"。从明代白话小说可见,开当铺确实需要较大的资金投入。《鼓掌绝尘》第十三回中的店主在回答客人当地做何买卖赚钱时,道:"我杭州做生意的,高低不等。那有巨万本钱的,或做盐商,或做木客,或开当铺。此是第一等生意,本钱也大,趁钱也稳。"《警世通言》第二十二卷中的宋金得强盗所积数万金后,"就于南京仪凤门内买下一所大宅,改造厅堂园亭,制办日用家火,极其华整。门前开张典铺"。《禅真后史》第八回中的刘浣"不下数千金资本,于延宁寺前开一解铺"。当然,也有规模较小的当铺。《拍案惊奇》卷一五中的卫朝奉"初到南京时,只是一个小小解铺"。小当铺所获利润自然无法与大当铺相比,故此有人在做其他生意赚大钱后,再回过头来开当铺。《醒世恒言》第七卷中的西洞庭高赞"少年惯走湖广,贩卖粮食。后来家道殷实了,开起两个解库"。

观点之二,就解当铺的管理方式讲,"文曰:'陈敬济只掌钥匙,出入做买

---

① 徐忠明:《〈金瓶梅〉反映的明代经济法制释论》,以下引文全出于此,不再另注。

卖。'又说：'陈敬济每日起早睡迟,带着钥匙,同伙计查点出入银钱,收放写算皆精。'这一专业分工意味着典当行业经营的规范化和合理化"。从明代白话小说可见,有钱人常同时开几家当铺。《醋葫芦》中的成珪先于"后巷开了一所解库"(第一回),十多年后,"生理更又不同,日兴日旺"(第一回),已有"解库二所"(第十一回)。《拍案惊奇》卷二二中的张多宝"在京都开几处解典库,又有几所缣缎铺,专一放官吏债,打大头脑的"。在明代白话小说中,还出现了按典物区分的专门当铺。《三遂平妖传》第一回中的某员外"家中巨富,真个是钱过壁斗,米烂陈仓。家中开三个解库:左边这个解库专当绫罗段匹;右边这个解库专当金银珠翠;中间这个解库专当琴棋书画,古玩之物。每个解库内用一个掌事,三个主管"。可见,除了管理方式,扩充规模与按物区分也应成为"典当行业经营的规范化和合理化"的明证。

观点之三,以典价利率看,"及至明代,我国典当行业'值十当五'的制度逐步形成。从《金瓶梅》观察则大致与此相似"。此外,明代法律规定的利率是每月不得超过3%,"《金瓶梅》中当铺利率大致也在3%左右";对西门庆所开解当铺的批判,"要放在我国古代典当行业整体格局中予以考察,方可得持平之论。这里,笔者更要指出:其一,典当通例,当少,则赎少;其二,当少,则利少;其三,当少,则在无法回赎时,还可找帖"。其他明代白话小说为徐文提供了直接例证。《二刻拍案惊奇》卷一中洞庭山某寺和尚辨悟主张当掉寺中所藏白居易手书《金刚经》,以度饥荒。众僧道:"但如此年时,那里撞得个人肯出这样闲钱,当这样冷货?"辨悟道:"只有山塘上王相国府当内严都管,……就中与我独厚。"他找到严都管,对方答应:"虽是百担不能勾,我与师父五十担去罢。"辨悟道:"多当多赎,少当少赎。就是五十石也罢,省得担子重了,他日回赎难措处。"辨悟的话代表了那些有回赎计划的人的心理:能勉强渡过眼前难关即可,当价是否与本物相符并不重要;当价低,反而降低了回赎的难度。因此,对当铺压低当价的行为,应辩证地看:当铺固然有牟利的目的(特别是当者最终无力回赎时,当铺无异占了大便宜),但从另一角度来说,其降低了回赎难度,对当者亦不无裨益。

此外,该书认为,在古代社会,典当行业之所以受到诟病,一方面如很多研究者所论是因为"属于高利贷",另一方面,也与从业人员不遵守行业规则有关。这一点很多明代白话小说都有所揭示。《警世通言》第十五卷中的矫公"自开解库,为富不仁,轻兑出,重兑入,水丝出,足纹入,兼将解下的珠宝,但拣好的都换了自用。又凡质物值钱者才足了年数,就假托变卖过了,不准赎取"。《拍案惊奇》卷一五中的卫朝奉"平素是个极刻剥之人",他开解铺,"却有百般的昧心取利之法。假如别人将东西去解时,他却把那九六七银子充作纹银,又将小小的等子称出,还要欠几分兑头。后来赎时,却把大大的天平兑将进去,又要你找足兑头,又要你补勾成色,少一丝时,他则不发货。又或有将金银珠宝首饰来解的,他看得金子有十分成数,便一模二样,暗地里打造来换了——粗珠换了细珠,好宝换了低石"。轻出重入、以次充好、抵换当物、不准取赎,是当铺惯用的伎俩,比起放高利贷的行为更令人切齿。

观点之四,从解当铺的风险责任看,"虽然当铺利率极高,但是,风险责任也是极大的。这一点,《金瓶梅》的研究者也往往从不提及"。从明代小说可见,当铺的风险,主要有以下几方面。首先,蛀虫败坏。《型世言》第十五回:"败子三变:始则蛀虫坏衣饰,⋯⋯他先时当人的,收人利钱,如今还债,拿衣饰向人家当,已做蛀虫了。"其次,无意污损。《石点头》第五卷中的仆人来元因主人久不归店,想取衣典当,"买些柴米,动动荤腥",却又"恐怕典铺中污坏了"。再次,不慎失落。《二刻拍案惊奇》卷一中的住持取出《金刚经》要辨悟去当,道:"此是传名的古物,如此零落了,知他有甚好处!今将去与人家,藏放得好些,不要失脱了些便好。"又次,火灾烧毁。《警世通言》第十五卷中的矫公"解库里火起,前堂后厅,烧做白地"。复次,强盗打劫。《石点头》第五卷中的永兴号当铺,"原来三月十九四更时分,这铺中被强盗打入,劫了若干金银,余下珠宝衣服,一件也不要"。最后,收典窃物。这涉及触犯法律,当铺受害最大,也常成为某些人陷害当铺的手段。《型世言》第三十二回中的王司房因替詹博古取赎龙纹鼎时遭孙监生索要高价,一气之下,生计陷害。他派人拿了玉带去孙监生典铺中当。管当的见是玉带,推说不当。那人道:"我是贺总兵家里的,你留着,我寻一个熟人来。"不一会儿,只见一个人闪进来,看见玉带,道:"借过来一看。"管当的道:"他是贺总兵家要当的。"这人不容分说,拿过一看,道:"有了贼了。"外边进来七八个人,道:"这带是司房王爷代陈爷买来进上的,三日前被义男王勤盗去,还有许多玩器。如今玉带在你这里,要你们还人,还要这些赃物。"将当中人拿进府去。

从小说可见，即便当铺履行赔偿责任，当者也不愿意接受典物破损或灭失的结果，故当前多采取积极的防护措施。《石点头》第五卷中的来元"恐怕典铺中污坏了"主人的衣服，"就将拾的这个黄布包袱包起"，"中间线绣着'永兴号'三字，……好个大包袱。提来包衣服也好，包米也好，做被单盖也好"。《二刻拍案惊奇》卷一洞庭山某寺的《金刚经》，虽然"揭开里头看时，却是册页一般装的，多年不经裱褙，糨气已无，周围镶纸多泛浮了"，但"外边是宋锦包袱包着"，以致于严都管看后失望道："我只说是怎么样金碧辉煌的，元来是这等悔气色脸，倒不如外边这包，还花碌碌好看。如何说值得多少东西？"

明代白话小说还涉及了当票及底簿的写法。《拍案惊奇》卷一三中的赵六老要不孝子赵聪替自己当了夏衣，赵聪一口回绝，儿媳殷氏得知后，道："这却是你呆了。他见你不当时，一定便将去解铺中解了，日后一定没了。你便将来，胡乱当他几钱，不怕没便宜。"赵聪交银与赵六老，赵六老欣然接了，"赵聪便写一纸短押，上写'限五月没'，递与六老去了"。虽非当铺所开原票，但写法上必定有所借鉴。《二刻拍案惊奇》卷一中的严都管于年底将当中一年簿籍送相国夫人查看，夫人偶然翻开一页，内一行写着："姜字五十九号：当洞庭山某寺《金刚经》一卷，本米五十石。"

明代白话小说对当铺的资金投入、专业分工、典价与取赎的关系、当铺的风险责任等多有表现，为我们全面、真实地了解其时当铺的具体情况提供了丰富的资料。

# 三、雇　佣

雇佣指受雇替人做工。

雇佣一事由来已久，"雇工人"一词却最早出现在《大明律》中。何谓雇工人，律文没有加以明确限定，一些律学家有所揭示。张楷《律条疏义·良贱相殴》："雇工者，雇倩役使之人，非奴婢之终身服役者。"胡琼《大明律附例·亲属相盗》："奴婢是功臣之家人，雇工人是官民家暂雇役者。"[①]可见，雇工人是

---

① 转引自蒋燕玲《论清代律例对雇工人法律身份的界定》，《社会科学家》2003 年第 5 期。

一时受雇役使或佣工之人,与家内终身服侍之奴仆有别。律学家动辄将雇工人与奴仆对举,可见二者具有一定的相似性。明代白话小说对雇工人、奴仆均有详细表现,对比之下,可以加深对雇工人的理解。

其一,雇工人与主人订立雇佣文书,奴仆则与主人书写卖身文书。

先看雇佣文书。《二刻拍案惊奇》卷一九中的寄儿愿投莫翁门下牧畜,莫翁"叫他写下文券"。寄儿不识字,沙三代其写了一张"情愿受雇,专管牧畜"的文书。《喻世明言》第三十九卷中的程虎道:"又不是雇工代役,算甚日子久近!"可见,雇佣文书中要写明受雇的工作与时限。《拍案惊奇》卷一九中的谢小娥"自写了佣工文契,写邻人做了媒人,交与申兰收着"。与其他文书一样,中人也是雇佣文书必不可少的要件之一。文书签订后,雇工人定期从主人处得到一定收入,称"工钱"或"工食"、"工粮"、"杂粮"。《醒世姻缘传》第六十六回中的觅汉为狄员外跑腿拉人,狄员外付之"工钱"。《醒世姻缘传》第五十四回中的尤聪受雇去胡举人家做厨子,"讲过每年四石工粮"。

再看卖身文书。一日为奴则终身为奴,卖身文书中没有关于卖身期限的说明,但有"听从主便"的约定。《金云翘传》第五、六回中的王翠翘因父被陷缧绁,欲卖身救父。马客人买其为妾,王翠翘写下婚书,其中有"过门之后,或住或行,或妻或妾,听从自便"一句。卖身为妾,尚且"听从主便";卖身为奴,自然是苦乐由人、万难自主了。卖身文书也要求有中人见证。《二刻拍案惊奇》卷二二中的姚公子衣食无着,欲卖身为奴。上官翁知道了,"又拿几两银子,另挽出一个来,要了文契,叫庄客收他在庄上用。"《醒世姻缘传》第八十四回中的狄希陈欲寻家人,媒婆"周嫂儿、马嫂儿来,四出找寻",找到了"情愿自己卖身"的张朴茂夫妻及其女儿,领到了狄家。卖身文书签订后,买主一次性支付卖身钱,称"身钱"。《清夜钟》第三回中的王幹"三两身钱卖到人家"。张朴茂一家三口被"作了三两身价,写了文契。狄希陈也没叫改姓,就收做了家人"。

其二,雇工人与奴仆在主家的地位不同。

主人待雇工人一般较客气,很少打骂。《禅真逸史》第十回中李秀酒店新雇的酒生陈阿保,为人狡猾,常躲懒贪嘴,偷典物件。李秀知晓后,只是"抢白了数场",并未打骂。与此形成对比的是,雇工人敢于挑剔主人所提供饮食、工粮、工钱的好坏。《醒世姻缘传》第二十六回："那些觅汉雇与人家做活，把那饭食嫌生道冷，千方百计的作梗。该与他的工粮，定住了要那麦子绿豆，其次才是谷黍，再其次冤冤屈屈的要石把黄豆。若要搭些蜀秫黑豆在内，他说：'这样喂畜生的东西，怎么把与人吃？'……那些替人做短工的人，……送饭来的迟些，大家便歇了手坐在地上。……水饭要吃那精硬的生米，两个碗扣住，逼得一点汤也没有才吃，那饭桶里面必定要剩下许多方叫是够，若是没得剩下，本等吃得够了，他说才得半饱，定要整你重新另做饭添，他却又狠命的也吃不去了。打发他的工钱，故意挑死挑活的个不了，好乘机使低钱换你的好钱，又要重支冒领。"特定情况下，雇工人还敢于违抗主人的命令。《醒世姻缘传》第八十四回中的吕祥是狄希陈来京前在家乡"一年是三两银子的工食"雇的厨子，因主人不再提给他配媳妇的事，在主人离京赴任成都前，赌气辞归："我家放着父母兄弟，我不千乡万里的跟着远去。"狄希陈怕他回后在妻子薛素姐面前搬弄是非，再三挽留。吕祥说："必欲叫我跟去，一月给我一两银子，算上闰月。先支半年的与我，我好收拾衣裳。"狄希陈只答应给六两，吕祥坚决不肯。后童奶奶说情，狄希陈同意，吕祥"就鹰撮脚跟住狄希陈，当时支了六两文银"。可见，雇工人有较大的自主性。

对奴仆，主人则可任情支使打骂，奴仆不得反抗。《二刻拍案惊奇》卷二二中的家主就要求姚公子："既已投靠，就要随我使用，禁持苦楚，不得违慢。"《醒世姻缘传》第八十回中的调羹也说："丫头有甚么不是，你倒是量着他的罪过，打他几下子就丢开手，照常的支使他。"甚至时有主人虐待奴仆的情况发生。《醒世恒言》第三十五卷中的萧颖士，"奴仆稍有差误，便加捶挞。他的打法，又与别人不同。……不论事体大小，略触着他的性子，便连声喝骂，也不用什么板子，也不要人行杖，亲自跳起来一把揪翻，随分掣着一件家火，没头没脑乱打。凭你什么人劝解，他也全不作准，直要打个气息。若不像意，还要咬上几口，方才罢手"。《醒世姻缘传》第七十九回中的寄姐看不上丫头珍珠，"锁在尽后边一间空房之内，每日只递与他两碗稀饭，尿屎都在房里屙溺，作贱的三分似人，七分似鬼"。牛建强在《明代奴仆与社会》一文中，将明代奴仆分为勋戚奴仆、缙绅奴仆、文人奴仆、庶民奴仆四种类型，其中文人奴仆虽不免"饥渴之事"，但"早晨汲水浇花，晚上读书习字。天气晴朗时打扫竹院，客人送走后扃锁柴门",很得"主人爱惜"。[①] 这类奴仆在明代白话小说中也有所表现,但数量不多。

其三,雇工人与奴仆在主家的待遇不同。

雇工人为主家提供服务,主家付以"工钱"或"工食",不再负责其衣服被褥。吕祥随主人赴任成都前,就自己"收拾衣裳","买的缸青做道袍,并一切夹袄鞋袜之类"。如主人为雇工人婚配,雇工人要付之钱,或以工代银。《醒世姻缘传》第八十四回中的童奶奶要给狄希陈买个全灶随任,骆校尉问:"这丫头可那里着落他哩?"童奶奶道:"算计配给吕祥儿罢。"骆校尉道:"买一个全灶,至少也得廿多两银子。他又不是咱家里人,使这们些银子替他寻了媳妇,你合他怎么算?"童奶奶道:"我叫他另立张文书,坐他的工食,坐满了咱家的财礼银子,媳妇儿就属他的。坐不满银子,还是咱的人。好不好,提溜着腿子卖他娘!汉子可恶,撵出汉子去,留下老婆。"《廉明公案》下卷《婚姻类·喻侯判主占妻》中的党家也是与伍春生"议工三年,准作财礼",嫁以婢女。这样做,一来解决了婢女的婚嫁问题,二来保证了雇工人所提供服务的质量,三来"出入之间有妻子防闲他"(《肉蒲团》第十三回),比较划算。

奴仆则不一样,"平日既甘服役,受其衣食"。如果主人"顿断他的衣食,又显的是你不是"(《醒世姻缘传》第八十回)。《醒世姻缘传》第七十九回中的寄姐看不上丫头珍珠,冬至时节,不给棉衣穿。狄希陈偷拿银子让其母戴氏做了送来。戴氏先来看女儿,道:"因为家里穷,怕冻饿着孩子,一来娘老子使银子,二来叫孩子图饱暖。要是这数九的天还穿着单布衫子、破单裤,叫他在家受罢,又投托大人家待怎么?"后戴氏做好衣服送来,寄姐骂其捣鬼儿,戴氏道:"买了人家孩子来,数九的天不与棉衣裳穿,我看拉不上,努勔拔力的替他做了衣裳,不自家讨愧,还说长道短的哩!"惟寄姐不履其责,戴氏方敢出言顶撞。如主人给奴仆婚配,则奴仆不必为之付钱。《株林野史》第十二回中巫臣家看门的李福与婢女小娟私通,女主人芸香得知后,告巫臣:"小娟尚无男人,李福亦无家室,不如把小娟赏他为室。"巫臣同意后,"二人并立,向主人磕头,遂成夫妇"。《肉蒲团》第十三回中的铁扉道人告权老实:"老实对你说,我家少一个使唤的人,今见你勤谨老实,心上要留你,所以问你这些话。你若果然

---

① 牛建强:《明代奴仆与社会》,《史学月刊》2002 年第 4 期。

情愿,就写一张身契进来,要几两身价先对我说,待我好设处。进门之日我就把丫鬟配你。你意下何如?"权老实道:"若得如此,我明天就送身契进来。"

其四,主人与雇工人、奴仆关系的结局也不同。

主人厌恶雇工人,雇佣期内,可提前打发;雇佣期满,则一拍两散,从此路人。《醒世姻缘传》第五十四回中的尤厨子"拗性歪憋,说的话又甚是可恶",胡知县(胡举人)受他不得,打发他出来,"腰里缠着十数两银子,搭连里装着许多衣裳,预先剋落的腊肉、海参、燕窝、鱼翅、虾米之类,累累许多"。第八十五回中的狄希陈亦借口吏部所发文凭错了,听从骆校尉的建议,"留下吕祥跟了俺们回去,叫他换了凭再赶",不动声色地将其打发。

对奴仆,主人可发卖,奴仆亦可攒钱赎身。《醒世姻缘传》第五十五回中童奶奶家原来的全灶,"十八两银子寻的,使了八年,今年二十六岁了。人材儿也不丑,脚也不甚么大,生的也白净"。但一来年纪大了,二来童奶奶的丈夫经常与之挤眉弄眼,童奶奶"看拉不上",遂以八两银子卖屠子为妻。《醒世恒言》第三十七卷中的杜子春家有万贯,无奈散漫使财,弄得罄尽,不仅朋友不来趋奉,"就是奴仆,见家主弄到恁般地位,赎身的赎身,逃走的逃走,去得半个不留"。

其五,同样殴家长,雇工人、奴仆所受责罚不同。

明律规定:"若雇工人殴家长及家长之期亲,若外祖父者,杖一百,徒三年;伤者,杖一百,流三千里;折伤者,绞。"①《禅真逸史》第十回中的李秀将朝廷钦犯林澹然放走后,雇工人陈阿保出首得赏的希望落空,破口大骂。李秀出手相打,陈阿保不甘示弱,始则"一头撞将入来",继则"挥拳劈面打来",又"横跳八尺,竖跳一丈,只顾嚷叫"。李秀窝藏钦犯乃死罪,陈阿保殴家长不过"杖一百,徒三年",故陈阿保得肆无忌惮。李秀也深知其情,故缉捕公人来问时,虽道"雇工人打家主,该得何罪? 反把这没影的事刁我",其实"也有些心慌"。

"凡奴婢殴家长者,皆斩"。② 笔者尚未看到明代白话小说中奴婢殴主的例子,可参见《欢喜冤家》第十九回中"妄言"主人的安童木知日经商离家前,将妻子丁氏托付友人江仁照看,不想江仁乘机诱奸。后家中失盗,丁氏深责

---

① 《大明律》卷二〇《刑律三·斗殴·奴婢殴家长》,第164—165页。
② 《大明律》卷二〇《刑律三·斗殴·奴婢殴家长》,第164页。

奴仆安童。安童不服,逃至木知日处诉苦。木知日喝道:"大胆狂奴,无故发此狂言,以辱主母!……主母责汝,乃家法也。汝恨其责,故生事端,妄言害主。"盛怒而笞。安童辛苦遭责,又无盘缠随身,"倘是归家,必遭逃走之刑",情急之下,投水而死。背后"妄言"主人竟至走投无路,当面殴伤主人下场之可悲,可想而知。

其六,主人殴死雇工人、奴仆,所受的责罚也不同。

明律规定:"若家长及家长之期亲,若外祖父母,殴雇工人,……因而致死者,杖一百,徒三年。"①《二刻拍案惊奇》卷三一中的陈福生受雇于富人洪大寿,因口语不逊,被洪大寿痛打一顿。福生因恨而死,临终前交代妻子:"莫要听了人教唆,赖他人命,……只略与他说说,他怕人命缠累,必然周给后事,供养得你每终身,便是便益了。"陈福生是以缓主人应受之不重刑罚,为妻儿留长久之一线生机。洪大寿得知陈福生死了,果然心虚,厚加殡殓,又答应周济陈妻母子。陈福生的族人陈三见洪大寿富有,撺掇陈妻告状,为陈妻拒绝。陈三就"把私和人命首他一状,连尸亲也告在里头"。理刑官想要借此显示自己的风力,"怎当得将律例一查,家长殴死雇工人,只断得埋葬,问得徒赎,并无抵偿之条",只好作罢。

相比之下,家长殴死奴婢,受惩更轻:"若奴婢有罪,其家长及家长之期亲,若外祖父母,不告官司而殴杀者,杖一百。……当房人口,悉放从良。"②《型世言》第十三回中的富尔毅和张罗打死小厮以陷害二姚,"只是这小厮是家生子",其父富财知道,进来大哭。夏学道:"你这儿子病到这个田地,也是死数了,适才拿茶,倾了大爷一身,大爷恼了,打了两下,不期死了。家主打死义男,也没甚事。"富财辩解:"就是倾了茶,却也不就该打杀。"张罗道:"少不得寻个人偿命,事成时还你靠身文书罢。"富尔毅道:"他吃我的饭养大的,我打死也不碍。你若胡说,连你也打死了。"富财不敢做声,只好同妻子暗地里哭。小说所叙与律条基本相符。

其七,雇工人、奴仆所承受的道德评价标准也不同。

雇工人与主家的雇佣关系在特定期限内有效,超过期限则关系解除,互

---

① 《大明律》卷二〇《刑律三·斗殴·奴婢殴家长》,第165页。
② 《大明律》卷二〇《刑律三·斗殴·奴婢殴家长》,第165页。

不相干。故对雇工人，不作忠诚度的要求，只要求其在雇佣期内，尽职尽责，爱护主家财物，为主家提供合乎质量的服务。明代白话小说表现了尽职尽责者的好处。《东度记》第五十七回中的两口子因欠官粮，将孩子卖与张大户家为仆。张大户仆人偷了主银，却叫孩子冤其父母。二怪查出实情，将孩子送还。两口子惊疑道："二位恩人，不知我夫妇有何缘何德，受恩主莫大救拔之义？"二怪笑道："还是你二人平日有甚好心肠，今日遇着灾难冤枉，得善人来救了你。"两口子道："我们也只是雇在人家，出了一点忠心与人家做事。往常见佣工的躲懒的，误了主家之事，还有偷盗主家物件的，还有作践他家器物的，我想那人家与你饭食吃、工钱用，图你出力，你却坏了心肠，天岂肯佑？"二怪道："这便是你善行好心处了。"

《醒世姻缘传》第二十六回则批评了某些雇工人的不职行为："不是故意打死你的牛，就是使坏你的骡马，伤损你的农器，还要纠合了佃户合你着己的家人，几石家抵盗你的粮食。""到了地里，锄不成锄，割不成割。送饭来的迟些，大家便歇了手坐在地上。"这些行为，较前面提到的雇工人挑剔主家饭食、工粮要严重得多。《醒世姻缘传》第五十四回还塑造了尤厨子这一雇工人中的败类。尤厨子曾先后在胡举人、狄家做厨子，不论在哪一主家，他都烹饪不得法，糟蹋食材，偷米面换酒喝，留下时鲜自享。只要主人有意见，他就背后嚷骂。在胡举人家，胡奶奶"不许撒泼了东西，不许狼藉了米面，不许做坏了饭食"，他怨奶奶"琐碎"，说主人"改常"。到了狄家，"比在胡家更甚作恶，……睁了眼的抛米撒面，作的那孽罄竹难书"。后狄员外带其上京，陪儿子坐监，"没有老狄婆子跟前查考，通像心风了的一般，狠命撒泼"。童奶奶劝他，他"不惟不听，声声的在背后骂"。后为雷击死，身上一行朱字："欺主凌人，暴殄天物。"回前词《鹧鸪天》曰："尤厨恃恶无人问，霆击头颅顷刻中。"若不是"恃恶无人问"，不思悔改，不会有此下场。

对奴仆，则强调其对主人的忠诚，贫贱不移，生死不改："国家重良贱之条，名分严主仆之辨。盖平日既甘服役，受其衣食，便有休戚与同之义。若富时相事，贫贱弃之，生则相依，殁遂易主，向来抚养之谓何？""人家奴才，只该勤慎自守，感恩图报，如阿寄之辈，竟至名著史传。不该欺心肆志，平日乘家主声势，积趱私囊，一至衰时，便不以主人为意，甚而主亡子幼，辄谓无人制我，便肆鸥张，不知已犯了人公恶了。"（《清夜钟》第三回）《醒世恒言》第三十五卷中的阿寄"忠谨小心,朝起晏眠,勤于种作",小主人去世后,大主人、二主人霸下牛马,强将年已衰老的阿寄分给小主人一房。主母颜氏哀叹,阿寄自告奋勇,经商谋生,十年之间,栉风沐雨,"从不曾私吃一些好饮食,也不曾自私做一件好衣服。寸丝尺帛,必禀命颜氏,方才敢用",终于重振家业,替主人赎了房产,为少主捐了功名。死后,其房中"只有几件旧衣旧裳",不到二两的银子还是主母相助用剩的。后因忠诚得朝廷旌表。

明代白话小说还表现了奴仆背主受惩的情况。《清夜钟》第三回中的王幹利用主人的信任,侵吞其产业:讨来的债,"做了自己生放,不入帐上";最肥、价最高的田,"将来过付在自己户内,诡寄在亲戚名下"。主人去世后,他故意惹恼才十多岁的小主人,回乡居住。不久,自称"王衙老房",与一个同姓举人认了同宗,两个儿子先后做了监生、秀才,与监生、举人家结亲,遂成一镇土豪。而原来的小主人到十六七岁也成了秀才,只是家中萧瑟,几次派人叫王幹来把账目交代清楚,王幹都不予理睬。小主人告他"侵资匿产,抗主拒提,事关名分"。为了打赢官司,王幹不仅要儿子出面疏通官府,还拿出千两银子请张编修同意将田暂转其名下,"以后每年送白米二百石"。张编修表面上同意了王幹的请求,但提出将银子增至二千两,然后将小主人找来,将二千两银子及转至其名下的田地一并交还。张编修的一番话发人深省:"我们仕宦人家谁不畜人?岂不是个养虎贻患?这是我辈之所隐痛深恶!"王幹没奈何,转求小主人,小主人"只回得个原管账目产业俱经明白,仍旧不曾替他脱得个义男名目去"。王幹用了半世心,所图钱财产业,一旦都空,又伤了许多体面,不久悒郁而亡。儿子虽在学中,"只有指搠他的,没个与他交好的"。

明代白话小说从文书、地位、待遇、责罚等方面,全面细致、生动具体地揭示了雇工人与奴仆的区别,为我们了解其时的相关实况创造了机会。

# 四、合 伙

合伙,亦作合火,又称合本,指两人或两人以上合资生产、经营等事。明时,随着商业经济的发展,生产、经营规模的扩大,合伙已成为一种常见的经营方式。

在明代律典中,尚无调整这方面法律关系的条款,但在一些实用性著述中,已出现合伙契约样式。据《世事通考全书》:"立合约人某某等。窃见财从伴生,事在人为,是以两人商议,合本求财。当凭中见某,各出本银若干作本,同心竭力,营谋生意。所获利钱,每年面算明白,量分家用;仍留资本,以为渊源不竭之计。至于私己用度,各人自备,不许扯动此银,并乱账目。故特歃血定盟,各宜一团和气,苦乐均受,慎毋执拗争忿,不得积私肥己。如此议者,神人犯其殛。今恐无凭,立此合约,一样二纸,为后照用。"①明代白话小说以形象的故事对此作了反映。

关于合伙目的。本钱有限,则取利有限,小本经营者要想做大,只能与他人合伙,即如前契所言"财从伴生,事在人为"。《醒世姻缘传》第七十回中的童一品"是个打乌银的开山祖师"。起先,他取太监"老陈公的本钱,每月二分行利"。因不敢在老陈公身上使欺心,"利钱按季一交,本钱周年一算,如此有了好几年光景",老陈公信他是个好人,"爽利发出一千银子本来与童一品合了伙计"。至此,童一品的乌银铺"本大利长,生意越发兴旺"。小说还表现了某些人为达到不可告人的目的,以合伙取利为幌子,诱惑他人与己合作的情况。《欢喜冤家》第七回中的潘璘因家贫,"在门首卖些杂货"。富户陈彩欲图谋其妻,假意问道:"潘兄,你这般为人忠厚,怎不江湖上做些生意? 守此几件货物,怎讨得发迹?"潘璘说:"奈小弟时乖运蹇,也没有本钱,怎去做得。"陈彩表示愿意与其合伙生理,潘家极高兴:"若得这个人出本钱可图些趁钱。"合伙后,潘家果真由"一个穷人家,不上半年,便有六十两银子了"。《欢喜冤家》第九回中的王小山"原开着香烛纸马、油酱杂货一个小店儿"。因娶妻花费了不少银子,"乏本添生,以致店中有张没李,看看不像起来了"。妻子看不过,把些衣衫首饰与他添补,"不想日用之物高贵,又没甚大来头生意,不过一日卖了二三百文低钱,只好度日"。无奈之下,他想出以妻子为诱饵,钓"极风流有钞"的张二官与之合伙生理之策。不久,果真"趁了千金银子"。由上可见合伙取利对人们的巨大诱惑。

关于合伙数额。一般将双方的资金、货物合并在一起。《喻世明言》第二十八卷中的张胜(善聪)在父亲死后,"孤寡无依",只身在庐州行贩。见同乡

① 《世事通考全书·外卷·合约》,转引自蒲坚编著《中国古代法制丛钞》第四卷,光明日报出版社 2001 年版,第 373 页。

李英"少年诚实",与其合伙生理,"轮流一人往南京贩货,一人住在庐州发货讨帐;一来一去,不致担误了生理,甚为两便。……(张胜)于是收拾资本,都交付与李英。李英剩下的货物,和那账目,也交付与张胜"。此外,双方还可根据实际情况,各出资金或店面。《欢喜冤家》第九回中的王小山向张二官等提出:"(此间)缺少一个南货店。如今这几县人家要用,直到杭州官巷口郭果家里去买。此间开店,着实有生意的。"张二官同意,出了三百两银子。王小山因"这货物店中藏不得这许多",另外又出了"一间楼房"。如果一方没有资金、店面,得对方同意,还可以人身入股。《欢喜冤家》第七回中的陈彩属意"江湖上做些生意",但其身为富人,乐轻暖而厌霜雪,且有以利结交潘璘之心,故主动提出:"兄若肯,小弟出本,兄出身子,除本分利如何?"

关于合伙关系。合伙则合心,有利于生意的经营,如前契所言:"各宜一团和气,苦乐均受。"《喻世明言》第二十八卷中的张胜欲与李英合伙,先言:"足下若不弃,愿结为异姓兄弟,合伙生理,彼此有靠。"《欢喜冤家》第七回中的陈、潘达成合伙意向后,饮酒相庆,陈彩道:"如今和你合伙,便是嫡亲兄弟一般往来便好。"《欢喜冤家》第九回中的中人也叮嘱王、张二人:"自古伙计如夫妻,要和气为主,不可因小事便变脸了。"建立良好的合伙关系已成为时人的共识。

关于合伙原则。欲达成合伙的目的,需遵循"同心竭力,营谋生意,所获利钱,每年面算明白"的原则。李英与张胜合伙后,即"两边买卖,毫厘不欺"。如违背此一原则,则易导致合伙关系的破裂。《西湖二集》第十三卷中的赵小乙与蒋七老"相合伙计,同做生意"。一次,赵小乙"打了个偏手",蒋七老气忿不过,与之争论,赵小乙将蒋七老毒打一顿。蒋七老不甘示弱,跑到官府,出首赵小乙早年谋财害命密事。《醒世姻缘传》第七十回中的童一品、老陈公死后,乌银铺的合伙关系传至童一品之子童七与大掌家小陈公间。当初童一品"惟恐托人不效,只是自家动手",童七则因"生意盛行,撰钱容易",齐整穿戴,假装斯文,"俱是雇人打造,自己通不经眼"。结果"这雇的生人,他那管你的主顾",生意渐渐消乏。小陈官决心收起铺子,"差了名下的几个毛食,齐到铺中,教童七交本算账"。可见"同心"、"竭力"两个合伙原则,缺一不可。

长期的合伙经验,还积淀出一些行业惯习,以保证合伙结果的公正。《金瓶梅词话》第九十八回中的陈经济与谢胖子合伙后,就委付自己人陆秉义作主管,"都是谢胖子和主管陆秉义眼同经手,在柜上掌柜"。《醉醒石》第十三回:"(董文甫)在一个母舅靠绸绫牙行谭近桥身边。……这年,偶值福广生意迟,谭近桥合个伙计马小洲,叫他代些花素轻绸锦绸到南京生意,着董一官同行作眼。"

关于分配原则。前契言"所获利钱,每年面算明白,量分家用",明代白话小说的表现与此大同小异。《欢喜冤家》第七回中的陈彩在提出合伙建议时,已表示愿意"除本分利"。此后,陈彩出银一百两,潘璘去瓜州贩棉花而回,"拿出银子一兑,除起本银一百两,余下四十。陈彩取了二十两,那二十两送与潘璘"。第二次,陈彩又出银二百两,潘璘"遂买舟再往彼处。别了家下,竟去了。不两月,潘璘回了,将本利一算,两人又分四十两"。虽然有以利打动的目的,但也确实实践了当初的约定。《欢喜冤家》第九回中土小山的妻子在王、张分家时也提到:"趁了千金银子,在店内除起三百两本钱,把利对分,还有三百五十两,共六百五十两。分开了就行。"

关于见证合伙的中人。合伙契约亦需有中人见证。王小山言于张二官:"我诸色在行,正要寻个伙。二叔你与我做一个中,想你交游极广的,寻一个与我,断不有负。"这里王小山要张二官做中是假,钓其上钩合伙生理是真,但亦可见当时合伙经营关系的建立,是需要中人的。后张二官愿意与张小山合伙,也表示:"今日皇历上宜会亲友,可寻一位中人,立了文书。"小山道:"就是今日,你有相知,接一二位做证便了。"张二官遂同了母舅韩一杨,"乃是本县学中一个秀才。又扯了一个朋友姓朱,也是同学生员。叫家中一个老仆,捧了一个拜匣,走进店来"。

关于合伙契约。与买卖关系的形成需签订契约相同,合伙关系的确立也需以契约为证。张二官对此有明确的意识:"虽然如此,有心合伙,少也不像样。我有三百两银子,在家和你断定了,择日成了文书便是。"后由其母舅做中,订立契约:"韩一杨袖中摸出一张纸稿,教王小山看过了。上道'有利均分,不得欺心',无非都是常套的说法。小山取了笔,一一写完。大家看一遍,各各着了花押,把银子一封一封的看过,都是纹银,交与小山收起。"其中的"有利均分,不得欺心"、各人画押与前契所言相同。

明代白话小说还表现了导致合伙关系不稳定的其他因素。《金瓶梅词话》第九十八回中的陆秉义告陈经济:"杨光彦那厮拐了你货物,如今搭了个姓谢的做伙计,在临清马头上谢家大酒楼上,开了一座大酒店。"陈经济打着春梅后嫁丈夫周兵备的小舅子的旗号,写下状子,"拿爷(周兵备)个拜帖儿,……送与提刑所两位官府案下",将杨光彦下狱,"把谢家大酒楼夺过来,和谢胖子合伙"。至此,陈经济继续注入资本,"春梅又打点出五百两本钱,共凑了一千两之数,委付陆秉义做主管。从新把酒楼装修"。这种不稳定主要由外力造成,就当时的社会情况而言,也是不可避免的。

明代白话小说对其时合伙的目的、数额、关系、分配、契约等作了较为全面的反映,非常珍贵。

# 五、婚 姻 家 庭

"昏礼者,将合二姓之好,上以事宗庙,而下以继后世也,故君子重之"。①明代的婚姻家庭制度基本沿袭唐、宋之制,但内容上更加详密。

## (一) 婚姻形态

婚姻形态即婚姻类型。关于古代的婚姻形态,陈鹏分政治婚、门第婚、重婚与世婚、财婚、侈婚、冥婚、收继婚、续亲婚八种。② 顾鉴塘、顾鸣塘分掠夺婚、买卖婚、交换婚、聘娶婚、典妻婚、养媳婚六种。③ 其他学者的分类与此大同小异。明代白话小说、笔记对其时婚姻形态的描述,远较史书、律例、官箴书等的记载丰富、细致、生动。

### 1. 指腹婚

指腹婚指双方尚在胎中,即由父母约定,生后如为一男一女,则成立婚姻。明律禁止指腹婚,《大明令》:"凡男女婚姻,各有其时。 或有指腹、割衫襟为亲者,并行禁止。"④律法虽明令禁止,民间却不以为忤,反相沿成俗。《二刻拍案惊奇》卷三〇中的易万户与朱工部,"两家夫人各有妊孕。万户与工部偶

---

① 《礼记正义》卷六一《昏义》,李学勤主编:《十三经注疏》,第 1618 页。
② 陈鹏:《中国婚姻史稿》,中华书局 2005 年版,第 30—182 页。
③ 顾鉴塘、顾鸣塘:《中国历代婚姻与家庭》,商务印书馆 1996 年版,第 29—35、109—113 页。
④ 《大明令·户令》,第 244 页。

在朋友家里同席，一时说起，就两下指腹为婚。依俗礼各割衫襟，彼此互藏，写下合同文字为定"。《贪欣误》第四回中的王明、杜诗，"他两家娘子，都身怀六甲。两个秀士在馆中说道：'我两人极称相知，若结了姻眷更妙。'当时便一言相订道：'除是两男两女，此事便不谐。'"

指腹婚成立的原因，一是双方家长为同乡或住地甚近，有着地缘上的先决条件；二是交往频繁，感情深厚。如易万户、朱工部是同乡，同在陕西西安府为官，"相与得最好"；王明、杜诗也"都是饱学，自幼同窗念书，颇称莫逆。其年同在法音庵中读书"。在这种情况下，一旦双方妻子同时妊娠，地缘、感情加上添丁进口的喜悦以及对世代交好的祈望，必然导致指腹婚的订立。

### 2. 童养婚

童养婚指有儿子的家庭领养幼女，待其长成后以之为儿媳。明律并不禁止童养婚，童养媳享有与聘娶媳同样的权利。《土官底簿》："故保勘适仲，系适璧童养媳妇，应袭姑职。"①《清夜钟》第二回中的湖州府乌镇女童纽三娜年仅七岁，在其母死后，其父经"媒人讲说"，送之与胡文家为媳妇。同乡顾小大也年仅七岁，因父母"时症双亡"，兄长"与人佣工"，也到胡家做童养媳。

关于童养婚成立的原因，梁治平认为："这种习俗或因为男家无力聘娶而价买他姓幼女抚养作媳，或因为女家幼女抚养维艰，订婚之日即送至男家，总归是'贫穷与财婚相结合之结果'。"②对此，明代白话小说所提供的材料有所不同。首先，"价买他姓幼女抚养作媳"之男家，并非都是"无力聘娶"者。前面提到的纽三娜的公公胡文，是有一技在身的石匠，"专一在嘉湖乡宦大户家，发卖石板、条石，砌墙筑岸，兼造牌坊、桥梁，甚有生意"。《型世言》第六回中娶唐贵梅做童养媳的朱寡妇，是"开歇客店的"，经济状况也比较好。其次，女家也并非仅仅由于"抚养维艰"而送女儿与人做童养媳。如《清夜钟》第二回的总结："江南风俗，有一种叫'养亲'：这女子少年，或无父无母无人照管，或家中贫乏无以养活，得人小小财礼，送与他家作媳妇。"可见，还有"无人照管"方面的原因。而《型世言》第六回中的唐父之所以将女儿唐贵梅送人做童养媳，则是因为"（其母亲病死）今日留他家中，在家孤栖。若在邻家来去，恐

① （明）不著撰者：《土官底簿》卷上《云南·霑益州知州》，《景印文渊阁四库全书·史部十二·职官类一》第 599 册，台湾商务印书馆 1986 年版，第 352 页。
② 梁治平：《清代习惯法：社会与国家》，中国政法大学出版社 1996 年版，第 68 页。

没有好样学，也不成体面。若我在家，须处不得馆。……若没了馆，不惟一身没人供给，没了这几两束修，连女儿也将甚养他？只除将来与人。我斯文之家，决无与人作婢妾之理。送与人作女儿，谁肯赔饭养他，后来又赔嫁送？只好送与人做媳妇罢"。可见，还有"在家孤恓"、"恐没有好样学，也不成体面"等方面的担心。

### 3. 择婿婚

择婿婚指由女家出面选择女婿。《客座赘语》中的吴尚书对常过其家门口、"赴塾师"的卫军之子周约庵十分满意，"目而器之，因许妻以女"。[1]《醒世恒言》第七卷中的高赞见女儿美貌聪明，不肯将他配个平等之人，"定要拣个读书君子，才貌兼全的配他，聘礼厚薄到也不论"。

与其他婚姻形态相比，择婿婚注重男方的才能、相貌等，不甚看重钱财，似乎比较顾及女子本人的感受，但事实上，才能、相貌等不过是具体的选择指标，其最终指向乃是对方的前途，仍与钱财有关。《国色天香》卷七《天缘奇遇（上）》中的龚老选中祁羽狄做女婿，是因为其"目秀眉清，天庭高耸，必享大贵"。《国色天香》卷九《金兰四友传》中的陈茂春产生"若得此子为婿，良愿足矣"的想法，源于李峤"有绝世之姿，夺标之志，异日变化，与吾职可并也"。

还有一种与择婿婚接近的习惯——裔婿婚。裔婿婚是择取科举中第者为婿，其成立更为明确地反映了女家对男方前途的注重。裔婿婚容易造成裙带关系，从而成为某些人为非作歹的靠山，因此颇为士大夫所不齿。《敝帚轩剩语》："榜下裔婿，古已有之。……至国朝则少见。如程篁墩学士之婿于李文达，则未第时事，而识者犹议之。嘉靖中，翰林编修赵祖鹏者，号太冲，浙之东阳人，居京师，有女嫁缇帅陆武惠（炳）为继室，倚陆声势张甚，富贵擅一时，然为士林所不齿。"[2]但这一习惯在民间却甚为通行。《醒世恒言》第二十卷中的张廷秀"有了科举，三场已毕，名标榜上。……多少富室豪门，情愿送千金礼物聘他为婿"。甚至连皇家亦未能免俗。《南海观世音菩萨出身修行传》卷一《朝中招选女婿》："只见数个彩女忙入园中，说：'圣上有旨：今日朝中大设筵宴，将大公主、二公主招赘新科文武状元为婿。速入更衣，勿得有违。'"可

---

① （明）顾起元：《客座赘语》卷七《吴公择婿》，中华书局 1987 年版，第 215 页。

② （明）沈德符：《敝帚轩剩语》卷中《裔婿》，《四库全书存目丛书·子部·小说家类》第 248 册，齐鲁书社 1995 年版，第 503 页。

见其深厚的社会基础。

### 4. 继娶婚

继娶婚指姊妹同嫁一夫,"古人娶妻,多以姊妹为媵。……或先娶死,而续其妹者"。①《涌幢小品》中的任氏嫁濮阳李先芳时,"即以妹助篚焉,号曰仲任、季任"。明代白话小说对此有所反映。《型世言》第一回中的纪指挥奉旨要将铁大小姐配与高秀才,铁大小姐道:"骨肉飘零,止存二人,若我出嫁,妹妹何依?细思之有未妥耳。不如妹妹与我同适此人,庶日后始终得同。"纪指挥道:"当日娥皇、女英曾嫁一个大舜,甚妙!甚妙!"后继娶婚也指姊死后,妹继姊出嫁。据《金陵琐事》:"仁孝皇后崩,长陵(成祖)谕谢夫人(仁孝皇后母):'朕欲得夫人季女继中宫。'"②《拍案惊奇》卷二三中的王氏死后,其妹继嫁其夫李行脩,"其他姊姊亡故,不忍断亲,续上小姨,乃是世间常事"。

继娶婚的成立,一是因为男方与妻子情深爱笃,及于其家族,在妻子尚在而不妒,或妻子去世而中馈乏人的情况下,希望与其姐妹再续姻缘;二是因为女方家族对男方非常满意,出于巩固或延续姻亲关系的目的,情愿以其他女儿继嫁,以造成"亲上加亲"的事实。《国色天香》卷五《双卿笔记》中的华国文与妻子"伉俪之后,溺于私爱"。后华国文看上了妻妹,其妻不但不妒,还从中斡旋,说服双方父母。岳父因"重生才德",最终同意其续娶。《拍案惊奇》卷二三中的李行脩对妻子"敬之如宾"。妻子因病去世后,岳父王公"不忍断了行脩情谊,回书还答,便有把幼女续婚之意",李行脩予以回绝。又过了两三年,王公"思念亡女,要与行脩续亲,屡次着人来说",李行脩得妻子托梦,"遂续王氏之婚"。

明律不禁止继娶婚,但有人对此抱有微词。《双卿笔记》中的华国文欲娶妻妹顺卿为妾,顺卿道:"纵家姊能从,姊妹岂可同事一人乎?且二氏父母,将何辞以达之也?"这主要是因为姊妹共事一夫,妹必降而为妾,对世家大族来说有失身份,有悖礼教。后正卿求父亲将妹子嫁与丈夫,其父拒绝道:"吾家岂有作妾之女!"即出于此种考虑。

---

① (明)朱国祯:《涌幢小品》卷二一《姊妹继娶》,《续修四库全书·子部·杂家类》第1173册,上海古籍出版社2001年版,第265页。

② (明)周晖:《金陵琐事》卷一《更择何等婿》,文学古籍刊行社1955年版,第113—114页。

### 5.赘婿婚

赘婿婚指男子就婚、定居于女家。明律允许赘婿婚成立,但士大夫对此却评价很低。《绎志》:"则知赘婿之风,……以女待男,非所以养廉耻;先配后祖,非广嗣继宗之义;妇已归矣,而非其家,是无归也。三义皆失焉。"①明代白话小说也对赘婿作了讽刺。《醒世恒言》第二十卷中的王员外因赵昂是故人之子,就赘入为婿,又与他纳粟入监,指望读书成器。赵昂"见王员外没有子嗣,以为自己是个赘婿,这家私恰像木榜刻定是他承受,家业再无人统核的了"。《醒世恒言》第二十卷:"有《赘婿诗》道的好:人家赘婿一何痴!异种如何绍本枝?二老未曾沾孝养,一心只想夺家私。愁深只为防甥舅,积恨兼之妒小姨。半子虚名空受气,不如安命没孩儿。"

从小说可见,如家境较好或为独养儿子,一般不入赘。《型世言》第三十八回中的柳长茂道:"外甥,这事做不来。你是独养儿子,他是独养女儿。你爹要靠你,决不肯放你入赘;他要靠他,如何肯远嫁?"《石点头》第三卷中的段子木"要赘他为婿。央白秀才做媒,……白秀才将段子木之意,达知张氏。张氏道:'家寒贫薄,何敢仰攀高门。既不弃嫌,有何不美。但只有此子,入赘却是不能。若肯出嫁,无不从命。'"

男方不愿入赘还有对女方人品、性格方面的担心。《禅真后史》第九回中的瞿天民道:"我不因财帛势利教妈妈另选。但是我学生止有两个豚犬,薄薄有一分家业,若贪图财产使二郎入赘聂家,觑他眉头眼目,非我之愿也。况聂宅平素吝涩,女儿们看熟了样子,惟恐器度浅窄,但知量柴头、数米粒,论小不论大,耐进不耐出,镇日价琐琐碎碎的熬煎着丈夫,被人看轻了,又非我之愿也。还有一着要紧的话:凡是人家独养女子,自幼爹妈娇养,惜如金宝,纵坏了性子,撒娇撒痴的贪着快活,日高三丈兀自高卧不起,鲜衣美食的受用犹为未足,公姑丈夫处稍有言语,轻则哭哭啼啼,重则悬梁服卤,纵有厚重妆奁,不够一讼之费,实非我之愿也。因此,这门亲事不必讲他。"《醒世恒言》第十七卷:"张仁是个独子,本不舍得赘出。因过善央媒再三来说,又闻其女甚贤,故此允了。"

---

① （清）胡承诺:《绎志》卷一三《夫妇篇第四十九》,《续修四库全书·子部·儒家类》第 945 册,第 178 页。

　　明律禁止独子出赘："止有一子者，不许出赘。"①但在民间习惯中，却不乏独子入赘女家的情况。《寓圃杂记》中的都文信幼年丧父，母唐氏守节不嫁，"保育甚艰辛，卒底成立"。乡人徐佑之"爱其贤，遂赘为婿"。②《醉醒石》第十四回中的苏秀才为宦门之后，祖父是孝廉通判，父亲是秀才。莫财主要招赘其为婿，苏秀才"嫌他是俗流"而拒绝。后"莫家再三要与他，媒人苦苦撮合成了"。

　　赘婿婚存在的原因，陈鹏认为是"家贫子壮，无力娶妇，可入赘而得妻；有女无男，可招婿以承宗，且资以养老"。③ 这颇有道理。《皇明开运英武传》卷一之六："岁复旱荒，家计日促。长嫂孟氏与侄朱文正，还长虹县依居母家。二兄、三兄皆出赘于人。"《石点头》第三卷中的段子木之所以愿招赘王原，是因为"段子木家虽小康，人便伶俐，却不会做人，挣不出个芽儿，止有一女"。但从明代白话小说可见，也有儿女双全之家，出于对女儿的怜爱，情愿为之赘婿。《醒世恒言》第二十七卷中的锦衣卫千户李雄有三女一男，因长女玉英"有如此美才，后日不舍得嫁他出去，访一个有才学的秀士入赘家来"。《拍案惊奇》卷八中的欧阳某某，"儿年十六岁，未婚。那女儿二十岁了，虽是小户人家，到也生得有些姿色，就赘本村陈大郎为婿"。

　　从明代白话小说可见，赘婿婚的成立，还有着才能、相貌、家世等方面的考虑。《杨家将演义》卷一《太宗驾幸昊天寺》中的萧太后之所以"意欲将琼娥公主招赘此人（杨延朗）"，乃因"其慷慨激烈，神采超群，心甚爱之"。《醉醒石》第三回中的冯老因"汤小春人物齐整，日后料不落魄，一心要把女儿招赘他"。《警世通言》第二十二卷中的刘妪以为"宋小官是宦家之后，况系故人之子。当初他老子存时，也曾有人议过亲来，……今日虽然落薄，看他一表人才，又会写，又会算，招得这般女婿，须不辱了门面"。

　　小说还表现了因女方对赘婿所提条件过高，耽搁时日，造成女子难嫁的情况。《醒世恒言》第二十八卷中的贺司户夫妇"因（秀娥）是独养女儿，钟爱胜如珍宝。要赘个快婿，难乎其配，尚未许人"。《拍案惊奇》卷二四中的仇氏夫妻"只因夜珠是这大姓的爱女，又且生得美貌伶俐，夫妻两个做了一个大指

---

① 《大明令・户令》，第241页。
② （明）王锜：《寓圃杂记》卷七《都文信代死》，第58页。
③ 陈鹏：《中国婚姻史稿》，第746页。

望，……所以高不凑，低不就。那些做媒的，见这两个老人家难理会，也有好些不耐烦，所以亲事越迟了。却把仇家女子美貌、择婿难为人事之名，远近都传播开来"。故此，有些急嫁女子与人私通，做出了丑事。《二刻拍案惊奇》卷一一中的焦大郎因女儿文姬美丽聪慧，"不肯轻许人家，要在本处寻个衣冠子弟，读书君子，赘在家里，照管暮年"。但因他出身市井，"一时没有高门大族来求他的；以下富室痴儿，他又不肯。高不凑，低不就，所以蹉跎过了"。不想文姬"年已长大，风情之事，尽知相慕"，见父亲收留的满生一表不凡，"便也有一二分动心了"。乘父亲未加提防，"各自有心，竟自勾搭上了"。《喻世明言》第四卷中的陈太尉自认："我位至大臣，家私万贯，止生得这个女儿，况有才貌，若不寻个名目相称的对头，枉居朝中大臣之位。"其开出的赘婿条件是："一要当朝将相之子，二要才貌相当，三要名登黄甲。有此三者，立赘为婿；如少一件，枉自劳力。"结果蹉跎下去，其女急嫁，元宵节与善吹箫的阮三结识，互通款曲。

　　入赘的情形不仅限于有女不嫁者，还见于孀妇不愿再醮者。《欢喜冤家》第七回中潘玉的父母因"儿子又死，自身又老，孙子又小，不能抚养，欲以媳妇招一丈夫赘家，料理家务"。此种入赘还叫坐产招夫、倒插（踏）门。《七曜平妖全传》第二回："唬得各处寡妇不要人家一文礼钱，也有坐产招夫的。"《昭阳趣史》第一卷："（寡妇）上无父母公婆，……他是要坐产招夫的。"此类赘婿又称晚夫。《二刻拍案惊奇》卷三五："（寡妇马氏）先与奸夫蔡凤鸣私通，后来索性赘他入室，作做晚夫。"入赘者对妇之前夫的家产或有权掌管，或无权染指。如蒋竹山被李瓶儿招赘后，并未得到掌管花子虚家产的权力，只是"妇人凑了三百两银子，与竹山打开门面两间开店"。《醒世姻缘传》第九十四回："老寡妇要替媳妇招赘一个丈夫，权当自己儿子，掌管家财，承受产业。"

　　如赘婿本家无子，可以归宗。《醒世恒言》第十七卷中的过善临终时将产业尽付女儿、赘婿。女婿张孝基知妻子曾有兄长，因挥霍家产为父赶逐在外，故道："以小婿愚见，当差人四面访觅大舅回来，将家业付之，以全父子之情。小婿夫妻自当归宗。"《廉明公案》下卷《继立类·龚侯判义子生心》中的曾祥在儿子死后，以儿媳招赘孙育，欲留其养己。后孙育欲归养其母，曾祥不准而告官。龚侯断："祥安得以无子之媳，而羁系有母之子哉！"

### 6.冲喜婚

冲喜婚指在人病重时,用办喜事来驱除所谓的鬼祟。《古今谭概》:"民信俗有'冲喜'之说,遣媒议娶。"①如《八段锦》第五段:"他(邬大姐)前夫病体沉重,必定要她过门冲喜。"《醒世恒言》第八卷:"刘妈妈揭起帐子,叫道:'我的儿,今日娶你媳妇来家冲喜,你须挣扎精神则个。'"

从《醒世恒言》第八卷可见,那些本有婚约在先、因男方有病而提前迎娶的冲喜婚,其成立不仅是为了促使男方病体康复,同时还有着经济方面的考虑。因为古时,从订亲到成婚,男家要花费不少钱财。一旦婚礼尚未举行,男方即去世,则先前所付的财礼不被退回,男家所受的损失将很大。用《乔太守乱点鸳鸯谱》中刘妈妈的话来说,就是:"那原聘还了一半,也算是他们忠厚了。却不是人财两失!"因此,举行冲喜婚,一方面能为病人争取一线康复生机,"若孩儿病好,另择日成亲";另一方面还能稍稍挽回家庭经济上的损失,"倘然不起,媳妇转嫁时,我家原聘并各项使费,少不得班足了,放他出门,却不是个万全之策"。

### 7.居丧婚

居丧婚指居父、母或夫丧而婚娶。此婚于礼有碍,故为明律所禁止:"凡居父母及夫丧,而身自嫁娶者,杖一百。若男子居丧娶妾,妻、女嫁人为妾者,各减二等。"②但民间习惯中却有故意于丧中迎娶者,叫作"乘凶完配"。《型世言》第十五回中的四川保宁府合溪县人沈刚,其父一去世,掌管家事的家人沈实"恐沈刚有丧,后边不便成亲",便着人去沈刚岳父樊举人家,请求丧中成亲。《喻世明言》第一卷中的湖广襄阳府枣阳县人蒋兴哥,其父去世仅"七七四十九日",就有亲戚撺掇其岳父王公:"如今令爱也长成了,何不乘凶完配,教他夫妇作伴,也好过日子。"

考其原因,不外有二。一是男方在父母去世后,家中人口稀少,需人相伴左右,料理家务。如蒋兴哥亲戚的请求为王公拒绝后,亲戚们不死心,又去撺掇蒋兴哥。蒋兴哥最后决定央媒人去岳父家说情,即缘于"自想孤身无伴"。二是女方家族或经济较差,或在婚礼方面不愿多费钱财,趁机草率成礼可节

---

① 《冯梦龙全集》六《古今谭概》第三十六《杂志部·嫁娶奇合》,江苏古籍出版社1993年版,第760页。
② 《大明律》卷六《户律三·婚姻·居丧嫁娶》,第61页。

省一笔开支。如沈刚的岳父樊举人之所以同意嫁女,就是因为可节省一笔嫁妆,"趁势也便送一个光身人过来"。

还有一种与居丧婚接近的习惯——荒亲婚。所谓荒亲婚,"盖以父母死不得成亲,而于垂死之日,即讲亲迎之礼,有至亲没而禁家人举哀以为之者"。荒亲婚的成立,也有着经济方面的原因,即"多为惜财之小而忘大义"。荒亲婚虽行于杭州,并"四方皆同",但为礼教捍卫者所抨击:"夫父母之死,人子不欲生之时也,而且停哀忍痛,以讲此欢乐之事,此岂有人心者哉!作俑者不特肆诸市朝矣。"①

### 8. 典卖婚

典卖婚是将已婚妇女典押或出卖给他人。明律禁止典卖已婚妇女:"凡将妻妾受财典雇与人为妻妾者,杖八十。……若将妻妾妄作姊妹嫁人者,杖一百,妻妾杖八十。"②但在民间,此风却屡禁不止。《醉醒石》第十三回中的浙西某夫"暗里得厚钱,将妻卖与水户"。

这一婚姻成立的主要原因是夫家经济困窘。如浙西某夫之所以卖妻,是因为其年"水旱变至,其夫不能自活"。其次,则因丈夫长时间不在家。《欢喜冤家》第八回:"我那营中,常有出汛的、出征的,竟有把妻子典与人用。或半年,或一载,或几月,凭你几时。还有出外去对敌,不过那话儿了,白白得他的妻子尽多。"此外,还与丈夫的薄情有关。《国色天香》卷七《客夜琼谈·卖妻果报录》中的张鉴"不事生业,日惟买笑缠头,纵情趋藥,家计为之一空"。其妻纺绩自给,略无怨意,张鉴反生薄幸,"谋诸牙婆,贾妻于江南人,得重价焉"。

典卖婚是对已婚妇女个人权利的极大剥夺,但有些妇女权衡利弊后,却主动配合典卖婚的达成。《欢喜冤家》第三回中的王文甫被诬下狱,其妻李月仙为维持生计,将婢女卖与他人,不想所得银两又被盗。夫妻俩眼看死路一条,李禁头出主意道:"将娘子转了一人,得些聘金。""竟将此银交与我收。每月生利一两二钱。每日供养不缺,本钱不动分毫。靠天地若有个出头之日,那时再将本钱一一奉还,赎令正团圆,岂不是个美计。"李月仙权衡再三,最终

---

① 以上见(明)郎瑛《七修类稿》卷一六《义理类·荒亲》,上海书店出版社 2009 年版,第 183 页。

② 《大明律》卷六《户律三·婚姻·典雇妻女》,第 60 页。

同意另嫁他人。

有时表面典妻，实则卖而为妓。《东度记》第二十一回："比如人家有好妇人女子，或是有丈夫的贫窘，养持妻子不能，央浼伐柯，卖与外方客人，明说为妻作妾；或是女子父母欠了官钱，少了私债，也图几两银子，卖与远乡人氏，明说做妾为妻。买将过来，带到别地，卖与娼家，买一贩三，利钱颇多。那明说的意思，却是买过来，一日未转贩，权且一日做夫妻。这却是便宜几倍。"此时，妇女的命运更为凄惨。

### 9. 拉郎配婚

拉郎配婚指女家强将女儿配与本无婚约的男方。拉郎配婚的成立，可以说是统治者一手造成的。明时，"后妃多出民间"，[①]时常有点秀女、"选妃江南"之事发生。[②] 大多数父母不愿女儿一入深宫，从此无由相见，故而往往赶在点秀女、选妃前，急将尚未受聘的女儿嫁出。

明代白话小说对此多有表现。《七曜平妖全传》第二回："天启元年，先是群臣启奏太后娘娘议行大婚礼仪，钦天监奏称太阴星后三宫娘娘所临之地。……懿旨：会同抚按司道、文武官员晓谕各村镇乡庄，挨门逐户张挂告示，不拘文武官员、士庶人家，凡有仪容端庄女子，父母双全，年仅十五岁以上、十六岁以下者，报名听选，不许容隐。邻佑不举通同者，究治。南京、北京二处，俱是如此而行。百姓人家，在城在乡，一闻此信，……一齐婚配。"《拍案惊奇》卷一〇："嘉靖爷爷就藩邸召入登基，年方一十五岁，妙选良家子女，充实掖庭。那浙江纷纷的讹传道：'朝廷要到浙江各处点绣女。'那些愚民，一个个信了，一时间嫁女儿的，讨媳妇的，慌慌张张，不成礼体。"《一片情》第十二回："弘光南都御极，钦天监看出太阴星照在浙江，奉旨来杭遴选淑女三人。此风一播，慌得那有女儿的人家，已定的，竟送到夫家，……如未定的，……只要有人受纳就罢了。"

由于只图即刻成婚，"无问大小、长幼、美恶、贫富"，甚至"不问良贱"，因此男女之配，荒唐仓促，如同儿戏。有一受雇于富家的锡工，"睡梦中茫然无知，及起，搓摩两眼，则堂前灯烛辉煌，主翁之女已艳妆待聘矣"；有约婿成亲，

① （明）于慎行：《谷山笔麈》卷一《制典上》，中华书局 1984 年版，第 5 页。
② （明）朱国祯：《涌幢小品》卷一《宫妃》，《续修四库全书·子部·杂家类》第 1172 册，第 589 页。

及送女往,"则又一家送女先入门",争持不下,"三人同拜,遂得二妻焉"。①
明代白话小说对此亦有反映。《拍案惊奇》卷一〇:"十三四的男儿,讨着二
十四五的女子;十二三的女子,嫁着三四十的男儿。粗蠢黑的面孔,还恐怕
认做了绝世芳姿;……当时无名子有一首诗说得有趣:一封丹诏未为真,三
杯淡酒便成亲。夜来明月楼头望,唯有嫦娥不嫁人。"《七曜平妖全传》第二
回:"也不管门户高低了,也不论贫富不等了,也不论礼钱妆奁了。……那
里得相女配夫,那敢做三朝满月。民间谣歌曰:'天启年间女儿丑,不要礼
钱揽着走。'"

还有几种婚姻形态,亦为明律所禁止,明代白话小说反映较少,明代笔记
多有表现。因有助于了解明代婚姻形态,一并录于此。

### 10. 冥婚

冥婚指"生前非夫妇,死后移棺合葬,行婚嫁之礼也"。② 明律不禁止,故
冥婚在很多地方大行其道。《升庵集》:"'嫁殇,嫁死人'。则此俗古已有之,
今民间犹有行焉而无禁也。"③《菽园杂记》:"山西石州风俗,凡男子未娶而死,
其父母俟乡人有女死,必求以配之。议婚定礼纳币,率如生者,葬日亦复宴会
亲戚。女死,父母欲为赘婿,礼亦如之。"④冥婚成立的主要原因,是死者父母
"常以(子或女)未结姻缘为憾",⑤千方百计寻求条件相若的死者,为他们合
葬,行婚娶之礼。

还有一种与冥婚接近的习惯,即女订婚未嫁而死,婿在棺前为之行夫妻
礼。《醉醒石》第四回中的衢州府开化县程翁,将女儿程菊英许与同里张秀才
之子张国珍。青阳徐大户之子徐登第看上了程菊英,着人前来说亲。程翁不
肯,徐家遂诬告程家赖婚私聘。县令受贿判徐家胜诉,程翁被气死。程菊英不
违父命,缢死于徐家的迎亲轿中。张国珍"感他义气",送殓时,"也伏棺痛哭,如
丧妻一般,服了齐衰,在材前行夫妻礼。择日举殡,把棺材抬上张家祖坟"。

---

① 以上见(明)徐复祚《花当阁丛谈》卷五《选宫女》,《续修四库全书·子部·杂家类》第1175
册,第83页。
② 陈鹏:《中国婚姻史稿》,第155页。
③ (明)杨慎:《升庵集》卷七二《嫁殇》,《景印文渊阁四库全书·集部六·别集类五》第1270
册,第713页。
④ (明)陆容:《菽园杂记》卷五,中华书局1985年版,第62页。
⑤ (清)百一居士:《壶天录》卷下,《续修四库全书·子部·小说家类》第1271册,第218页。

### 11. 收继婚

收继婚指父死后,儿娶其继母,或兄长死后,弟娶其嫂。明律禁止收继婚:"若收父祖妾及伯叔母者,各斩。若兄亡收嫂,弟亡收弟妇者,各绞。妾各减二等。"①但在民间,收继婚却始终存在。《南中纪闻》:"湖北郡邑,大都渐染苗习。……其弟配孀嫂,兄收弟媳,亦视为常事。"②《炎徼纪闻》:"罗罗,本卢鹿,而讹为今称。……父死收其后母,兄弟死则妻其妻。"③

还有一种与收继婚接近的习惯——共妻婚,即兄弟或父子共娶一妻。《七修类稿》:"旧闻温州乐清近海丐户,多有弟兄合取一妻,以其易于养赡也。弘治间,为上司治以大罪而绝。近闻湖广边方,多有子方十余岁,即为娶年长之妻,其父先与妇合,生子则以为孙也。故每每父年二十时,有子已十余岁矣。"④有人认为,这一习惯与收继婚一样,都袭自元代风俗:"予意此皆山海岛夷之俗,由胡元以来未变也。"⑤

### 12. 出家婚

出家婚指身为和尚却有婚姻。明律禁止僧道娶妻:"凡僧道娶妻妾者,杖八十,还俗。"⑥但也有例外。《五杂俎》:"天下僧惟凤阳一郡,饮酒、食肉、娶妻,无别于凡民而无差役之累。相传太祖汤沐地,以此优恤之也。至吾闽之邵武、汀州,僧道则公然蓄发,长育妻子矣。"⑦究其原因,与朱元璋对其收取赋税的私邑法外开恩、别加优渥有关。

明代白话小说共涉及九种婚姻形态,对其时具有代表性的婚姻形态基本都予以真实、全面的描述。小说还揭示了九种婚姻形态的成立原因及社会评价,其中相当一部分内容可补正史、律例、官箴书之阙。

## (二) 妇女再嫁

有学者认为,妇女再嫁可分为寡妇再嫁、因丈夫久出不归改嫁、被丈夫或

---

① 《大明律》卷六《户律三·婚姻·娶亲属妻妾》,第 62 页。
② (明)包汝楫:《南中纪闻》,《丛书集成新编·史地类》第 94 册,台湾新文丰出版公司 1985 年版,第 49 页。
③ (明)田汝成:《炎徼纪闻》卷四,《丛书集成新编·史地类》第 120 册,第 190 页。
④ (明)郎瑛:《七修类稿》卷一五《义理类·恶俗》,第 176 页。
⑤ (明)郎瑛:《七修类稿》卷一五《义理类·恶俗》,第 176 页。
⑥ 《大明律》卷六《户律三·婚姻·僧道娶妻》,第 64 页。
⑦ (明)谢肇淛:《五杂俎》卷八《人部四》,上海书店出版社 2001 年版,第 162 页。

他人典卖三种情况。① 因"被丈夫或他人典卖"中，妇女完全处于被动地位，对个人命运无从把握，与前两种情况有所不同，故这里不予涉及。

明律鼓励妇女守节，规定寡妇有权不嫁："其夫丧服满，愿守志，非女之祖父母、父母，而强嫁之者，杖八十；期亲强嫁者，减二等。"②而且，"凡民间寡妇，三十以前夫亡守志者，五十以后不改节者，旌表门闾，除免本家差役"。③ 同时，明律也不禁止妇女再嫁，但附加两个限制性条件。一，需"夫丧服满"，"凡居父母及夫丧，而身自嫁娶者，杖一百"；④二，需放弃对夫产及妆奁的所有权，"改嫁者，夫家财产及原有妆奁，并听前夫之家为主"。⑤ 律法的规定虽然明确，但显然失于粗犷，如关于寡妇再嫁的主婚权问题，就未予涉及。事实上，"与初婚由父母包办不同，妇女再婚则受制于多种因素，亲属关系网络的扩大增加了染指妇女再婚活动的社会范围"。⑥ 明代白话小说可以解惑这一问题。

在小说中，妇女再嫁的主婚权在夫之父母。《石点头》第二卷中的卢梦仙会试下第，无颜归乡，觅地攻读。恰有一同名举人在监历事身死，被误为此卢梦仙，消息传来，卢梦仙父母及妻子李妙惠悲痛不已。后扬州水灾旱蝗疫疠频仍，卢家"家私弄完"，公婆商议："儿子虽则举人，死人庇护活人不得。媳妇年纪尚小，又无所出，守寡在此，终须不了。……不如把他转嫁，在我得些财礼，又省了一个吃死饭的。"李妙惠不愿再嫁，自缢以明志，公婆遂请与李妙惠"如嫡亲母子一般"的方姨娘前来劝说。方姨娘亦认为："主婚改嫁，在亲家自是不差。"可见，妇女再嫁的主婚权在夫之父母。《醒世恒言》第十七卷中的富翁过善因儿子过迁迷恋花酒，荡费家业，一怒之下，将其赶逐出门。临终前，过善将家产尽付女儿、女婿，递二纸与儿媳之父方长者："逆子不肖，致令爱失其所天，老汉心实不安。但耽误在此，终为不了。老汉已写一执照于此，付与令爱。老汉亡后，烦亲家引回，别选良配。万一逆子回来有言，执此赴官诉理。外有田百亩，以偿逆子所费妆奁。"再次证明了上述观点。

虽然夫之父母操纵再嫁的主婚权，但仍不得不考虑妇女及其父母的意

---

① 吴欣：《清代民事诉讼与社会秩序》，中华书局 2007 年版，第 145 页。
② 《大明律》卷六《户律三·婚姻·居丧嫁娶》，第 61 页。
③ 《大明令·户令》，第 242 页。
④ 《大明律》卷六《户律三·婚姻·居丧嫁娶》，第 61 页。
⑤ 《大明令·户令》，第 241 页。
⑥ 王跃生：《清代中期妇女再婚的个案分析》，《中国社会经济史研究》1999 年第 1 期。

见。李妙惠因无法改变公公将己再嫁的主意，自缢求死。婆婆将其救下后，埋怨道："事体虽则公公不是，肯不肯还在于你，怎就这般短见？"可见，婆婆还是肯定李妙惠的守节权的。但经此一事，公婆既担心"李亲家虽在凤阳处馆，少不得要把个信儿与他。倘或回来，翻转面皮，道是逼勒改嫁不从而死，到官司告起状词，这样穷迫之时，可是当得起的"，却又割舍不下百两聘银，遂托方姨娘前来劝说。方姨娘将李妙惠劝妥后，建议卢老夫妻将此事及时告知亲家："但卢家媳妇，却是李宅女儿，舍亲李月坡又是执性的人，若不通知，后来埋怨不小，还该写书道达他才是。"卢氏夫妻与方姨娘均看重李妙惠父亲对女儿再嫁一事的态度，可见妇之父母的意见亦不可忽视。《醒世恒言》第十七卷中的方长者听了过善的话，道："小女既归令郎，乃亲家家事，已与老夫无干。况寒门从无二嫁之女，非老夫所愿闻，亲家请勿开口。"明确表示了不愿女儿再嫁的态度。方氏亦道："必欲夺妾之志，有死而已。"至此，过善不再强求，惟赞方氏"有此志气，固是好事"。但提出产业已付女夫，己亡故后，方氏再居于此恐"不稳便"。方氏道："公公既有田百亩于我，当归母家，以赡此生。既丈夫回家，亦可度日。"不仅解除了公公的后顾之忧，还保全了自己的守节初衷。可见在再嫁问题上，妇女本人的态度亦相当重要。

如果夫之父母不存，则再嫁的主婚权在妇之父母。《醒世姻缘传》第四十一回中的汪为露死后，其岳父魏才与女儿商议"出了丧就要嫁人"。媒婆来说侯小槐，魏才见其为人可靠，家室尚好，遂同意。侯小槐暗地下了聘礼。不料此事传到汪为露儿子小献宝耳中，小献宝道："继母待嫁，这也是留他不得，但一丝寸缕不许带去。"还提出收二十两财礼，并要在汪为露坟上使猪羊大祭。汪为露五七，侯小槐拜祭过，魏氏即释服从吉。小献宝呆住，质问："在这坟上嫁了人去，连灵也不回，是何道理？"魏才道："我女儿年纪太小，在你家里，你又没个媳妇，虽是母子，体面不好看相。我家又难养活，只得嫁与侯小槐了。本该与你先说，因你要留他寸丝不许带去，所以不与你知。"将女儿再嫁的理由说得很充分。即便如此，妇之父母仍要照顾夫之重要亲属的利益。魏才就考虑了小献宝的主张："你说要财礼二十两，也莫说我当初原不曾收你家的财礼，就原有财礼，你儿子卖不得母亲。况我与你赊的布共银八钱四分，材板二两八钱，我都与你还了银子，这也只当是你得过财礼了。"

如果夫之父母、妇之父母皆不存，则妇女自操再嫁的主婚权。《二刻拍案惊奇》卷一三中的房氏在丈夫死后，"刘家并无翁姑伯叔之亲，只凭房氏做主。守孝终七，就有些耐不得。未满一年，就嫁了本处一个姓幸的"。《醒世姻缘传》第五十三回中的郭氏是一个京军的老婆。丈夫死在京里，郭氏没有公婆、父母，遂安心领着一儿一女，嫁了晁无晏。《金瓶梅词话》第五回中的王婆给西门庆出主意害武大、娶潘金莲时，说"幼嫁从亲，再嫁由身"；第十六回中的李瓶儿告西门庆不必担心大伯子说自己孝服未满再嫁时，亦说"先嫁由爹娘，后嫁由自己"，皆此之谓也。

从明代白话小说可见，虽然律法允许妇女再嫁，掌握再嫁主婚权的公婆也同意妇女再嫁，但再嫁妇女仍愿通过告官来取得官府的明确认可。《万锦情林》卷三上层《本疏联对书判类十一篇·妇嫁判》中的铅山民"弃寡母与妇，出外数年不归，绝无音信"，其妇与婆母纺织度日。后遇饥年，"债逼无以自存"，妇遂"讼于官求嫁"。作品没有交待婆婆对媳妇再嫁的态度，但婆媳被"弃"数载，相依为命，纺织度日，相安无事，当此"无以自存"境地，媳妇欲再嫁求活，且是两活，应无异议。妇女告官的目的有二，一是再嫁并非己愿，实为情势逼迫，告官可明心志；二是万一他年丈夫归来，婆婆又谢世而去，丈夫追究自己再嫁的责任，可执以为凭，县令黄公的判词中就道出了这一点："夫逃去改嫁，此是《大明律》。据案书此执，去之从尔适。"

此外，亲族在妇女再嫁问题上的作用也不可忽视。日本学者滋贺秀三《家族法原理》："改嫁是妻在自己内心中放弃活着的夫之人格并脱离夫之宗的行为，与此同时必须放弃一切权利。"①某些亲族出于对死者家产的觊觎，在妇女再嫁问题上设置障碍。《金瓶梅词话》第七回中的孟玉楼因丈夫早死，未遗子女，公婆早已去世，只有一个才十岁的小叔子，久欲再嫁。夫之娘舅张四要图外甥的财产，"一心举保与大街坊尚推官尚举人为继室"。得知孟玉楼欲嫁西门庆后，张四前来挑拨，但孟玉楼不为所动。张四遂于孟玉楼出嫁前一天，西门庆派人来搬东西时，要孟玉楼当着众人的面打开箱笼："争奈第二个外甥杨宗保年幼，一个业障都在我身上。他是你男子汉一母同胞所生，莫不家当没他的分儿？今日对着列位高邻在这里，你手里有东西没东西，嫁人去也难管你。只把你箱笼打开，眼同众人看一看。"

---

① ［日］滋贺秀三著，张建国、李力译：《家族法原理》，法律出版社2003年版，第341页。

某些亲族则强逼妇女再嫁。《醒世姻缘传》中的晁思才"是晁家第一个的歪人"(第五十七回)。他倚了自己族长的身份,与"泼恶"的晁无晏拧成一股,互为羽翼。凡族里没有儿子的人家,霸住了不许过嗣,两个全得了人的家产才罢。第五十三回中晁近仁死了,他老婆种了三十多亩地,晁无晏不许族人照管,"要坐看晁近仁娘子守寡不住,望他嫁人,希图全得他的家产",又"通同了里老书手,与他增上钱粮,金拨马户,审派收头",结果"逼得个半伙子老婆从新嫁了人去"(第五十七回)。

有了亲族的支持则一切顺遂。《浪史》第二十五回中的文妃在丈夫死后欲改嫁浪子,"只恐族人不允"。浪子要文妃"送些金银与族长打了关节,要他立一笔儿,听凭你嫁谁便了"。第二十六回文妃使人告浪子:"族长处已打了关节,叫相公到晚领人,搬运物件。"浪子遂去族长处求亲,并送二百两银子,族长道:"这节事有吾在内,三力保成。"

明代白话小说还表现了不遵守律法限制性规定的再嫁妇女,遭到法律责罚及阴谴的情况。明律关于妇女再嫁的限制性规定主要有:不得于夫丧中再嫁,不得带走夫产。在明代白话小说中,违背相关规定的再嫁妇女受到了法律惩处。《二刻拍案惊奇》卷一三中的房氏再嫁后,将前夫家财席卷一空,儿子都不管了。儿子有时去看,她怕后夫嫌忌,又碍眼,"只是赶了出来,'刘家'二字也怕人提起了"。丈夫鬼魂难安,恼恨不已,与友人哭诉道:"凡我所有箱匣货财、田屋文券,席卷而去。我止一九岁儿子,家财分毫没分,又不照管他一些,使他饥寒伶仃,在外边乞丐度日。"友人告官,房氏不肯承认。县官命拶指,并说其夫托梦告知,房氏"起初见说着数目,已自心慌,还勉强只说'没有'。今见如此说出海底眼来,心中惊骇",遂承认实情。

某些违背律法规定的再嫁妇女虽未受阳间律法制裁,但仍难逃阴谴。魏氏在丈夫坟前"释服从吉",嫁与侯小槐,作者对二人进行了批判:"即使你就要娶他,必竟也还要他送葬完事,回到家中,另择吉日,使他成了礼数,辞了汪为露的坟茔,脱服从吉,有何不可? 偏生要在出殡那日,坟上当了众人取了他来。就是这魏氏,……他那强盗般打劫来的银子,岂是当真不知去向? 你抵盗了个罄尽,这也还该留点情义。怎么好只听了魏才、戴氏的主谋,扶氏、魏运的帮助,把那麻绳孝衣、纸楮白髻摘脱将下来,丢在坟上,戴了焌黑的金线梁冠,穿了血红的妆花红袄,插了花钿,施了脂粉,走到坟上号了数号,拜了两拜,临去时秋波也不转一转,洋洋得意,上了轿子,鼓乐喧天的导引而去?"(《醒世姻缘传》第四十二回)后得道狐狸假托汪为露之名,不断显灵,将侯小槐家败坏。即便不违背律法规定,但在丈夫生前承诺守节,死后则违诺再嫁,亦难逃阴谴。《二刻拍案惊奇》卷一一中的陆氏于丈夫生前答应夫死不嫁,但丈夫死后数月,有媒婆来打探消息,"见了面就千欢万喜,烧茶办果,且是相待得好"。公婆道:"居孀行径,最宜稳重。此辈之人,没事不可引他进门。"她只当不闻,后受苏州曾工曹之聘而去。成婚不久,有人送信来,封筒上"宛然是前夫手迹",陆氏正要盘问,送信人忽然不见。陆氏惧怕起来,拿信细看,上写:"不念我之双亲,不恤我之二子。义不足以为人妇,慈不足以为人母。吾已诉诸上苍,行理对于冥府。"陆氏吓得魂不附体,懊悔无及,三日而亡。

　　有学者利用契约、档案中的相关资料,对明清妇女再嫁的主婚权等问题进行了探讨。与之相比,明代白话小说所提供给我们的东西较为有限。但小说却以其描摹世态人心的长处,为我们展示了亲族在寡妇再嫁问题上的作用力,以及违背再嫁限制性条件的妇女在肉体及精神上所遭受的惩处,这是以明确相关权利、义务为主要内容的契约、档案所无法提供的,却正是小说的价值所在。

## (三) 继承

### 1. 法定继承

法定继承指家长临终或死后,家人对其财产的承受。

　　关于财产继承,明律规定了诸子均分的原则:"凡嫡庶子男,……其分析家财田产,不问妻、妾、婢生,止依子数均分。"[1]明代白话小说对此予以细致表现。《百家公案》第八十六回中的石全欺同胞兄弟哑子残疾,将其赶出家门,分文不予。包公设计断出,差人押去二人,"将应有家财产业,各分一半"。《喻世明言》第十卷中的善继在父亲去世后独霸家产,全不看顾庶弟善述。善述长大后,告母亲:"我弟兄两个,都是老爹爹亲生,为何分关上如此偏向? 其中必有缘故。莫非不是老爹爹亲笔? 自古道:'家私不论尊卑。'母亲何不告官申理?"《二刻拍案惊奇》卷一〇中的莫翁与丫鬟双荷偷情。双荷有孕,莫翁

---

[1]　《大明令·户令》,第241页。

担心妻子不容,将其嫁与卖汤粉的朱三,"暗地周给他用度无缺"。后双荷产下一子,人多晓得此是莫翁"外养之子"。莫翁去世,此子在光棍的挑唆下去莫家争产。莫翁之子莫大郎很有见识,料知"奸人动火,要来挑衅",与母亲商量,承认其合法身份,并告知双荷:"(你的儿子)而今与我们一同守孝,日后与我们一样分家。"可见,无论长幼、嫡庶、家生外养,诸子的继承份额是相同的。

从明代白话小说可见,未婚子额外多得一份婚娶钱。《廉明公案》下卷《争占类·唐侯判兄告弟分产》中的孙祯,"父病临危,凭尊分产,拨田十亩帮娶"。《清夜钟》第八回中的钱氏在丈夫死后,抚育三子,"家产畜积,都是他十余年经理,其间就里已明白,将来自己品搭,做了三股均分。更听些作自己夫妇丧葬、继祖(第三子,未婚)成婚之费"。

在室女亦有财产继承权。《警世通言》第十七卷中的六娘在兄长去世后,助嫂立嗣,并与之分家,"自家也分得一股家私,不下数千金"。

明律未规定出嫁女的继承权,在明代白话小说中,出嫁女的继承权是被剥夺的。《诸司公案》五卷《争占类·邴廷尉辨老翁子》中的尹闻善同样家富,无子有女,女适张怀宾。后尹闻善继娶俞氏,不久有孕,但未及生产,尹闻善即谢世。张怀宾乃"嗜利无厌之徒",以此诬此子为"外人奸生之子",与妻子尹氏商议:"你系亲女,可却与他均分父业;如不肯,去告后母奸情出来,当官嫁卖,然后你承幼弟来养,则权柄在我你掌握矣。"尹氏听信其言,要求后母均分家业。俞氏明确告知:"你是大娘亲女,我儿虽幼,是嫡子承宗,虽无均分之理,可叫族长、叔伯来公议几担妆奁田与你,亦是尹家门面。""嫡子承宗",故尹氏作为出嫁女"无均分之理";俞氏"叫族长、叔伯来公议几担妆奁",乃是为了门面好看,并非依法而为。

关于户绝之家的财产继承,明律规定:"凡户绝财产,果无同宗应继者,所生亲女承分。"①《拍案惊奇》卷三八中的刘从善有"泼天也似家私",无子有女,赘张郎为婿。后刘从善的偏房小梅有了身孕,张郎心怀鬼胎,"只怕小梅生下儿女来。若生个小姨,也还只分得一半;若生个小舅,这家私就一些没他分了"。若生小姨,则刘家为户绝之家,张郎之妻作为"亲女",有权"承分"财产,

---

① 《大明令·户令》,第242页。

故"也还只分得一半";若生小舅,则非户绝之家,张郎之妻作为出嫁女,无权"承分"财产,故"这家私就一些没他分了",与前文尹氏的情况相同。

户绝之家亲女"承分"财产的前提是无"同宗应继者";如有"同宗应继者",则亲女的继承权将被剥夺。届时,被继承人与亲女均会产生不平衡心理。《二刻拍案惊奇》卷二六中高愚溪生有三女,俱已适人;别无子嗣,止有一侄。高愚溪祖上传下房屋一所,"侄儿也是有分的"。只因侄儿挣了些家私,便置买了好房子,搬出去另住了,"若论支派,高愚溪无子,该是侄儿高文明承继的"。但高愚溪"讳言这件事,况且自有三女,未免偏向自己骨血,有积攒下的束脩、本钱,多零星与女儿们去了"。《拍案惊奇》卷三八中的刘从善有女无儿,侄儿引孙依其度日。刘妻护着女儿、女婿,且曾与引孙之母不和,视引孙如眼中钉。刘女亦道父亲"若把家私分与堂弟引孙,他自道是亲生女儿,有些气不甘分"。

关于嗣子的继承权,从明代白话小说可见,嗣子与女性家长、族人共分家产;女性家长死后,其所占份额归于嗣子。《石点头》第四卷中的瞿氏族人得官府授权后,"议立嗣子一人,承绍瞿滨吾宗祀。将家产三分均开:一股分授嗣子;一股与方氏自赡,身故之后,仍归嗣子;一股分析宗族,各沾微惠"。比较注意保护嗣子的继承权。程维荣分析明代颜俊彦《盟水斋存牍》后指出:"嗣子的财产继承权相当于亲生子。"[1]从明代小说可见,嗣子的继承权与亲生子还是有所区别的。

关于赘婿的继承权,明律规定:"招养老女婿者,仍立同宗应继者一人,承奉祭祀,家产均分。"[2]明代白话小说则表现了赘婿继承岳家全部财产的情况。《一片情》第十三回中的霍廉使临终前,言于赘婿谋天成:"我今病危,与你永别,你可好看成我女儿。些须家业,归你掌管。"也有赘婿放弃岳家财产继承权的情况。《山水情》第二十二回中的卫旭霞入赘妻家。岳父母死后,他因"岳父没有本支侄辈承受家业、香烟,与素琼商量,竟自备起酒来,请了许多亲族,择一远房贤能侄儿,接了岳父母香火"。

---

① 程维荣:《〈盟水斋存牍〉及其反映的晚明继承制度》,张伯元主编:《法律文献整理与研究》,北京大学出版社 2005 年版,第 184 页。
② 《大明令·户令》,第 241 页。

### 2. 遗嘱继承

明律中没有关于遗嘱继承的规定,民间却相沿承之。

遗嘱继承实行的不是诸子均分制,而是指定继承人继承的方式。《廉明公案》下卷《争占类·许侯判庶弟告兄》中的周详有二子,一嫡一庶。周详存日,"分产品作三股,嫡得其二,庶得其一"。嫡庶所得不一,有违"诸子均分"的法律规定,因此为指定继承人继承。《醒世恒言》第十七卷中的过善恨子败家,赶逐出门。后为女淑女招赘张孝基。张孝基为人谦和,敬重过善,过善"爱之如子",临终前将家产"尽付女夫"。根据明律,即便是户绝之家,赘婿亦无权得其全部家产。过善却在尚有一子的情况下,将家产尽付女婿,显然是指定继承人继承。张孝基深谙于此,推拒道:"岳父现有子在,万无财产反归外姓之理。……设或大舅身已不幸,尚有舅嫂守节,当交与掌管,然后访族中之子,立为后嗣。此乃正理。"

遗嘱的订立,需有族众见证,并签名画押。《醒世恒言》第十七卷中的过善欲将家产交付女婿,遍请邻里亲戚:"故特请列位到来,做个证明,将所有财产,尽传付女夫,接续我家宗祀。久已写下遗嘱,烦列位各署个花押。倘或逆子犹在,探我亡后,回家争执,竟将此告送官司,官府自然明白。"

明代白话小说还表现了遗嘱的具体内容。《廉明公案》下卷《争占类·滕同知断庶子金》、《新民公案》一卷《欺昧·女婿欺骗妻舅家财》、《海刚峰公案》第五十九回、《龙图公案》卷八《扯画轴》等都涉及了具体的遗嘱。以《龙图公案》卷八《扯画轴》为例:"老夫生嫡子善继,贪财忍心;又妾梅氏,生幼子善述,今仅二岁。诚恐善继不肯均分家财,有害其弟之心,故写分关,将家业并新屋二所,尽与善继,惟留右边旧小屋与善述。其屋中栋左间埋银五千两,作五坛;右间埋银五千两、金一千两,作六坛。其银交与善述,准作田园。后有廉明官看此画,猜出此书,命善述将金一千两酬谢。"

遗嘱具有法律效力,一旦发生遗产纠纷,官府会将其作为最具法律效力的证据。《海刚峰公案》第六十回中的邓景成握有岳父生前所写遗嘱,故小舅应元长大后,几次索取家产而不得,"经过几次衙门,官府皆不能判给还应元,俱依嘱付之言,断以邓景成"。《海刚峰公案》第五十九回中的海公发现了郑文忠藏于画轴中的遗嘱,凭之裁断。郑应策不服,海公道:"你父曾有遗嘱分关在,正恐伊是个贪财忍心的,故将遗嘱一纸与之,执照分业已定了。"郑应策

"见有遗嘱,遂不能争"。

关于法定继承,明代白话小说表现了"诸子均分"、未婚子多得婚娶钱,以及在室女、出嫁女、嗣子、赘婿的继承权等;关于遗嘱继承,明代白话小说表现了遗嘱继承的原则,遗嘱的订立、内容、效力等,其中既有与史相符之处,又有弥补史载不足之处,在以形象案例"说法"的同时,更以民间习惯带给我们意外的惊喜,丰富了我们对其时财产继承的认知。

明代白话小说秉持真实、细致的创作原则,对其时民事法律规章中的借贷、雇佣、合伙、婚姻家庭等作了浓墨重彩的表现。不止于此,小说还揭示了其实施情况,并予以"活动的、功能的"表现,展示了五光十色的市民社会场景,对我们了解其时的民事法律规章颇有助益。

## 第三节　经济法律规章

明代的经济法律规章较前代有较大发展,如私充牙行埠头,"此条唐律无文,然亦明律中之最善者"。① 明代白话小说对其时的赋税、商业管理法律规章多有表现。这不难理解,赋税是国家财政收入的主要来源,商业是传统经济中的特殊因素,出身中下层的小说家既熟知题材,驾驭起来得心应手,又对读者富有吸引力,易引起共鸣,故成为表现重点。

## 一、赋　　役

明初,百姓被编制在户籍册中,成为编户民(役户),承担纳粮、服役的义务。明代白话小说对此有所表现。《警世通言》第四十卷中的旌阳县令许真君问贫民:"朝廷粮税,汝等缘何不纳?"贫民道:"输纳国税,乃理之常,岂敢不遵。"《石点头》第三卷:"大抵赋役,四方各别。假如江南苏、松、嘉、湖等府粮

---

① (清)薛允升:《唐明律合编·明律》卷二七《杂律下·私充牙行埠头》,中国书店 2010 年版,第 282 页。

重,这徭役、丁银等项便轻;其他粮少之地,徭役、丁银稍重;至于北直隶、山陕等省粮少,又不起运,徭役、丁银等项最重。"

百姓纳粮、服役的依据是鱼鳞图册和黄册。鱼鳞图册即土地登记册:"洪武二十年,命国子生武淳等分行州县,随粮定区。区设粮长四人,量度田亩方圆,次以字号,悉书主名及田之丈尺,编类为册,状如鱼鳞,号曰鱼鳞图册。"① 小说涉及了其时鱼鳞图册的编制情况。《新民公案》四卷《霸占·豪奴侵占主坟》中的郭公见了萧馨状词,问:"尔这山还是经过丈量,载有字号、亩数未有?"萧馨道:"小的此山及田园,一概俱是万历八年七月,凭五都十个排年公正里长逐段量过,记载县中鱼鳞册,十分明白。"黄册即户口清册:"洪武十四年,诏天下编赋役黄册,⋯⋯册面黄纸,故谓之黄册。"②《戚南塘剿平倭寇志传·阮都院奉命入闽》:"阮都堂既至福建,日居督府,并无施设,亦无意捍贼,惟与吏书将黄册内人户、丁口、田粮、税课叩算,每府每县各当取得银几千万两,于是设立利差名色,有所谓军饷、机兵、精兵、扞兵、练兵、硫黄、焰硝等样,以攫取民财。"

明初,由里长负责税粮的征收,"以一百十户为一里,推丁粮多者十户为长,余百户为十甲,甲凡十人。岁役里长一人,甲首一人,董一里一甲之事"。③又以每一万石税粮为单位,指定该区内丁、粮最多的户充当粮长、副粮长,"粮长者,太祖时,令田多者为之"。④ 里长、粮长在税粮征解上有分工:"里甲催征,粮户上纳,粮长收解,州县监收。"⑤如有缺损,则由里甲、粮长共同赔补。明代白话小说对此予以反映。《石点头》第三卷:"里甲一役,立法之初,原要推择老成富厚人户充当,以为一乡表率,替国家催办钱粮。乡里敬重,遵依输纳,不敢后期。"《醒世恒言》第二十卷:"(张权)祖上原是富家,报充了个粮长。那知就这粮长役内坏了人家,把房产陆续弄完。传到张权父亲,已是寸土不存,这役子还不能脱。"

关于征粮实况。明代白话小说表现了征粮加之于百姓的沉重负担。《二刻拍案惊奇》卷一九中的万家"所有低洼田千顷,每遭大水淹没,反要赔粮"。

① 《明史》卷七七《食货志一》,第 1256 页。
② 《明史》卷七七《食货志一》,第 1253—1254 页。
③ 《明史》卷七七《食货志一》,第 1253 页。
④ 《明史》卷七八《食货志二》,第 1267 页。
⑤ 《明史》卷七八《食货志二》,第 1267 页。

《二刻拍案惊奇》卷一五中的某人"家道贫窘，因欠官粮银二两，监禁在狱"。《石点头》第一卷中的米老"欠了朝廷的钱粮，没得抵偿。今日是限上该比，故带他去见老爷。这女子是他的女儿，舍不得父亲去受刑，情愿卖身偿还"。负担之重，可以想见。

小说还反映了里甲因征粮而受累赔补的情况。《醒世姻缘传》第二十八回中的严列星极刁钻，不愿纳粮，"把朝廷这十来亩的正供钱粮阁在半空中，若是那里长支吾得过，把这宗钱粮破调了。如支吾不过，只得与他赔上"。《石点头》第三卷揭示得更为细致：

> 报充了里役，民间从来唤做"累穷病"。何以谓之累穷病？假如常年管办本甲钱粮，甲内或有板荒田地，逃亡人丁，或有绝户，产去粮存，俱要里长赔补。这常流苦，尚可支持。若轮到见年地方中或遇失火失盗，人命干连，开浚盘剥，做夫当夜，事件多端，不胜数计，俱要烦累几年。然而一时风水紧急，事过即休，这也只算做零星苦，还不打紧。惟挨着经催年分，便是神仙，也要皱眉。这经催，乃是催办十甲钱粮，若十甲拖欠不完，责比经催。或存一两甲未完，也还责比经催。期间有那奸猾乡霸，自己经催年分，逞凶肆恶，追逼各甲，依限输纳。及至别人经催，却恃凶不完，连累比限。一年不完，累比一年；一月不完，累比一月。轻则止于杖责，重则加以枷柤。若或功令森严，上官督责，有司参罚，那时三日一比，或锁押，或监追，分毫不完，却也不放。还有管粮衙官，要馈常例，县总粮书、歇家小甲、押差人等，各有旧规。催征牌票雪片交加，差人个个如狼似虎。莫说鸡犬不留，那怕你卖男鬻女，总是有田产的人，少不得直弄得灯尽油干，依旧做逍遥百姓，所以唤做累穷病。

明代白话小说表现了不良里长、粮长藉征粮敲诈百姓的情况。《型世言》第三十三回："苏淞税粮极重，粮里又似老虎一般嚼民。银子做准扣到加二三，粮米做推扣到加四五。"《石点头》第三卷："愿充（里长）者既少，奸徒遂得挨身就役，以致欺瞒良善，吞嚼乡愚，串通吏胥侵渔、隐匿、拖欠，无所不至。为此百姓日渐贫穷，钱粮日渐逋欠。"明代白话小说还塑造了崔科这一不良里长的典型形象。《型世言》第九回中的崔科"是个破落户，做了个里胥，他把一家子都要靠着众人养活"。官府不曾征比,他便去催完纳,就纳完了,"他又说今年加派河工钱粮哩,上司加派兵响哩,还要添多少"。他还借机骚扰拖欠的穷民,"要他酒饭吃,肉也得买一斤,烧刀子也要打两瓶请他。若在别家吃了来时,鸡也拿他只去准折"。

小说还揭示了里长、甲首、粮长在征粮过程中,因地位、作用的不同而引发的各种法律纠纷。

其一,里长争甲首。甲首助里长催收,得力的甲首对里长来说无异如虎添翼,故有里长为争甲首而见官者。《廉明公案》下卷《户役类·郑侯判争甲首》中的里长陈和美"竭力差役,如蚁负山",请求官府将里长邓益的甲首、与之同宗的陈敬"均户"拨归,以"帮帖疲役"。郑侯认为"邓益钱粮百石,而甲首惟一;陈和美粮不满十,而甲首五焉",故"似亦相当,可以无拨",驳回了其诉讼请求。

其二,里长、甲首互讼。甲首既是里长催征的左膀右臂,又是其过征的知情者,故而既受倚重,又被防范,甚而遭迫害。《廉明公案》下卷《户役类·杜侯判甲下》中的里长吴全告甲首余铣"揩差",余铣则诉吴全"加征"。杜侯查看余铣之收帖,"累岁粮差各完之早",断定皆因吴全额外加征,故"酿成雀角之祸耳",对吴全进行了惩治。

其三,粮长、副粮长扳扯钱粮。粮长、副粮长甚至里长在税粮征解过程中负有连带责任,故有因私贪污者为减轻罪责,扳扯他人受累而致讼者。《廉明公案》下卷《户役类·熊侯判扳扯钱粮》中的郑烜为粮长,"经收兑米",左亨为副。郑烜侵克花费,却在上司提解,"蒙责指赔"的情况下,告官要求左亨"既共经收,合均苦乐"。左亨诉称其为扳扯,因"虽共经收,伊独典守"。熊侯查廒簿,"各户之米十登八九,而仓中之数十无二三",郑烜实为侵克,应按律赔偿;左亨所不合者,在"知情弗举耳,他罪无及",维护了法律的公正。

关于征役的实况,明代白话小说表现了征役带给百姓的苦痛。《型世言》第九回中的里长崔科对不愿招待他的人家,"便频差拨将来。其时正是国初典作之时,筑城凿池,累累兴师北伐,开河运米,正是差役极多、极难时节"。《醒世姻缘传》第九十四回:"杂役差徭,乡约地方恼他(薛素姐)前番的可恶,一些也不肯留情,丁一卯二的派他平出。虽是毒似龙、猛如虎的个婆客,怎禁得众人齐心作践,于是独自个也觉得难于支撑。"

明代白话小说还表现了百姓因役而讼的情况。

其一，地方滥役。明时，实行匠户制度，手工业者世代为官府服务，不得脱籍，但"免其家他役"。① 有些里长却科派匠户他役，引起匠户不满，遂致争讼。《廉明公案》下卷《骗害类·谢通判审地方》中的地方史仪"卖富差贫，县户火夫九十名内，户骗银二钱，朦胧不拨"。吴锦开笔店为生，史仪"嗔无常例，半月偏拨七次"。吴锦告官，谢通判断史仪徒罪，吴锦委系笔户，"应免役"。

其二，无田请脱。万历年间，张居正实行赋役改革，推行"一条鞭法"，量地计丁，将役摊入亩内，按亩征收赋役，再由官府以银募役。明代白话小说表现了无田者告官请求脱役的情况。《廉明公案》下卷《户役类·高侯判脱里役》中的邓阿金，田产悉卖与周谊等，幼男仅七岁，"今蒙佥役，手足无措"，遂告官"乞拘承产人户，照税明充"。高侯判："承业人户，照税丛充。"

明代白话小说从史实出发，表现了其时赋役征收的依据、征收者及加之于百姓的沉重负担。关于赋役征收过程中的弊端，史载较多，如："都保之中豪霸者，倚恃势力，结构吏典，那上赠下，放富差贫，无所不至。"②"豪滑通积书而增升减合，里老瞒官府而卖富差贫。数亩之田，差名种种；一人之税，赤历纷纷。"③但小说的表现显然更生动具体，展示了更多细节性的内容。针对赋役征收之弊，官箴书提出了很多治理措施，如："收钱粮俱要照依旧规，或粮里自收，或纳户亲上，务要天秤、等子置平，不可信人用大等，多取火耗。"④"均徭，尽本年丁田以编本年之役，切不可编余银室门均徭名色，以致民谤。"⑤明代白话小说对此虽少有涉及，但较多地表现了赋役征收过程中的诉讼纠纷类型，亦颇具价值。

# 二、商　税

学术界一般认为中国古代的商税制度起源于周代，分关税、市税两类，关

---

① （明）汪天锡：《明实录·太祖实录》卷一七七"洪武十九年夏四月丙戌朔"条，第 2684 页。
② （明）吕坤：《官箴集要》卷下《赋役篇·平赋役》，第 290 页。
③ 《新吾吕先生实政录·风宪约卷之七·按察事宜二十款》，第 566 页。
④ （明）蒋廷璧：《璞山蒋公政训·治体·慎仓库》，第 10 页。
⑤ （明）蒋廷璧：《璞山蒋公政训·治体·审均徭》，第 11 页。

税也称过税,市税也称坐税。明初,商税简约,其后增置渐多,"行赍居鬻,所过所止,各有税"。①

徐忠明《〈金瓶梅〉反映的明代经济法制释论》一文以《金瓶梅》反复叙及的临清钞关为例,对明代的钞关进行了释论。概括起来,有如下几方面:其一,《金瓶梅》对临清钞关的描写,"反映了当时商品经济与南北交往盛况的一个缩影";其二,对西门庆船货过关时为偷税漏税而行贿钱主事的描写,"暴露了晚明商税制度运作过程中存在的弊端";其三,《金瓶梅》凡写钞关纳税,皆缴纳银子,"是这一货币和商税制度变迁的真实反映";其四,明代钞关的主事一般由户部派出,《金瓶梅》所写"与明代法律规定是相一致的"。除了《金瓶梅》,明代其他白话小说对其时的关税征收也多有表现,现总结如下:

关于税关。明初,"税课司局,京城诸门及各府州县市集多有之,……(抽分)在外者,曰真定、杭州、荆州、太平、兰州、广宁"。② 宣德四年(1429),始设钞关,"于是有漷县、济宁、徐州、淮安、扬州、上新河、浒墅、九江、金沙洲、临清、北新诸钞关"。③ 明代白话小说对此多有涉及。如京城诸门,《型世言》第五回:"锦衣卫差耿埴去崇文税课司讨关。"如九江,《醉醒石》第七回:"(吕某)用了个分上,谋得个九江抽分。"如扬州,《型世言》第二十回:"(石不磷)侨寓在扬州城砖街上。秦凤仪到钞关边停了船,……一路来访石不磷。"如浒墅,《石点头》第八卷:"浒墅新任提举,……何等仁慈。为此,客商们那一个不称颂他廉明仁如。"

关于税收项目。洪武时,"彰德税课司,税及蔬菜、饮食、畜牧诸物。帝闻而黜之。……胡惟庸伏诛,帝谕户部曰:'曩者奸臣聚敛,税及纤悉,朕甚耻焉。自今军民嫁娶丧祭之物,舟车丝布之类,皆勿税。'"④永乐初定制,"嫁娶丧祭时节礼物、自织布帛、农器、食品及买既税之物、车船运己货物、鱼蔬杂果非市贩者,俱免税"。⑤ 但上述免税物品在《石点头》第八卷中荆湖路条列司监税提举吾爱陶那里,却一律成为征收对象。如有贩猪的过关,吾爱陶喝道:"这是漏税的,拿过来。"铺家禀说:"贩小猪的,原不起税。"吾爱陶道:"胡说!

---

① 《明史》卷八一《食货志五》,第1318页。
② 《明史》卷八一《食货志五》,第1318页。
③ 《明史》卷八一《食货志五》,第1319页。
④ 《明史》卷八一《食货志五》,第1318页。
⑤ 《明史》卷八一《食货志五》,第1319页。

若俱如此不起税，国课何来？"贩猪的再三禀称"此是旧例蠲免"，吾爱陶道："我今新例，倒不作准？"见乡人担着一挑水草，他叫皂隶唤过来问道："这水草一挑有多少斤数，可曾投税？"乡人禀说："水草是猪料，自来无税。"吾爱陶道："同是物料，怎地无税？"本地民船中只有两个妇女、几盒礼物，并无别货。吾爱陶道："妇女便与货物相同，如何不投税？"铺家禀道："自来人载船，没有此例。"吾爱陶道："小猪船也抽分了，如何人载船不纳税，难道人倒不如畜生么？况且四处掠贩人口的甚多，本司势不能细细觉察。"还进一步强调："自今人载船，不论男女，……装载米谷豆麦，不论还租完粮，尽要报税。其余贩卖鸡鹅、鱼鲜、果品、小菜，并山柴稻草之类，……市中肩担步荷、诸色食物牲畜者，悉如此例。"无论人、物，物无论巨细，凡过必税。其实，吾爱陶在他上任伊始所发告示中即已明确表示："但职司国课，其所以不遗尺寸者，亦将以尽瘁，济其成法，不得不与商民更新之。况律之所在，既设大意，不论人情。货之所在，既核寻丈，安弃锱铢。"也算"有言在先"。史载："近日巡拦及集头老人抽税，将小民穷汉卖鸡鸭、携苔帚匹布，上街担篓入市，无不抽税。"[1]小说的表现可谓于史有征。

关于税物张榜。明时规定："其名物件析榜于官署，按而征之。"[2]这一点在明代白话小说中亦有表现。吾爱陶要税猪时，贩猪的再三禀称："此是旧例蠲免，衙前立碑可据，请老爷查看，便知明白。"吾爱陶强词夺理："看甚么旧碑！"

关于税率。明时，"凡商税，三十而取一，过者以违令论"。[3]吾爱陶却无视律法规定，在告示中明确要求："其余凡属船载步担，大小等货，尽行报官，从十抽一。"他在实践中确实超标征收，"分付每猪十口，抽一口送入公衙。……（水草）每一百斤抽十斤，送入衙中喂猪。"甚至讨饭的道人，"也教十碗中抽一碗，送私衙与小厮门做点心"。至于"不论男女，每人要纳银五分。十五岁以下，小厮丫头，止纳三分"，则是自设税种，于法无据了。在小说中，过征的税官非吾爱陶一人。《醉醒石》第七回中九江抽分吕某"又差出家人缉访长江大船，重载报税，他都要起货盘验，刁难他，揞他倍税"。

---

[1] （明）吕坤：《新吾吕先生实政录·明职引·税课司之职》，第 412 页。
[2] 《明史》卷八一《食货志五》，第 1318 页。
[3] 《明史》卷八一《食货志五》，第 1318 页。

　　关于惩处匿税行为。明时,"应征而藏匿者没其半"。① 吾爱陶在告示中重申了这一规定:"除不繇官路,私自偷关者,将一半入官。"但此后又强调:"过往人有行李的,除夹带货物,不先报税,搜出一半入官外;无余货者,每人亦纳银五分。"即便无夹带,"每人亦纳银五分",极不合理。徽州汪富商被查出所贩丝绸少报两箱,吾爱陶道:"漏税,例该一半入官。"教左右取出剪子来分取。"从来入官货物,每十件官取五件,这叫做一半入官",吾爱陶新例:"不论绫罗绸缎、布匹绒褐,每匹平分,半匹入官,半匹归商。"这样一来,"可惜几千金货物,尽都剪破",使汪富商蒙受了巨大的经济损失。还有更为等而下之的税官。胡芦提道:"便是十二挑,也要以十赔百。叫该房照例科算上来。"《醉醒石》第七回中的吕某"若到搜出夹带,好歹十倍,还要问罪。把货白送与他,还不勾"。小说作者以此奉劝秀才不如贩书治生:"一路看了书来,到了地头,又好撰得先看,沿路又不怕横征税钱。到了淮上,又不怕那钞关主事拿去拦腰截断了平分。却不是一股极好的生意?"(《醒世姻缘传》第三十三回)

　　关于因税而生之弊,官箴书有记载:"(商贾瞒隐)于是严搜逻之策,遣差拦头弓手等辈,于界首拦截,动至数拾里之外,诛求客旅,溪壑亡厌。得厚赂,则私与放行,径不令其到务;弗予以赂者,则被擒到官,倍税之外,费用如故。犹之可也,其所差拦头弓手,又复将带游手恶少,遍走乡村,以捉税为名,□毙人家鸡犬,抢夺行旅笼仗。"②明代白话小说的表现主要有如下几种。

　　其一,塞断桥梁,破坏交通。吾爱陶"又想各处河港,空船多从此转关,必有遗漏,乃将河港口桥梁,尽行塞断,皆要打从关前经过"。其二,留难船只,阻塞关口。吕某因"长江风水大,他要留难诈钱。把这大船千百炼住,阻在关口。每遇风狂,彼此相撞。曾一日淹住客船,忽然大风,锚缆都管不住,至于相撞碎船,死者数百余"。其三,妄增人手,加重税负。吕某"已养了许多包揽的光棍,又有这些白役巡栏,已是勾了,他又差出家人"。吾爱陶的苛敛引起百姓不满,有好事的要放火驱逐。吾爱陶得知,"招募几十名土兵防护,每名日与工食五分。这工食原不出自己财,凡商人投税验放,少不得给单执照,吾

---

① 《明史》卷八一《食货志五》,第1318页。
② (明)汪天锡:《官箴集要》卷下《商贾篇·广商税》,第295页。

爰陶将这单发与土兵,看单上货税多寡,要发单钱若干,以抵工食。那班人执了这个把柄,勒诈商人,满意方休"。

平心而论,吾爰陶等在税收过程中并非一无是处,比如吾爰陶对铺家的整饬就颇具成效。他吩咐铺家:"自来关津弊窦最多,本司尽皆晓得。你们各要小心奉公,不许与客商通同隐匿,以多报少,欺罔官府。若察访出来,定当尽法处治。"铺家"知道是个苛刻生事的官府,果然不敢作弊。凡客商投单,从实看报,还要覆看查点"。再如对商船为免税而搭乘官员的处置。《警世通言》第十一卷:"原来坐船有个规矩,但是顺便回家,不论客货私货,都装载得满满的,却去揽一位官人乘坐,借其名号,免他一路税课,不要那官人的船钱,反出几十两银子送他,为孝顺之礼,谓之坐舱钱。"《醒世恒言》第三十六卷:"每常有下路粮船,运粮到京,交纳过后,那空船回去,就揽这行生意,假充座船,请得个官员坐舱,那船头便去包揽他人货物,图个免税之利,这也是个旧规。"这无疑是一种逃税行为。吾爰陶对此不予理睬:"弗论乡宦举监生员船只过往,除却当今要紧人,余外都一例施行。任你送名帖讨关,全然不睬;亲自请见,也不相接;便是骂他几句,也只当不听见。"虽出趋炎附势之目的,但总的来说,对增加国家税收还是有利的。

不过,吾爰陶等的行为,更多的却是违背法规,对经济发展造成了极大的破坏。《石点头》第八卷:"没造化的,撞着吾爰陶,胜过遭瘟遭劫。怨声载道,传遍四方。江湖上客商,赌誓便说:'若有欺心,必然遭遇吾剥皮。'发这个誓愿,分明比说天雷殛死、翻江落海,一般重大,好不怕人子。但路当冲要,货物出入川湖的,定鬶此经过,没过躲闪,只得要受他的荼毒。"《醉醒石》第七回:"(吕某)弄得大商个个称冤,小贾人人叫屈。……只为他贪利诈钱。至于客商,不惟不能图利,抑且身命不保。"

明代白话小说对其时商税的一般情况——税关、征税项目、税物张榜、税率等作了细致表现,并揭示了商税征收过程中某些税官的不法行径及其招致的恶果,展示了立法初衷与执行效果之间的差距,有助于全面、立体地了解其时的商税。

明代白话小说对其时的经济法律规章多有涉及,但在具体表现上却有所侧重:对与百姓生活密切相关的赋税、商业管理多有表现,对与之关系稍远的海外贸易等则一笔带过。较之正史对一般情况的介绍(当然也有对黑暗现象的暴露,但相对简单)、律典对违法行为的惩治性规定,小说在具体表现上,仍是介绍一般情况、揭示真情实态、暴露黑暗现象相结合,因构成三位一体的丰满画面而更具价值。

明代白话小说不仅一举囊括前代小说曾反映的领域,更深广开掘其较少涉足甚至绝迹不到之处:行政法律规章中的选任、考课,民事法律规章中的雇佣、合伙,经济法律规章中的赋役、商税等,都得到真实而细致的表现。不止于此,小说还关注法律的实施状况,对实施过程中出现的诸问题加以揭示,以此超越了律典、史书、官箴书的高度,呈现出与众不同的价值。如果说明代白话小说与律典、史书、官箴书相一致之处是"实",那么其对法律实施状况的表现则可称之为"虚"——并非"虚假",皆因为小说家言,传统史料较少证实,故称之以"虚"。

# 第四章　明代白话小说对法律文书的反映

　　法律文书以法律规章作为评判标准,直接体现了法律的精神。明代白话小说涉及的法律文书种类繁多,与诉讼、审判有关的各类法律文书几乎都得到表现,本书重点探讨告、诉状及牌票、榜文。

## 第一节　告状、诉状

　　如果当事人心怀冤抑,可到官府递交告状;对方通过某种渠道获知被诉后,可呈上为自身开脱的诉状。明代白话小说,特别是"公案"类作品中包含有大量的告、诉状。这些告、诉状的末尾没有"状式条例"方面的规定,①也没有官方的加盖或加批,虽在形式要件上有阙,但结构上与其时的告、诉状很接近,并且一告一诉,此来彼往,加之上下文对诉讼背景等的相关介绍,对于了解当时的诉讼活动及其相关情况颇具参考价值。

## 一、与真实状子的关系

　　明代白话小说中的告、诉状是作者一无依傍,凭空杜撰的,还是参考真实状子,模拟而作呢?

---

①　杨一凡、王旭编《古代榜文告示汇存》第一册《文林告示·温州府约束词讼榜文》:"状后云'即不敢越诉或隐匿限期。如违,甘伏断枷号。某处大人施行,不得称青天廉明'等语。"社会科学文献出版社 2006 年版,第 439 页。

## （一）从徽州诉讼文书看

相对于清代的告、诉状，明代的告、诉状存世较少，徽州文书中有一些留存。

徽州文书中有万历十四年（1586）祁门郑凤、郑安胜争山林案的 7 份告状（包括 4 份催状）。其案情如下：郑凤（即郑凤翔）故祖郑大□，成化年间契买寺堂坑叁百肆拾陆号山，"叁股中合得壹股"；嘉靖十四年（1535），郑笙之祖郑安胜，契买"同前土名、字号"山，"叁股中合得贰股"，"蓄有树木"。"又同前土名叁百伍拾壹号山，坐在叁百肆拾陆号之下"，嘉靖十年（1531）间，郑安胜买受叁百伍拾壹号山，"亦蓄树木"；郑大□买受"别号山场，并带本号土名在内，开载地壹步半"。万历十三年（1585）十二月，郑凤欲伐木变卖，将叁百肆拾陆号并叁百伍拾壹号内"大木概砍壹拾柒根"。郑安胜得知，"前往本山砍伐中木叁拾肆根"。① 郑凤具状告准于署府事本府督军同知案下，郑安胜亦赴府告准，汤主簿受命拘解。期间，郑凤、郑安胜数次赴府呈告、催告。因"两家俱有买契，一则为山，一则为地"，②皆自认有理，故所呈词状均注为告状。

先看郑凤的告状之一：

> 告状人郑凤，年四十一岁，告为强砍杀命事。承祖寺堂坑山，业传五代，厝父蓄木庇荫。土豪郑笙、惟一等，谋插未遂，倚恃人财，两□明砍。力寡身孤，□凶百□，将荫木一概强砍搬运。山邻郑应瞻、嘉言等证。伐荫惊煞，命脉攸关，情急今告，□□亲提追木。上告。原告：郑凤。被告：郑笙、惟一、学圣、程春富、九□、徐双龙。干证：郑应瞻、嘉言。万历十四年二月二十九日告。③

再看郑安胜的告状之一：

① 以上见王钰欣、周绍泉主编《徽州千年契约文书》（宋·元·明编）卷三《万历十四年祁门郑凤等状文》之一，花山文艺出版社 1992 年版，第 164 页。
② 王钰欣、周绍泉主编：《徽州千年契约文书》（宋·元·明编）卷三《万历十四年祁门郑凤等状文》，第 165 页。
③ 王钰欣、周绍泉主编：《徽州千年契约文书》（宋·元·明编）卷三《万历十四年祁门郑凤等状文》之二，第 166 页。

告状人郑安胜，年三十五岁，告为盗砍杀命事。盗害不除，为民大患。祖祠朝山寺堂坑，蓄木庇荫。□盗凤翔等，地利贪妒，抱围（约八字为官印所遮盖，无法辨认）积盗吕月等，盗砍荫木四十余株。山邻胡福寿报知，获赃，验投族证。荫木命关，难容盗剸，恳亲究赃剿。告。原告：郑安胜。被告：郑凤翔、郑凤山、吕月。干证：郑桐□、胡福寿、郑养浩。万历十四年三月初九日告。①

明代白话小说《廉明公案》下卷《坟山类·林侯判谋山》写李昊六、王治九争山事，案情与郑凤、郑安胜争山林案近似。看李昊六的告状：

黟县李昊六，状告为捏谋祖墓事。土豪王治九，垂涎寿坑吉地，插入无由，欺死瞒生，摹写父手典契，吞谋祖坟，开茔十葬。且父虽贫，不将祖山出典。试问干证，尽系豪恶故知。奸计一设，祖骸难保。乞恩抹契杜害，枯骨沾恩。上告。

明时，官府对告状设有一系列的限制性规定，下面以其为评判标准，将明代白话小说与徽州文书中的告状加以比较。

其一，资格上的限制。明时，官府规定不得呈控不干己之事。《璞山蒋公政训》："若牵扯远年及己不干事情混告者，痛治。"②徽州文书中的郑凤、郑安胜为自家林木被砍呈控，小说中的李昊六因祖上坟山被谋告状，皆切关自身利益。

其二，时间上的限制。官府规定不得呈控远年之事。《初仕录》："其有状内牵扯远年情词，姑置弗问。"③郑凤、郑安胜争山案发生于万历十三年（1585）十二月，郑凤于万历十四年（1586）二月二十九日呈告，郑安胜于万历十四年（1586）三月初九日呈告，皆非"远年"。小说中李昊六案的告状属于"没有故事情节，单独成篇"，无从知晓其告状的具体时间，但告、诉状后所附判词中并

① 王钰欣、周绍泉主编：《徽州千年契约文书》（宋·元·明编）卷三《万历十四年祁门郑凤等状文》之三，第167页。
② （明）蒋廷璧：《璞山蒋公政训·治体·严门禁》，第10页。
③ （明）吴遵：《初仕录·刑属·公听断》，第53页。

未提及状涉"远年"之事,故可断定此状亦是及时出告。

其三,证据上的限制。明时,官府规定不得对所告之事称疑。《官箴集要》:"凡告者,皆须明注年月,指陈实事,不得称疑。有诬告者,抵罪反坐。"[①]郑凤的告状明确指出"山邻郑应修、嘉言等证",郑安胜的告状也确凿表示"山邻胡福寿报知,获赃,验投族证"。小说中的告状未明确举证,但指斥对方证人不可信:"试问干证,尽系豪恶故知。"显然自信于自身证据确凿。

其四,字数上的限制。官府规定告状的字数。《居官必要为政便览》:"照依格式,每状不过三行,每行不过五十字。"[②]不计状末所列原、被、干证的名字及告状时间,郑凤、郑安胜的告状均为两行,郑凤约98字,郑安胜约97字(中约8字无法辨认)。李昊六的告状为80字,其字数不多于徽州文书中告状的字数,也是符合要求的。

由以上分析可见,明代白话小说中的告状在告状资格、时间、证据及字数方面,均近似于徽州文书中的告状,符合其时官府关于状子的诸种要求。

## (二) 从状式看

以明代现存告、诉状为标准,考察明代白话小说中告、诉状的真实性无疑最具说服力,但明代告、诉状存世较少,且案件性质单一,下面从官箴书中的状式入手,对此加以考察。

状式是关于状子的样本。明时,官府不仅对告状提出诸种限制,还制作状式,以利遵行。明文林规定了状式:"告状人某人,年几岁,某县某都某面,有无疾病,状告某事。……书状人某,勘验耆民某人,歇家某人,住某处。"[③]但此状式对"状告某事"的要求过于简略。明吕坤《新吾吕先生实政录》收有27种状式,分案件类型对"状告某事"多有介绍。以"告盗情状式"为例:

> 某州某县人某人,为盗情事。某月日　更时分,不知名强、窃盗约有

---

① (明)汪天锡:《官箴集要》卷下《听讼篇·问法》,第285页。
② (明)不著撰者:《居官必要为政便览》卷下《刑类》,第65页。
③ 杨一凡、王旭编:《古代榜文告示汇存》第一册《文林告示·温州府约束词讼榜文》,第439页。

几名,各持凶器,剜透墙房,暗偷出,或打开门窗,将某拿住,用刀扎火燎劫去。某物、某物若干件,系甚花样,有何记号。银钱若干数。整锭、散碎,或人口俱惊散,或轮奸某妇女。保甲人等俱来、通不救护。或追赶不前,或不知去向。伏乞案候严拿。上告。①

明代白话小说中也有不少告盗状子,看《详情公案》卷二《强盗门·断明火劫掠》中的告状:

> 告状人官元,告为明火劫掠事。本月初三日,身往取租,事冗未回。是夜更阑,强徒一党二十余人,涂眉盖脸,各执利刀,破门冲入,惊逐妻逃子窜,杀死男妇六人,刀伤两仆,绑婢秋兰,穿房绕户,罄卷家财,四鼓方散。次早身回,投明党里。恳天严捕,剿党安良。开单上告。

小说中告状的开头先介绍了告状人的身份;然后,一一叙及案发时间、强盗类别、人数、盗入方式等;接下来,以"投明党里"指证;最后,以"恳"引出诉讼请求,以"上告"结束告状,与"告盗情状式"的要求基本一致。

再以《告土豪状式》为例:

> 某府州县某人为土豪事。某年月日,有某缺用、食,向某借银若干两、粟若干石,羔利过本几倍。伊将某私家拷打,逼将妻妾子女、房地头畜准折。指某人证。上告。②

看《廉明公案》下卷《债负类·左侯判债主霸屋》中的告状:

> 祁门县全汝亨,状告为磊债霸屋事。债有常律,利有定额。贫借主豪伊凤本银十两,年历二周,还成对合。岂恶为富不仁,利上算利,勒写房屋准折。业吞虎口,安身无资。飞鸟尚尔有巢,人生岂可露宿?乞台

---

① （明）吕坤:《新吾吕先生实政录·风宪约卷之六·状式》,第555页。
② （明）吕坤:《新吾吕先生实政录·风宪约卷之六·状式》,第557页。

作主,不遭惨骗。上告。

小说中告状的开头也对告状人的身份作了介绍,接下来对借贷原因、偿还情况、遭勒准折等逐一叙及,与"告土豪状式"的要求基本相同。惟有"指某人证"未予涉及,实际情况也可能确实无证人。其后,以"乞"引出诉讼请求,以"上告"结束告状,与"告盗情状式"保持一致。

由以上分析可见,明代白话小说中告状的"法定内容"与其时的"状式"基本相符。吕坤建议:"凡各府州县受词衙门,责令代书人等,俱照后式填写。"①照此而言,如某人以小说中的告状起诉,应当被受理。

以上将徽州文书保留的告状、官箴书所载的"状式"与明代白话小说中的告状分别作了对比,从中可见,小说中的告状与二者的相似度非常高,完全可作为研究明代告、诉状及诉讼活动的可靠资料。

## 二、揭示原、被告的表达逻辑

如何遵从某种表达逻辑,以有限的字数写出能"耸动官府"的状子,对原、被告来说都至关重要。徽州文书中的告状数量很少,其中诉状更少;官箴书更是有告状"状式",无诉状"状式"。相比之下,明代白话小说中常告、诉状兼有,可为我们揭示此一"表达逻辑"。

小说中告状的结构可归纳如下:

告状人×××,(系××县人,年甲在籍,)告为××事。(描述事前自身或对方的状况。)(叙述案情。)(指出事中自身所受伤害或对方的猖獗。)乞××。上告。

需要说明的是,在不同的作品中,"系××县人,年甲在籍"可能没有,"描述事前自身或对方的状况"也可能出现诸多变化:或穿插于对案情的介绍中,或以能够说明原、被告关系或状况的哲理来代替,或干脆忽略掉。以《龙阳逸史》第五回中的告状为例:"告状人刘华,告为活逼鸡奸事。流棍邓东,藐官玩律,逞膂力僻路行凶。良儿刘玉,守法持规,遇冤家残生几毙。擎镜台

---

① (明)吕坤:《新吾吕先生实政录·风宪约卷之六·状式》,第555页。

前,除奸剿恶;骆驼村里,戴德顶恩。上告。"此状对"描述事前自身或对方的状况"就作了省略处理。

此外,"乞××"、"上告"前也可能加上"激切"、"迫切"等修饰词。如《新民公案》三卷《赌博谋杀童生》中的告状:"告状人霍镇周,系襄垣县在城中隅人,告为劫杀事。契侄蒲安邦,年方十六岁,业儒为事。昨因父蒲之杰贫难赴举,遣安邦来家借银二十两作盘费。二更独自挑灯归忙,街上被人谋杀,今早地方呈首方知。街上谋人,欺官藐法,劫财杀命,冤恨黑天。乞台剿究贼情。激切上告。""上告"前就以"激切"来修饰。

小说中诉状的结构亦可归纳如下:

诉状人×××,(系××县人,年甲在籍,)诉为××事。(描述事前自身或对方的状况。)(叙述案情。)(指出事中自身所受冤屈或对方的诬陷。)乞××。上诉。

与告状一样,诉状中的"系××县人,年甲在籍"、"描述事前自身或对方的状况"也可能被省略掉或出现变化。此外,"乞××"、"上诉"前也可能加上一些修饰词。

无论告状抑或诉状,当事人在介绍完自身的自然情况后,都会首先明确案由,即"告/诉为××事";然后,在"描述事前自身或对方的状况"的基础上,"叙述案情",并"指出事中自身所受伤害/冤屈或对方的猖獗/诬陷";最后,以"上告"结束状文。

其中蕴涵着这样一种表达逻辑:先指出前因,次及案情,然后对双方的行为加以定性。在状子字数受到严格限制的情况下,此种表达方式无疑最省笔墨,也最醒目。不知不觉间,官长对状子所叙案情有了认同,产生"先入之见";由于对与错、善与恶同时列举,其还被唤起主持正义的责任心与使命感。如此一来,案件不仅被受理,胜算的可能性还很大。当然,由于对方也采取此种表达策略,最终效果可能会相互抵耗,但在依赖"人治"的社会中,能使官长处于不偏不倚的境地,亦不啻百姓小民的福音。

再看告、诉状中被省略部分——"描述事前自身或对方的状况",这部分仅是案件发生的背景,并非原、被告争执的焦点,在与案情关系不是很紧密的情况下,省略之亦是对核心部分的突出。此外,在"告"、"诉"前加上表达个人情感的修饰语,更能传达出乞望官府主持正义的迫切心情。

# 三、呈现原、被告的情感倾向

徐忠明分析文学作品、讼师秘本、司法档案中的告、诉状后,指出:"就其写作策略而言,其中贯穿的一条基本线索或蕴涵的基本特点,乃是围绕情感来诉说冤情,通过诉说冤情来赢得官长的同情,通过博取这种同情来最终赢得诉讼的胜利。"①那么,就明代白话小说的告、诉状而言,作者是怎样通过诉说冤情来赢得官长同情的呢? 下面从正文部分——"描述事前自身或对方的状况"、"叙述案情"及"指出事中自身所受伤害/冤屈或对方的猖獗/诬陷"入手加以分析。

## (一) 自诩与贬人

在"描述事前自身或对方的状况"部分,原、被告都不约而同地表现出自诩与贬人的情感倾向。

《新民公案》一卷《欺昧·罗端欺死霸占》写王虎在汤隆之母死后,伪造田契,与汤隆争产事。看告、诉状(加粗字体为下文将分析之内容,下同):

> 告状人汤隆,年甲在籍,告为土豪骗产事。**隆孤母寡,佃多顽欠。土豪王虎,计租隆田二百四十亩,代收租谷。一向完纳无欠,经今已二十载。**讵豪久造深谋,熟交各佃,冒称母卖,欺死瞒生。切思千金之产,一旦谋占,王法何存? 冤惨无地。告恳天台,惩恶追租,断田还主,庶杜刁风。上告。

> 诉状人王虎,年甲在籍,诉为唆骗事。**虎先年用价银三百六十七两,买到汤隆之田二百四十亩,契书明白,中见可证。历今二十余年,两经大造,不肯过产,岁贴粮差银一十二两五钱,厘毫无欠。**积歇刘云,唆索补价,奸谋未遂,复唆耸告,捏称占田。切思时价明买,契书存照。乞天剪唆究诬,民不遭枉。

---

① 徐忠明:《情感、循吏与明清时期司法实践》,上海三联书店2009年版,第40页。此一观点对本节论述有启发。

在告状中,汤隆称自父亲谢世,"隆孤母寡",佃户却"多顽欠",遂由"土豪"王虎出面,"代收租谷"。寥寥数语,将孤儿寡母走投无路的窘况活画出来。"一向完纳无欠,经今已二十载"并非称赞王虎信守承诺,而是表明在"代收租谷"一事上双方向无争议,也暗示了王虎此次霸产的无理。

在诉状中,王虎将自己描述为守法之人:"用价银三百六十七两,买到汤隆之田二百四十亩,契书明白,中见可证。"并指出"两经大造,不肯过产,岁贴粮差银一十二两五钱,厘毫无欠",暗示自己仁至义尽,汤家母子反不近人情。可以看出,原、被告都有明显的自诩与贬人行为。

## (二) 哀痛与谴责

在"叙述案情"部分,原、被告的情感主要是哀痛与谴责,即哀痛自身的不幸遭遇,谴责对方的无良行为。

《廉明公案》下卷《争占类·骆侯判告谋家》写陈绶、陈绮堂弟兄争产事。看告、诉状:

> 石埭县陈绶,状告为吞家绝食事。幼年失怙,母怜苦守。枭恶兄绮睢盱局谋,饵设合伙共餐,两版成墙,滴酒誓天。被朦允听,百凡付管,始往闽地佣书。**谩望践盟,岂期贪谋毕露。一家艰苦置产,伊独霸为己业。虎居羊穴,陷母气死。**恸惨昊天,乞怜亲劈开单。上告。

> 状诉为号天究占事。叔死婶寡,遗弟年雏,并无家业可恃。彼念至亲,抚养八载。**岂今顷生祸心,又争家财。不思伊父生前彻贫,死后岂有遗产?**养虎贻患,冤情可矜。乞台详情杜害。上诉。

按陈绶告状中所说,其父去世后,因年幼无知,"被朦允听",将家业尽付堂兄陈绮收管,后往闽地求学。不想陈绮背弃前盟,"贪谋毕露",将"一家艰苦"所置家业,"独霸"为己业。其势熏熏,可谓"虎居羊穴",绶母因之气死。一系列爱憎分明的词语,在哀痛自身不幸遭遇的同时,也有力地谴责了对方。

陈绮诉状中的感情色彩没有陈绶的强烈,给人的感觉是就事论事。虽然遣责了陈绶"顷生祸心，又争家财"，更多的却是以理服人："不思伊父生前彻贫，死后岂有遗产？"言虽寥寥，却同样有力。

## （三）凄惨与求助

在"指出事中自身所受伤害/冤屈或对方的猖獗/诬陷"部分，原、被告的情感主要是凄惨与求助——表明自身境遇的凄惨及向官府求助。

《浓情快史》第二十一中的淳于氏因丈夫冯年常年经商在外，寂寞难耐，欲与邻居褚文明互通款曲。不想其写给褚文明的情书为褚文明小厮褚才拾得，褚才冒充主人名头，夜与私会。第二十二回褚文明夜醉，偶入冯家，与淳于氏交接之际，察知其为人骗奸一事。恰褚才到来，褚文明与之大打出手，双双死于非命。褚文明之父认定是淳于氏"把我儿子勾引，今又把他打死"，赴州告状。知州准状，差提淳于氏赴审，淳于氏公公冯时往州呈诉。看告、诉状：

> 告状人褚德，年六十二岁，系本州中籍，告为骗财杀命事。痛德年老，止生一子文明。幼习举业，欲图上进。偶遭邻妇淳于氏窥见，巧笑美盼，勾引至家，媚色骗财。日往月来，锱铢殆尽。淫妇贪心未满，思男业已财空，索银无从，于今月日，即起忿怒，将男乱打。家人褚才闻之，即往救护，亦遭淫妇打死。**人命关天，叩台惩法抵偿。**上告。

> 诉状人冯时，年六十五岁。生男冯年，出外为商。幼媳淳于氏，姿色过人。西邻褚文明，不遵王法，于本年月夜三更时分，带领家人褚才，突入中堂，强奸是实。**切思夜深无故入人家，登时打死勿论。律有明条，何言抵命？恳台怜鉴。**上诉。

在告状中，褚德首先指出"人命关天"，暗含其子冤情之深。接着，表明自身对官府的期待——"叩台惩法抵偿"，为子伸张正义。

在诉状中，冯时指出："切思夜深无故入人家，登时打死勿论。律有明条，何言抵命？"指出己家受害反被诉"抵命"的不公，接着表达了对官府的期待——"恳台怜鉴"，一雪覆盆之冤。

由以上分析可见，在明代白话小说中告、诉状的正文部分，此一"诉说冤情"主要通过三种情感倾向来实现：在"描述事前自身或对方的状况"部分，贯穿"自诩与贬人"的基调，为此后原、被告的纠葛打下伏笔；在"叙述案情"部分，谱写"哀痛与谴责"的旋律，以痛陈恩怨，期望官府明辨是非；在"指出事中自身所受伤害／冤屈或对方的猖獗／诬陷"部分，奏响"凄惨与求助"的音符，向官府伸出求援之手。可以说，不同的感情羼杂在一起，共同完成了"诉冤"的目的。

## 四、反映原、被告的关系状况

一般认为，一俟原告去官府递交告状，原、被间原有的平衡即被打破，双方关系进入"冰冻期"。但从明代白话小说中的告、诉状及上下文关于诉讼背景、诉讼心理的表现可见：告状发出，并非原、被告关系的分水岭，原、被告的关系也并非只有"视如仇雠"一种。概而言之，主要有以下三种情况。

其一，告状发出前原、被告的关系已然恶化，告状发出，不过是双方关系继续恶化的必然趋势。以《新民公案》一卷《人命·争水打伤父命》为例。杨家有田，位于汤盘田中心。汤盘其人，"立心甚狠毒，操行甚刻薄，盖一乡虎狼，汤墩之蛇蝎也"。在数次谋夺不成后，他阻截水流，任其旱死。杨闵、杨大目父子来争，汤盘的狠毒渐次升级：始则"揪倒，一顿拳头乱打"，继则"将锄头头上连打几下"，终将父子二人一打死，一打伤。"父之仇弗与共戴天"，杨大目立即向有司发出告状——"告为伤命事"，并对汤盘展开了个人复仇："其弟大受等三十余人，遂抬尸首直入汤盘中堂，因便乘风卷掳财物，打破门壁，骚扰一场。"不是仇恨至骨，杨大目不会冒着为有司厌弃的风险，采取此种过激行为。汤盘亦"具状入府诉"——"诉为冤陷事"。积怨已久的两仇家终于对簿公堂。

再以《欢喜冤家》第十五回为例。公人王文的妻子马玉贞走失。"专一无风起浪，诈人银子"的光棍杨棘刺得知后，冒充马玉贞的表叔，谴责王文"把她凌辱，日逐痛打。我因怜她本分幼小，特来看她"，要王文速叫马玉贞出来相见。王文"知道寻他口面的"，道妻子寻表叔而去，并请杨棘刺"快快着她回来"。杨棘刺恼怒王文利口，直言其"把我玉贞打死了，倒反说出这般话来"。两人"争个不止"，邻居出面劝说，杨棘刺扬言"今日不与我侄女，明日就告你"

后离去。王文"气个不住"之时，有人前来说和："我想何苦劝人打官司，不若兄多少与他个盒礼之情，这事便息了。"王文"是衙门里人，哪里一时间就肯出这一桩银子"，一口咬定"还我妻子，我便尽他礼便了"。杨棘刺见王文始终不上套，恨道："难道被他强过了，下次也做不起来。不免告他一状，才信老杨手段。"他写下状词——"告为杀妻大变事"，申告有司。知县见"手下杀死妻子，罪极浩天"，命将王文取到，"先责三十板，竟下了狱"。因杨棘刺的贪狠，与之本为陌路的王文被陷下狱。

第二，告状发出前原告即已仇视被告，但被告对此不以为意；一俟告状发出，被告对原告的态度即急转直下，亦视对方如仇雠。以《龙图公案》卷一《嚼舌吐血》为例。蒋淑贞请道士为亡夫超度时，遭道士奸污，愤而自杀。其父蒋光国误其为小叔克信奸杀，告至官府。后经贤明有司审断，得真相大白。蒋光国乍闻女死，联系此前其女与小叔克信的不睦，认定："此必为克信叔死。"厉声谴责后，"遂作状告到包公"。在状词中，蒋光国以"兽恶"称女之小叔，以"淫欲无隙可加"指其蓄恶已久，以"突入房帏，恣抱奸污"状其胆大包天与为恶已甚，请求有司严惩——"不填命不足以明冤"。在蒋光国的心目中，直以不共戴天之仇人相视克信。作品没有写克信闻听蒋光国怒骂后的反应，但由先前蒋光国带道士上门为其兄做法事，克信虽"心不甚喜"，仍道"多承老亲厚情，其实无益"，可推知读书人克信对此保持着相当克制的态度。骤闻蒋光国告己强奸服嫂后，克信"羞惭无地，抚兄之灵，痛哭伤心。呕血数升，顷刻立死"。仅仅心怀"羞惭"，不会吐血而死，其中定然夹杂有冤屈和恼怒。这一点，从其此后呈递到官的诉状可窥见一斑。在诉状中，克信虽然对蒋光国的告诉行为表示理解："嫂父见女死而告，不得不告。"但马上话锋一转，认为其"告非其人"——"须会访确强暴是谁，不应枉及无干"。"枉及无干"，是古时告状的禁止性条件之一，以之指责蒋光国诉己，可谓抓住了"七寸"。在明确指出罪犯为蒋光国带来为兄长做法事的道士后，克信对蒋光国的谴责升级——"嫂父不察，飘空诬陷"——不仅仅是"会访"不确造成错枉，甚而是有意陷害。最后，以"冤爱得计，雉罹实出无辜；鱼网高悬，鸿离难甘代死"表达了自己蒙受屈辱的无辜与不甘，其深层仍是对蒋光国的谴责。

再以《详刑公案》卷四《婚姻类·戴府尹断姻亲误贼》为例。邹士龙嫌女婿王朝栋一贫彻骨，屡生悔婚之心。其女琼玉却对朝栋一往情深，在丫鬟丹桂的帮助下，与其私相缱绻，并赠以金镯等物。一夕，朝栋因母病未去，丹桂候门时为惯贼祝圣八撞入，被其杀死，财物劫掠一空。邹士龙欲去告官，苦无赃证，令家人梅旺到各处探访。朝栋因母病无银买药，只好请银匠将琼玉所赠金镯换银。不想为梅旺认出，告知家主。邹士龙本已厌恶朝栋至极，闻听此言，道："原来此子因贫改节，遂至于此。"他并未流露出对女儿指腹未婚夫的一丝顾念，"写状令梅旺告于府"。在告状中，邹士龙以"狼恶王朝栋系故同知王之臣孽子"称呼昔日东床，将其描绘成一个多有帮手、坏事做尽的渠魁："哨党冲家，杀婢丹桂，逐女窜逃，财货什物劫去一空。"最后，请求有司"除害安良"。朝栋此前曾因完娶请求遭邹士龙阻遏，立下豪言："彼已知我家贫无措，何故如此留难？我当发奋，倘然侥幸，他安能靳乎！"至邹士龙发出告状，朝栋为知府差人"即刻往拿"，亦发出诉状回应。在诉状中，朝栋指岳父邹士龙悔婚之意由来已久——"爱富嗔贫，屡求退休另嫁"，并屡生暗算之心——"久设阱机"，皆因"无由投发"，未能成行。在朝栋的笔下，邹士龙也是恶人一个。偶因贼人劫掠，遂借机"飘陷祸坑"，"坑陷婿命"。最后，请求有司"劈陷安良"。可以说，朝栋不再抱守先前向内要求的取向，而是选择了与邹士龙针锋相对的立场；与对方的全无体恤相对应，朝栋也绝无一丝理解与体谅。

第三，告状发出前，原告对被告深恶痛疾，但被告对原告却心怀善意；告状发出后，被告对原告仍不改初心。《拍案惊奇》卷一七中的孀妇吴氏与西山观道士黄知观通奸有年。其子达生长成后，见母丑行，"常是忧闷，不敢说破"；遭同伴戏谑后，请求母亲"不要他上门罢"，却换来吴氏的大吵大闹。无奈之下，达生数次捉破二人幽会，导致情欲受阻的吴氏渐生杀机，要"了帐他"，并在黄知观的帮助下付诸实施——"此间开封官府，平日最恨的是忤逆之子，告着的，不是打死，便是问重罪坐牢。……只出一状，告他不孝，他须没处辨"。公堂之上，面对"怒色待他"的府尹与不时敲响的惊堂木，达生绝无一言伤及母亲，惟自认"小的罪大恶极"；甚至在府尹要其"分辨"吴氏的指控时，仍道"小的怎敢与母亲辨？母亲说的就是了"；府尹苦口"密问"缘故，答应"与你做主"，仍咬定"其实别无缘故，多是小的不是"。在吴氏发出告状，明示与儿子恩断义绝的情况下，达生仍不"显母之失"，惟自认己过，惟愿安其心，处处加以维护。究其原因，主要是出于孝。古人重"孝"，孝者可免役、可选官，甚至因"孝"而犯罪可赦免；反之，不孝论罪，"不孝"甚至被列为最严重的十种犯罪"十恶"之一,须受重惩。而"劝善惩恶"是明清小说的创作目的之一。作品通过对达生与吴氏迥异的结局安排——达生"夫妻相敬,门风肃然。……仕宦而终",吴氏虽"收了心过日。只是思想前事,未免悒悒不快,又有些惊悸成病,不久而死",以及后人对达生的诗咏——"当堂不肯分明说,始信孤儿大孝人",实现了其劝惩目的。对孝的追寻,是达生在母亲发出告状、与其对簿公堂之际,仍不改初心的主要原因。

　　事实上,即便达生不愿受孝的羁绊而蒙冤,在公堂上说出母亲有奸的实情,也未必能得到公正裁决。联系《明镜公案》二卷《奸情类·李府尹遣觇奸妇》,对此可有更深理解。《李府尹遣觇奸妇》中的樊见与达生命运相似,都是媚母与人通奸,己身设计捉破,结果为母怀恨,告官不孝。不同的是,樊见在母亲洛氏"往府"告状后,出于对自身安危的考虑,曾"去求讼师作诉状"——"见得母与道士有奸,怒彼阻谏,故诬告不孝"。实战经验丰富的讼师认为此种写法不妥:"若依此诉,便得不孝之实。母告不孝,你本罪重。若诉出奸来,而道士不认,你该万死矣。"按照律法规定,不孝"谓告言、咒骂祖父母、父母,夫之祖父母、父母;及祖父母、父母在,别籍异财,若奉养有缺;居父母丧,身自嫁娶,若作乐释服从吉;闻祖父母、父母丧,匿不举哀;诈称祖父母、父母死"。①樊见彰母奸情,陷亲不贞,比律法所规定的任何一条不孝行为都更为严重,无论其母奸情是否属实,皆已构成不孝。而"不孝"罪较之其母所犯奸罪,要重很多。一旦道士对此矢口否认,则樊见还有诬告嫌疑,要受反坐之惩。总而言之,如果樊见不顾孝道,不虑亲情,直言母过,无论在实体法还是程序法上,都可能面临着被弃的危险。讼师言其"万死",不为过也。讼师告以针对此告的最佳对策:"只宜受打被禁。他回家必与道士往来,然后只禀于官。密差人访,方可释矣。"樊见道:"打难忍。"讼师曰:"不奈何,亦须打到二十后,方可指出。"樊见听从讼师建议,公堂之上,自认"得罪于母","为子不孝不能承奉母心",惟因怕打,请求李太府"念亡父止小的一人,若打死则亡父绝后,寡母十年苦节亦归空矣",显示出达生所没有的算计与策略,也超越了讼师的经验与教导。李太府果然没有令其失望,通过派人跟踪其母,纠出奸夫,解其冤屈,并得"孝子"之名。

---

① 《大明律》卷一《名例律·十恶》,第2页。

原、被告的三种关系状况对应被告的三种处境：第一种，被告确有过错，或有犯罪行为；第二种，被告是被冤枉的；第三种，被告根本就是受害者。从广义上来说，在第二、第三种关系状况中，被告均属受害者，均曾被当作罪犯对待，为什么其对原告态度的差别如此之大？主要是由原、被告的关系决定的。在第二种关系状况中，蒋光国与克信的关系已然在"五服"之外，邹士龙与朝栋即便以翁婿而论，亦是"五服"中之最轻者；而在第三种关系状况中，吴氏是达生的生母、洛氏是樊见的生母，乃"五服"中最重之"斩衰"。"哀哀父母，生我劬劳"，[①]故天地之恩，莫此为大，故天下无不是的父母；故无论是出于礼教的约束，还是法律的规避，被告都应对原告秉持初心而不改。

## 五、描摹原、被告的互动情况

是否原告发出告状，被告得知被诉后即发出诉状以回应？从明代白话小说中的告、诉状及作品上下文对诉讼活动的介绍可见，原、被告在诉讼过程中存在着以下几种互动情况。

第一：告状＋诉状。原告发出告状后，被告随即发出诉状以回应，告诉关系形成。被告获知被诉的途径主要有二，其一，"闻告"——听说原告诉己。《新民公案》二卷《谋害·井中究出两命》中的方廿五得施明同意，与其妻子江氏"同宿一宵"。不料约会当晚，方廿五之父方廷八从家乡赶来，遂致方廿五无暇赴约。后江氏被人杀死家中，施明认定方廷八是凶手，"写状往邵太爷处去告"——"告为活杀妻命事"。方廷八"闻告"，深责其子："尔不能务本，又不能保身，今又累及我父，你心何安？"方廿五不得已，只得"带病入府诉状"——"诉为辨冤事"。其二，于有司拘传时得知被诉。《石点头》第十卷中的赵成为达到"隐了家丑，借景摆布周玄"的目的，阴唆周玄之父周绍告丁奇引诱儿子嫖赌。周绍听信其言，"告这张状词"——"告为劫赌杀命事"。王从事上任伊始，见"诱引人家子弟嫖赌，情实可恶"，遂准状，"又批个亲提，差本图里老拘审"。丁奇本为嘉兴贩绵绸客人，于妓家偶遇周玄，由妓女牵头而赌，绝无"诱引"之心，亦不知赵成、周玄之间的恩怨，待里老来拘审，方知被诉。

---

① 金启华译注：《诗经全译·小雅·蓼莪》，第500页。

　　第二：告状＋催告＋诉状。原告发出告状后，被告有所恃，并未发出诉状以回应，原告于是再发催告，被告被迫发出诉状回应，告诉关系形成。《新民公案》一卷《人命·磊骗书客伤命》中的龚十三、童八十借滕宠本银二十两卖书，约好半年倍还。不想滕宠"执借券重骗"，并将二人毒打，二人进状——"告为黑骗伤命"。郭爷准状，"即遣医生验明，连发五牌，严提滕宠"。滕宠"广将酒食金银买嘱衙门人役，抗拒不赴对理"，龚、童复催一状——"催为抗提玩法事"。郭爷见之大怒，即刻严差守提。滕宠无计可逃，只得赴官诉告——"诉为沉冤陷害事"。

　　有时原告发出告状后，被告虽发出诉状回应，但原告此后发现被告贿赂官府，做以手脚，于是再发催告。《新民公案》一卷《人命·争水打伤父命》中的杨大目因汤盘将其父打死，"冤不得伸，只得写状去告"。郭公准了状子，"发牌拘拿汤盘赴府问断"，汤盘应诉。郭公检验后，因杨父破脑重伤，问汤盘偿命。汤盘"即将金银买贿承行吏书，滞卷莫进，谋缓覆审，欲待郭爷升迁，翻案告脱死罪"。杨大目得知汤盘奸谋，"遂复催告一状"——"告恳急取供招事"。郭公见杨大目催状，叹道："一时是我事多，亦必书吏按卷不呈。若不早断，他日我设若升去，大目怎么争得他过？必定脱了死罪。"命承行吏书急取供招，了结此案。

　　第三：告状＋告状＋诉状。原告发出告状后，因事实不清，案件不得进入审理程序；后原告获知案件真确消息，再次发出告状，被告发出诉状回应，告诉关系形成。《详刑公案》卷一《谋害类·董推府断谋害举人》中的鞠躬于南丰买铜溜金玩器、笼金篦子后，欲与表亲梅按院相会，命仆人章三、富十先期往南京打探按院所巡府县，然后会于芜湖。章三、富十于芜湖静候半月，不见主来，遍处寻觅，不见踪迹，遂至梅按院处告状——"告为失主事"。梅按院"给批文一张"，要二人"沿途缉访。若被劫定有货卖，……不明者，即结送官"。二人四处查找，发现南京一铺所卖器物为主人所携，而铺主金良言此货是"芜湖来的"，遂断定金良有重大嫌疑，先去兵马司朱公处呈告，又诉至梅按院处——"告为谋害事"，由此引发金良妻舅吴程的诉状——"诉为冤枉事"。

　　有些"无头案"虽进入审理程序，但凶身难知，只得暂时搁置；后原告获知被告身份，再次发出告状，被告回应，告诉关系形成。《喻世明言》第二十六卷中的沈秀于柳林"拖画眉"时,发病晕死过去。路过的箍桶匠张公想顺手溜走画眉,不想沈秀醒来,大骂不止。张公一怒之下杀死沈秀,将其头丢进树洞,抢走画眉。沈秀父沈昱得知儿子为人杀死,"径到临安府告"。沈昱与官府先后悬赏寻获沈秀头及捉得凶身者。黄大保、小保贪图官府赏银,杀死父亲,以其头冒充沈秀之头报官,道:"因捉虾鱼,故此看见,并不晓别项情由。"后沈昱于御用监禽鸟房偶见儿子所养画眉,"想起儿子,千行泪下,心中痛苦,不觉失声,叫起屈来",被拿至大理寺,"把儿子拖画眉被杀情由,从头诉说了一遍"。大理寺官因画眉乃李吉所进,差人火速捉拿到官。

第四:告状+诉状+上告状。即原告发出告状后,被告发出诉状回应,第一审级受理后审断;但原告对此一审断结果不满,于是向更高审级发出上告状。《金瓶梅词话》第四十七回中的苗青因遭主人苗天秀责罚而"切恨在心"。随主人往南京途中,他与艄子陈三、翁八合谋,将主人刺脖后推坠入水,又将另一家人安童打落水中。安童为一老翁救起,随其卖鱼为生。后安童偶然撞见陈三、翁八,将其害主情形具告于提刑院。夏提刑差人将陈三、翁八拿获,"二艄见安童在旁执证,也没得动刑,一一招承了。供称:'下手之时,还有他家人苗青,同谋杀其家主,分赃而去。'"夏提刑差人访拿苗青。苗青得知消息,暗躲于经纪乐三家,并通过与乐三老婆交好的王六儿,走了西门庆的门路,送其一千两银子。西门庆要苗青连夜回扬州,然后言于夏提刑:"明日只把那个贼人真赃送过去罢,也不消要这苗青。"次日,西门庆与夏提刑依约而断,申详东平府,将陈三、翁八问成强盗杀人,斩罪。安童对此审断结果不满,"有日走到东京,投到开封府黄通判衙内,具诉:'苗青情夺了主人家事,使钱提刑,除了他名字出来。主人冤仇何时得报?'"黄通判听了,"连夜修书,并他诉状封在一处,与他盘费,就着他往巡案山东察院里投下"。第四十八回中安童打听巡按御史住札东昌府察院,前去呈控。

如果被告对第一审级的审断结果不满,也会向更高审级发出上告状。《律条公案》六卷《谋产类·谢府尹断弟谋兄产》中的耿广有弟耿远、耿大。耿广年四十而无子,二弟常欲分其家业,皆因兄在难以开口。耿大与何美争竞水道,逞凶厮打。时耿广久病,闻知往救,遭打卧床。耿大以为分产时机到来,侍奉汤药之际,持斧击兄凶门,致其身死,反诬"被何美打伤,至半夜身死"。耿广妻信以为然,"告于本县谢公台下"——"告为打死人命事"。何美闻知,具词来诉——"诉为诬赖大冤事"。谢公亲行检验,见耿广浑身多伤,而囟门一处尤为致命,"遂拟何美填命,成招申明案院"。何美冤不得伸,"又遣子何清具状告于按院张公台下"——"告为黑天大冤事"。

从以上分析可看出,原、被告间存在着多种互动模式,这是由原、被告对待诉讼的不同态度及社会关系的复杂性决定的。此外,原告在诉讼过程中还是占据一定主动地位的。只要原告认定有必要,就可以向有司告诉;即便被告不认可被诉地位,也必须到官;如察觉被告有贿赂衙门人役的行为,还可以向官府发出"催告",请求其有所作为。对有司,原告即便由于状式不合等原因被驳回起诉,仍可通过个人努力加以弥补(当然,过程可能很艰辛)。可以说,原告一直在牵着被告与有司,促使其采取相应的有效行动。相对于原告,被告的主动性较低:面对原告的指控,绝无回避的可能;其"贿牌"等不法行为一旦招致原告反感,求助于清明有司,则先前费心谋划的逃避之计都将宣告失效。

明代白话小说中数量丰富的告、诉状为后人了解其时的诉讼活动及相关情况提供了极大的帮助。此外,告、诉状还直接反映了明代的社会生活、民间习惯等。很多明代公案小说都在目录中按所涉案件类型对作品作了分类,如《廉明公案》就分人命类、奸情类、盗贼类、争占类、骗害类、威逼类、拐带类、坟山类、婚姻类、债负类、户役类、斗殴类、继立类、脱罪类、执照类、旌表类十五类,一望即知其所反映的社会生活的复杂性、人与人关系的多元化,亦可以之探讨明代的社会生活等。

# 第二节　牌　票

官长受理告状后,会首先对户婚、田土、斗殴等轻罪案件加以开导,发出"带有开导或诉讼准备性质"的牌票;[①]开导无效后,方会一如对待其他重罪案件,发出"勾人"牌票。

---

① 从台湾淡水、新竹档案保留的各种牌票底稿来看,"有多种牌票是带有开导或诉讼准备性质的"。参见郭建《帝国缩影——中国历史上的衙门》,第205页。

牌票的送达方式主要有三种：一是派差人送达，二是命原告送达，三是令地方送达。明吕坤认为，三种送达方式均有弊端，"勾摄犯人，动差皂快，此庸吏之套习，实小民之大殃也"，而"革弊爱民之官多用原告自拘，夫两仇相见，势必起争，妄称抗违，以激官怒"，另"添差地方保伍同拘者，此是换名之皂快，需索凌虐，与皂快同"，故提出第四种送达方式——由干证送达："以原状或红票付告人，令其递与干证，干证持之呼唤被告，约会同来。"此一送达方式的好处是："干证者，事内之人，毕竟不免到官。彼若有所需求，自是有人买嘱，亦不恃勾摄之势矣。是间阎省一皂快之害，而公堂余一差遣之人也。"①此外，明佘自强还提出县门"张示"的方式："如再不来，则每月用告示一张，总挂县门，将原告苦恳不到犯人，一总张示，内云：'如再不来者，定行差人提审。'"②这一送达方式无疑最为省俭。

或许是由地方或干证送达牌票及县门"张示"的方式在司法实践中很少使用，或许是这些送达方式不易激化矛盾，不利于小说中情节的发展，明代小说对此的表现极少。

明代白话小说对由原告送达牌票的情况有所表现。《型世言》第十八回中的李莹斋知县受理民词，"皂甲不差，俱用原告"。《醒世姻缘传》第十二回中的李纯治知县准状后，"交付原告自拘"。小说写此的目的，是为了突出好的官长与民省事，免民受累，应未考虑官箴书所说的"两仇相见，势必起争"的情况。

关于由原告送达牌票的内容，据《居官格言》：

> 某县为受理词状事。仰被告依限前来缴牌，听候问理，免致差人扰害。违限者，依律治之，须至牌者，
> 计开某里犯人几名：
> 赵甲、钱乙、孙丙、李丁。
> 右仰差原告周戊。 准此。
> 正德十四年三月 日 吏典吴巳承。

---

① （明）吕坤：《新吾吕先生实政录·风宪约卷之六·听讼十二款》，第552页。
② （明）佘自强：《治谱》卷四《词讼门·自理差原告快手不同说》，第109页。

信牌押

定限　日销缴。①

　　小说对此亦有所表现。《醒世姻缘传》第二十六回中的秀才麻从吾极没行止，依道士混饭吃，道士被搅扰得不行，逃了，他反告道士拐骗。知县"取票上来，批了'原告自拘'四个字"。小说的表现相对简单。

　　在明代白话小说中，大部分牌票都是官长派差送达的。《醒世姻缘传》第四十七回中的晁夫人遣家人晁凤告"为积棍冒认孤子吓诈人财"，徐宗师"次早即金了牌，差人提魏三、徐氏、晁思才、晁无晏，限次日投文听审"。《禅真后史》第四十四回中的知县欲缉凶手羊雷并亲族家眷，因其母年已八旬，知县"金下牌票，差弓兵、健捕拘提卞心泉（羊雷表兄）至县"。

　　关于此类牌票的样式，小说有细致表现。《禅真逸史》第二十五回："一个公人，腰边取出一纸花边牌票。"《醒世姻缘传》第八十回中的狄希陈问差人："有察院老爷的帖儿么？"差人答应"有"，"即去袜勒内取出一个牌夹，夹内取出一个连四纸蓝靛花印的边栏"。可见牌票是纸质的，有花边，上有"蓝靛花印的边栏"。《新民公案》二卷《谋害·断拿乌七偿命》中的郭公吩咐捕盗施功、葛木："尔其与我不问城市、乡下，但有乌七，可拿来见我。"葛木道："无牌难拿。"郭公"即标一牌，用了关防"。可见，牌票上须加盖关防。关防是印信的一种，明太祖为防止作弊，用半印，以便拼合验对，后发展成长方形、阔边朱文的关防。《型世言》第二十七回中的假差冯敬溪要吴仰坡拿牌票给陈公子、钱公布看，吴仰坡"便在牌包中捡出一张纸牌来"。《醒世姻缘传》第十一回中的计巴拉送伍小川出去，"拿（伍小川遗下的东西）得自己房内，开了书夹看时，内里牌票不下一百多张，也有拿人的，也有发落的"。可见，牌票保存于牌包或书夹中。

　　因牌票的内容以朱笔写就，故又称"朱票"、"朱笔官票"。《石点头》第十卷中的知县"即写一朱票"，命两个能事的皂隶去拿赵成妻妾及丫头。《二刻拍案惊奇》卷七中的太守"出堂去金了一张密票"，差公人急取绵州学史秀才到州。公人敲进史家门去，"将朱笔官票与看"。因官长于朱票上以墨签字，

━━━━━━━━━━

①　（明）不著撰者：《居官格言·施行条件·信牌》，第79页。

故又有"朱批墨字"、"红字黑押"之说。《东度记》第九十二回中的化善道："我正是官长差来的公役,专为地方捉拿不明礼节的汉子。"言毕,"于腰间取出一根索子,放在二汉面前,却在行囊中取出一纸牌票,朱批墨字"。《醒世姻缘传》第十回中的证人高四嫂因县令下令将其赶出官署,道："你拿红字黑押的请将我来。"

关于差人送达牌票的具体内容,明代白话小说也多有表现。《禅真逸史》第二十五回："为局赌事。原告官宦桑从德,抱告人桑聪,被告犯人二名:杜应元、杜伏威,干证管贤士等。"《二刻拍案惊奇》卷四："立拘新都杨宦家人纪三面审,毋迟时刻。"可见,牌票包括案由、原被告及证人姓名等内容。《新民公案》一卷《欺昧·设计断还二妇》："建宁府理刑厅蒙按察司周爷批处。本府寿宁县姚克廉,状告强盗劫掳事。拿得强盗王际明等,供招财帛妇女真赃,俱寄海口周林窝藏,理合拿究。今差捕盗刘夫等,速拿窝主及财物妇女,到厅对理。毋违。万历元年三月二十日票。"《型世言》第二十七回："绍兴府理刑厅为奸杀事。本月初六日,蒙浙江巡按御史马,批准山阴县告人洪三十六告词到厅,合行拘审。为此,仰役即拘后开人犯,赴厅研审,毋违。须至牌者,计拘:陈镰、钱流。俱被犯张德昌、岑岩。俱干证洪三十六。原告差人吴江。"除了案由、原被告及证人姓名,发牌机关、承差姓名、发牌时间等也是牌票中应有之内容。此外,如果案件是上级官长派发的,牌票还需对此作以交代。除了前面提到的各项,立限听审、警告承差不得卖放等也是牌票中常见的内容。《欢喜冤家》第二回："此状鬼使神差,该县火速行牌。去拘凶身小二,同邻验取尸骸。限定午时听音,差人不许延挨。若是徇情卖放,办了棺木进来!"《拍案惊奇》卷一七:"立拿吴氏奸夫,系道士看抬棺者,不得放脱!"由以上分析可见,明代白话小说中派差送达的牌票在内容上与官箴书中所列命原告送达的牌票近似,都包括案由、原被告姓名、发牌时间、定限销缴等要素,比较可信。

关于牌票的发放程序,《治谱》："凡当堂准过者,虽本日,即令轮直书手写票送印。"[①]官长将案件发房后,承办书吏书写牌票、挂号,然后交付差人执行。小说对此作了表现,《二刻拍案惊奇》卷三五:"县官见他说得的确,才叫个吏

---

① (明)余自强:《治谱》卷四《词讼门·自理不概分状承行》,第108页。

典,将纸笔责了口词,准发该房出牌行拘。"《新民公案》一卷《欺昧·富户重骗私债》:"郭爷即分付承发房,写下一纸拿强盗窝主牌票。"如果官长怀有私心,则可能不待案件发房挂号,即书写牌票拿人。《醒世恒言》第二十九卷中的汪知县一心陷害卢楠,见钮文、金氏来告,"也不看地邻呈子是怎样情繇,假意问了几句,不等发房,即时出签,差人捉卢楠立刻赴县"。

关于牌票的收缴,《官箴集要》:"凡官府,皆须置立信牌,追会钱粮、军需、刑名、造作,……务要依限完缴。"①拘捕任务完成后,差人需及时上缴牌票。《欢喜冤家》第六回:"太爷坐在堂上,两个差人扯定禀道:'王生员拿到了,销牌。'"《禅真逸史》第十二回:"该房书吏都捧过文案、牌票等项,来禀金押、销缴。"

明代白话小说中还出现了一些称谓特殊的牌票。如白牌。《金瓶梅词话》第九十二回中的霍知县"须臾批了呈状,委的两个公人,一面白牌,行拘陈经济、娼妇冯金宝,并两邻、保甲正身,赴官听审"。《梼杌闲评》第八回中的兵备道冯京欲治侵害民间的钦差程士宏,"到衙门内取了十数面白牌,朱笔写道:'钦差程士宏,凌虐有司,诈害商民,罪恶已极,难以枚举。……本道不能使光天化日之下,容此魑魅横行。凡尔商民,可于某日齐赴道辕,伺候本道驱逐。特示。'"据《璞山蒋公政训》:"任后,置五六寸有把白水牌,或三面,或五面。凡拘近处事,务用此牌拘。"②小说中的白牌应即用于"拘近处事"的白水牌。此外,小说中的白牌还用于追踪"无头公案"的嫌犯。《廉明公案》上卷《人命类·蔡知县风吹纱帽》中的蔡知县密召曾启、魏忠等十六人来,嘱咐曰:"我给汝等四面白牌,次早初开城门,你分作四门出,各执一面牌于离城二里外等候,但有出城者,都要拿来,限明日申时解见。"此"白牌"之"白",很有可能喻指被勾人姓名一栏为"空白"。

如硬牌。《诸司公案》三卷《盗贼类·夏太尹判盗鸡妇》中的夏太尹吩咐皂隶:"出一面硬牌,凡金在衡左右前后十家内,不拘官民妇女,悉拘来审。如有不到者,即系偷鸡犯妇,坐令赔赃,枷号示众。"皂隶"持牌去唤,那个敢违"。《醉醒石》第八回:"少不得有司出来调停。果是长、吴二县,心中也怪王千户,

① (明)汪天锡:《官箴集要》卷下《公规篇·销缴信牌》,第301页。
② (明)蒋廷璧:《璞山蒋公政训·治体·慎牌票》,第8页。

要人啰唣。他却也道：'歹不中是个差官,带有钦给银两,也是地方干系。'一面申报上司,一面自来抚慰。众人围住,嚷嚷乱乱。又得抚院守巡,俱有硬牌,差学官解散,且禁百姓乘机生事。"这里的硬牌,用于拘传众人,且强制性成分更大。

如宪牌。《二刻拍案惊奇》卷四:"谢廉使审得真情,即发宪牌一张,就差史应、魏能两人赍到新都县,着落知县身上,要金事杨某正身。"《喻世明言》第二卷:"陈御史下了小船,取出见成写就的宪牌,填上梁尚宾名字,就着聂千户密拿。"宪牌为御史拿人时的专用凭证。

看牌票为当事人的权利,但有时公差故意刁难当事人,不轻易给看。《新民公案》一卷《欺昧·设计断还二妇》中的王际明将所拐妇女寄于周林家,郭公所差快手与丁知府所差皂隶奉命来拿。周林"不知是其公干",请罢茶后,"请牌看"。快手骂道:"按察司牌票这等易看。"当此情境,当事人为看牌票需支付"看牌包"。从明代白话小说可见,"看牌包"于看牌前支付,且数额小于"差使钱"。《型世言》第二十七回中的钱公布与冯敬溪、吴仰坡合谋,敲诈其学生、官宦子弟陈公子,说陈公子所调戏的皮匠之妻已羞愤自尽,冯敬溪、吴仰坡则假扮理刑厅公差前来传唤。钱公布命备饭,饭后,冯敬溪道:"正是扰了半日,牌也不送看一看,倒是白捕了。伙计看牌,虽有个例,如今二位相公体面中,且先送看。"师生商议送出差使钱,冯敬溪嫌少:"怎轻轻易易拿出这个包儿来? 也须看'理刑厅'三个字。"吴仰坡出来打圆场道:"伙计,这是看牌包儿。若说差使钱,毕竟我你二人,一人一个财主。"

在明代白话小说中,官长批于衙役手、臂上的文字也具有拘传功能。如批手,《新民公案》一卷《欺昧·断客人失银》:"郭爷叫该值皂隶过来。丁申向前,郭爷即批手,速拘范达完银。"如批臂,《鼓掌绝尘》第二十七回:"高太守道:'强奸重情,当拘李氏执证,才见分明。'便唤公差标臂,把李小姐立刻拘到案前。"

关于批手、臂的具体内容。其一,拘拿犯证。《型世言》第二十三回:"(殷知县)即刻差一皂隶臂上朱标:'仰拘姚明两邻赴审。'"《鼓掌绝尘》第三十二回:"知县唤过公差,把朱笔标在臂上:'速押首人李元,立刻拘拿私和人命犯杨一、犯妇李氏赴审。毋违。'"其二,起赃。《型世言》第二十三回:"殷知县又批臂着人到他姊家,上写道:'仰役即拘姚氏,并起姚明赃物赴究。毋违。’”

　　明代白话小说对牌票的表现，使我们了解了很多的历史细节，丰富了对其时相关问题的认识。但小说中官长批手、臂拿人的情况，其他史料较少见及，有待进一步证实。

# 第三节　榜　　文

　　榜文是官府向民众发布的公告。明太祖特重榜文的发布，其御制《授职到任须知》第五条即针对"制书榜文"而发，并强调发布"制书榜文"的重要性："为官之道，政治禁令，所当先知。须考求节次所奉圣旨制书，及奉旨意出给榜文、晓谕官民事件，逐一考究，讲解立法旨意。"①明代白话小说对榜文多有表现。

## 一、称　　谓

　　关于榜文的称谓，可谓因时而变。据《古代榜文告示汇存》："明代前期及以前各代，'榜文'、'告示'、'布告'等名称混相使用。明代中叶以后，为了体现'上下有别'并区分其适用地域的范围，皇帝和中央机构其及（注：原文如此）长官的布告通常称榜文，地方各级政府和长官的布告则称为告示。"②明代白话小说表现了榜文、告示的"混相使用"情况。《封神演义》第二十三回："文王听散宜生之言，出示张挂西岐各门。"《四游记·东游记》卷上《洞宾酒楼画鹤》："时有蛟精出没淮水，或作雷雨，沉去州县民房；……是时府县正设醮出榜，求异人降服蛟精。"《禅真逸史》第九回："（武帝）又着中书省官写下榜文，遍处张挂，有能拿得林太空投献者，官给赏银三百两。"《喻世明言》第二十六卷："本府亦限捕人寻获，亦出告示。"比较全面。

---

① （万历）《明会典》卷九《吏部八·关给须知·到任须知一》，第54页。
② 杨一凡、王旭编：《古代榜文告示汇存·序言》，第1页。

# 二、格　式

现存明代榜文、告示多以"某官为某事。照得……"开头。如方扬《禁诬讼示》开头："随州为禁止诬讼事。照得随，故汉东大郡，成周二南之化先焉，民非素嚣，俗非素薄也。"①但也有一些变化，主要有如下几种情况。其一，简化为"某官。照得"。如海瑞《示府县状不受理》开头："抚院海示。照得刁讼惟江南为甚，略无上事，百端架诬，盖不啻十状而九也。"②其二，简化为"为某事。照得（访得）"。如江东之《申严禁约文告》开头："为申严禁约以杜苗衅事。照得汉人深入苗地，奉例禁遏甚严。设有违犯，轻则拟遣，重则拟辟。"③其三，直接以"照得"开头。如文林《温州府约束词讼榜文》："照得当职病卧里闾，淹及七载，误蒙圣上擢守兹土，恳辞未获，勉强而来。"④其四，直接针对告知对象。如方扬《禁谕吏书示》开头："仰六房吏书人等知悉。本职到任伊始，百度维新，凡我吏民，宜知守法。"⑤其五，以说理开头。如尹昌隆《巡按浙江晓谕榜文》开头即先指出朝廷设官目的："尝谓朝廷稽古建官，本以分理庶务、子育群黎，俾强弱不敢侵凌，贫富各得其所，共乐雍熙太平之盛。"⑥

关于榜文、告示的结尾，主要有三种情况。其一，以"故示"、"须至告示者"等公文语结尾。如方扬《禁诬讼示》结尾："故示。"⑦汪循《永嘉谕民教条》结尾："故此晓谕，须至告示者。"⑧其二，以告诫之辞结尾。如尹昌隆《巡按浙江晓谕榜文》结尾："为此，当职除暗行访察外，仰所在军民人等，但有官吏贪赃坏法、卖富差贫、颠倒是非，使冤不得伸、枉不能直，即便指陈实迹，赴院陈

---

①　杨一凡、王旭编：《古代榜文告示汇存》第一册《方扬告示·禁诬讼示》，第538页。
②　杨一凡、王旭编：《古代榜文告示汇存》第一册《海瑞告示·示府县状不受理》，第460页。
③　杨一凡、王旭编：《古代榜文告示汇存》第一册《江东之榜文·申严禁约文告》，第519页。
④　杨一凡、王旭编：《古代榜文告示汇存》第一册《文林告示·温州府约束词讼榜文》，第431页。
⑤　杨一凡、王旭编：《古代榜文告示汇存》第一册《方扬告示·禁谕吏书示》，第536页。
⑥　杨一凡、王旭编：《古代榜文告示汇存》第一册《尹昌隆榜文·巡按浙江晓谕榜文》，第417页。
⑦　杨一凡、王旭编：《古代榜文告示汇存》第一册《方扬告示·禁诬讼示》，第540页。
⑧　杨一凡、王旭编：《古代榜文告示汇存》第一册《汪循告示·永嘉谕民教条》，第450页。

告,以凭拿问。"①其三,公文语与告诫之辞相夹杂。如方扬《禁谕吏书示》结尾:"示至,各宜谨守遵依,毋以身试法,且区区之身,亦不足试也。故示。"②

此外,如果榜文、告示涉及多个条款,多于诸条款前以公文语暂结。如文林《温州府约束词讼榜文》就在列举诸条款前,道:"为此,除外令给膀文前去张挂,晓谕一体遵守施行,须至榜者。"③

明代白话小说也给出了不少榜文、告示的样本。如《廉明公案》下卷《威逼类·雷守道辨僧烧人》中禁信僧道的告示:

> 钦差分守成都道金事雷,为除左道以正巡风事。照得人惟伦理最大,惟圣道最可信。外此尚佛,违圣道者也,僧叛伦理者也。故善则召祥,不待礼佛,惟天养德,岂在烧香。间有灵庵显寺祷求应验者,此但其事偶尔相符耳。宁有命应穷而佛能使富,事应祸而佛能转福哉?即使有神应梦寐,答决休咎者,亦人心之诚,则民生非以佛之故也,抑或山川精灵则有之。故神惟社稷城隍可敬信,而诸佛菩萨等不可为彼所惑也。近见升仙寺僧,常将外人饥饿制缚,置之高台焚化,谓超度成佛,反哄愚民拜之求福,递年枉死,何有底极。佛若有灵,岂助若等为此剧恶。今已访出,毁其淫祠,诛其凶僧,其逃走在外者,已行各处捕治。今后士民宜明伦理,好圣道,毋信异端入寺烧香,毋实行恶逆而欲媚神,以求福烧香以盖愆。自掩耳偷铃,其将欺天哉! 为此,合行出给告示,晓谕军民人等知悉,遵守毋违,须至示者。

该告示以"钦差分守成都道金事雷,为除左道以正巡风事。照得"开头,以"遵守毋违,须至示者"结尾,与明代现存榜文告示的格式相同。

再如《石点头》第十一卷中禁止弄潮的告示:"斗牛之分,吴越之中,惟江涛之最雄,乘秋风而益怒。乃其习俗,于此观游。厥有善泅之徒,竞作弄潮之

---

① 杨一凡、王旭编:《古代榜文告示汇存》第一册《尹昌隆榜文·巡按浙江晓谕榜文》,第419—420页。
② 杨一凡、王旭编:《古代榜文告示汇存》第一册《方扬告示·禁谕吏书示》,第538页。
③ 杨一凡、王旭编:《古代榜文告示汇存》第一册《文林告示·温州府约束词讼榜文》,第432页。

戏,以父母所生之遗体,投鱼龙不测之深渊。自为矜夸,时或沉溺,精魄永沦于泉下,妻孥望哭于水滨。生也有涯,盍终于天命;死而不吊,重弃于人伦。推予不忍之心,伸尔无穷之戒。如有无知,违怙不悛,仍蹈前辙,必行科罚。"该告示以具有说理性的"斗牛之分,吴越之中,惟江涛之最雄,乘秋风而益怒。乃其习俗,于此观游"开头,以告诫性的"如有无知,违怙不悛,仍蹈前辙,必行科罚"结尾,也符合明代榜文、告示关于格式的基本要求。

# 三、功能与内容

据《古代榜文告示汇存》,榜文、告示的功能与内容主要有二。

第一,"以告谕、教化为宗旨。内容是指陈时弊,申明纲常礼教和治国之道,意在使人知所警觉,趋善避恶"。[①] 明代白话小说对此作了表现。《韩湘子全传》第二十二回中的韩愈上任后,"各样事务已毕,便张挂告示,晓谕军民人等,凡有地方大利当兴,极弊当革,许一一条陈,以便振刷。凡有贪官污吏,鱼肉小民;大户土豪,凌轹百姓;及含冤负屈,抱枉无伸者,许细细具告,以便施行"。

第二,"重申国家法律和公布地方官府制定的政令、法令",[②]其内容涉及"吏治、安民、钱粮、学政、约束兵丁、盐禁、救荒、庶务、关防、狱政、词讼、乡约、保甲、风俗等社会生活的各个方面"。[③] 明代白话小说对此类榜文、告示的表现比较多。如安民,《英烈传》第六十九回:"徐达进城,出了安民的榜文。"如学政,《五鼠闹东京》卷一《郑先生教施俊读书》:"县中有告示张挂,晓谕士子东京开科取士。"如救荒,《百家公案》第七十三回:"包公既断赵皇亲等罪讫,当厅分付管仓官员,将榜文张挂,赈济三县饿民,一两铜钱、一斗米。口数多者,支一石与他。"如风俗,《灯草和尚》第十一回:"(平章府)出一张告示,不许妇女入观烧香。"

除了前述功能、内容,从小说可见,榜文、告示还具有通缉罪犯、悬赏捉拿的功能。《鸳鸯针》第二卷第一回中的任知府告南雄知府其幕宾时大来"与这

---

① 杨一凡、王旭编:《古代榜文告示汇存·序言》,第1页。
② 杨一凡、王旭编:《古代榜文告示汇存·序言》,第1页。
③ 杨一凡、王旭编:《古代榜文告示汇存·序言》,第4页。

些人作钩手",劫其行李、女儿。第二回南雄知府抓捕时大来,并发布通缉余党的告示:"正堂为晓谕事。照得潮州府正堂任,带领家眷赴任,道经梅岭遇盗,劫去行李辎重无算,并掳去小姐一人,不知下落。近访得系盗首时大来,勾通线索,表里为奸,已经捉获,严审成招定罪。俟详各宪外,所有余党,如有知风来报者,官给赏银五十两,倘窝主故行抗逆,访出一体重处,决不姑贷。特示。"此类告示在格式上也与明代榜文、告示相符,故在历史上可能真实存在过,可补充前说。

# 四、制定与发布程序

古时,榜文、告示的制定、发布须遵循一定的程序,"一种是下级针对某种事项拟定榜文、告示文本,经呈报上级批准后,以下级长官名义发布。另一种是由上级针对某种事项制作榜文、告示文本发给下级,以上级长官名义发布,或授权以下级长官名义发布"。[①] 明代白话小说的表现比较简单,主要表现了上行下榜文告示的制定、发布程序。《三遂平妖传》第九回中的包拯"行文书下东京并所属州县,令百姓五家为一甲,五五二十五家为一保,不许安歇游手好闲之人在家宿歇。如有外方之人,须要询问乡贯来历。各处客店,不许容留单身客人"。《鸳鸯针》第一卷第二回中的南京江西道御史"叫书房写了几张告示,飞风发到各寺院,如有停留抽丰过客的,僧俗每人三百斤枷,枷号三个月"。然后,他"又写了告示稿,知会了吏部(南京)"。

# 五、张贴、悬挂地点

古时,榜文告示"通常是张贴或悬挂在道路四通八达或人口密集之处,以便及时让更多的百姓知晓"。[②] 明代白话小说对此作了表现。《天妃娘妈传》第十四回:"有闽福建节度使王臣,接了圣旨,即时开榜,张挂四门。"《孙庞斗志演义》卷一六:"孟尝君道:'先生事在急迫,可速出榜文,四下张挂。'"

---

① 杨一凡、王旭编:《古代榜文告示汇存·序言》,第3页。
② 杨一凡、王旭编:《古代榜文告示汇存·序言》,第3页。

此外，"有一些榜文、告示是专门针对诸如吏胥、兵丁和书生等特定群体发布的，这类榜文、告示通常是在被告知的对象所在地公告或张贴的"。① 小说对此也作了表现。《龙阳逸史》第二回中的李翠儿逃到古庙，庙中乞儿道："这个古庙，是我们的地方。如今官府好不利害，你且到门首把告示看看，凡是面生可疑之人，不许容留在庵观寺院里。"《龙阳逸史》第八回中的南林县刘松衖，"当初那地方上出一个光棍，姓刘名松，原来他开成的这条衖。衖内前前后后，共有头二百间房子，居住的都是娼妓"。刘松死后，地方上又出了个光棍，叫做鲁春，"遂把那些房子买了一半，造了一个小官塌坊"。后妓女与小官为争生意而兴讼，钟典史"准了娼妓口词，要禁止了男风"，差人"拿了一张告示，来到刘松衖口贴下"。

小说还表现了榜文、告示张贴、悬挂于官衙前的情况。《三遂平妖传》第十三回："朝廷降下圣旨，遍行诸路乡村巡检，可用心缉访剿捕。文书行到河北贝州，州衙前悬挂榜文，那个去处甚是热闹。"《百家公案》第九十一回："包公随即具榜张挂：应有私宰耕牛者，召人捕捉，官给赏钱三百贯。……（卜安）扯住刘全云：'见今府衙前有榜，赏钱三百贯捕私宰耕牛，你敢违令？'"

如果榜文告示具有通缉令的功能，则其张贴、悬挂地点有扩大化趋势。《廉明公案》下卷《威逼类·雷守道辨僧烧人》："雷道乃一面出榜文四处捕其逃僧，一面将住持为首数僧拟死，拆毁其寺。"《禅真逸史》第九回中的林澹然被诬谋反之罪，遭武帝通缉，"写下榜文，遍处张挂"。第十一回中的山大王薛双、苗龙收留了林澹然，派喽啰下山打探情况。喽罗回寨禀复："小人两个一路打听去，只见城市通衢、乡村户落，处处张挂榜文，图形画影，寻获林住持爷爷。"以上两点，补充了现今关于榜文、告示的研究。

# 六、与司法的关系

在明代白话小说中，官长常利用榜文、告示判断无头案，不仅及时发现案件线索，还人赃俱获，使案件轻易告破。《诸司公案》三卷《盗贼类·许太府计获全盗》中的许知府受理赵夔赴任途中老父被劫杀案时，知此案难断，遂假托

① 杨一凡、王旭编：《古代榜文告示汇存·序言》，第3—4页。

状中所告贼名甚多,"中间亦有真贼,亦有被陷者。可出告示,令他来诉,然后出拿未诉者",欲引起强盗内讧。此示一出,群盗为表清白,皆"相继出诉"。小说按语赞道:"此路中被劫贼本难捕,况远客告状,势难久待。许公先怒告者,似无为彼治贼之意;后出许诉告示,又似有惜民之心。则贼必争告掩非,希图解脱,岂知正堕许公术中乎!不三日,而盗已得;不阅月,而吏可归。虽如神之判,不过是也。"

在小说中,榜文、告示还成为某些官长掩饰己误的合法借口。《鸳鸯针》第一卷第二回中的丁协公进京会试途中,去南京吏部侍郎处打秋风。适值南京江西道御史座师的儿子金举人也来此走门路,结果被查出是假的。御史派人捉拿时,误将丁协公捉获。丁协公仆人向吏部禀明此事,侍郎"立刻写了书,差人知会那御史去了"。御史老大没趣,又担心丁协公有靠山,自己"不惟丧体面,且有碍官箴",遂想个法,"叫书房写了几张告示,飞风发到各寺院,如有停留抽丰过客的,僧俗每人三百斤枷,枷号三个月"。御史"又写了告示稿,知会了吏部"。侍郎要持重仰望,"见得事从他起,两衙门口角可畏",只好"也自写了一张禁止游客的告示,粘在本衙门口"。结果出监后的丁协公不仅投宿寺院不着,连侍郎的面也不得见。

榜文、告示甚或能透露出官长廉与贪的信息。《封神演义》第二十二、二十三回中的文王欲设灵台"以应灾祥之兆",又不愿轻用民力,遂"听散宜生之言,出示张挂西岐各门。……'特每日给工银一钱支用。此工亦不拘日之近远,但随民便:愿做工者即上簿造名,以便查给;如不愿者,各随尔经营,并无强逼。想宜知悉,谕众通知。'"结果,"一郡军民无不欢悦,情愿出力造台"。《石点头》第八卷中的荆湖路条列司监税提举吾爱陶上任后,起草一通告示,张挂衙前,规定:"除不綝官路,私自偷关者,将一半入官外,其余凡属船载步担,大小等货,尽行报官,从十抽一。如有不奉明示者,列单议罚。特示。"明时,"凡商税,三十而取一"。[①] 吾爱陶此举不仅违反律法,还暴露了其贪婪的心理,"为此,地方上将吾爱陶改做吾爱钱,又唤做吾剥皮"。

明代白话小说还表现了衙役张挂榜文、告示时的不作为行为。《梼杌闲评》第二十四回中的田知县得巡抚示禁白莲、无为教的宪牌、文书后,命快头

---

① 《明史》卷八一《食货志五》,第 1318 页。

张治、民壮头胡镇走各乡镇，会同乡保张挂，"毋得容隐说法惑众之人并游食僧道。十家一保，犯者同罪。你们与地保若受赃容隐，一定重处"。二人来到"每年都要做几回会"的峄山村刘家庄，虽如实告知官长之命，"不许坐茶、讲经、做会，……不许容留游方僧道，要各具结状，十家一保，因此特来贵庄报知"，但又表示："小弟也料得不能禁止，只是新官初到，也要掩密些，避避风头。自古道：'官无三日紧。'淡下来就罢了。"待庄主取出十两银子相送，二人稍作推让即道："小弟也常要来赴会，只是寂密些要紧，内里事在我们二人。"贪于贿赂，是其不作为的主要原因。

明代白话小说从称谓、格式、功能与内容、制定与发布、张贴与悬挂等方面入手，对其时的榜文、告示作了丰富细致的反映，既与史相符，又有超出史载之处，特别是对榜文、告示与司法关系的表现，别无叙及，堪补史阙。

明代小说在法律文书层面上取得的成就非常突出，很多法律文书不仅内容完整，格式上与现实中的文书高度相似，还因彼此的因果关系组成"文书链"，加之上下文对案情的介绍、人物关系的交待、人物心理的描摹等，为全面了解案情的发展及法律文书的产生等提供了帮助。虚实之间，相辅相成，顾盼生姿，极富魅力。

# 第五章　明代白话小说对
# 法律人物的摹写

　　小说以塑造人物为主要任务,故相对于法律设施、规章、文书,法律人物在明代白话小说中得到更多、更直接的表现。就官役而言,上至官长,下至吏员、衙役,无不得到较集中的反映。关注官长并非小说的专利,明代官箴书作为为官指导,对官长的品质、性格、能力等同样看重。以之与小说中的相关部分作对比,可见出两者在大的方面观点相似,在小的方面又多有不同。这与作者不同的出身、思维方式、写作目的有关。虽然如此,其真实性都不容怀疑。可以说,他们关于法律的相同和不同的想象、意识、态度等,共同构成了明代法律文化的一部分。

## 第一节　官长的解纷能力

　　除了包公、海公等名垂青史的大清官,明代白话小说还塑造了很多小清官形象,如“向为县官,不要一钱”的袁崇焕(《镇海春秋》第十七回),“素性简廉,邑中敬慕”的王惟用(《名公案断法林灼见》卷一《奸情类·询故辨奸》),以及“庭无私谒,……仁恩流于刑罚”的智威尊者(《二十四尊得道罗汉传》卷六《却水罗汉第廿四尊》),等等。作为合格的官长,他们不仅在品质、性格、知识上具备较高的素质,日常交往及司法审判中能够与上司、同僚、属下、士大夫进行良好的沟通,在面对百姓纠纷时还显示出较强的解决能力。关于官长的解纷能力,明代官箴书和白话小说均要求官长在矛盾发生伊始,即采取积极的干预措施,并有效控制其走向,这不仅减少了官府无谓的司法成本投入,还维护了熟人社会的稳定以及法律的尊严。

# 一、及　时　化　解

明代官箴书认为,人命案的发生原因很多:有因亲众未及时离散、劝解者,"皆因邻佑诸人于相嚷时,不肯极力解散,乃致殴死;相嚷后,家人又不肯多方劝解、看守,以致自尽";有因失于调护者,"或贫不能自给,重之以饥寒,致有失于调护死者";有因殴引起他病而致死者,"或以中风别症死者";甚至有"亲戚利于人死,因而制死者"。故此,纠纷发生时的劝离、发生后的养护就显得非常重要。官箴书要求:"今后凡民间酒狂小事、不平嚷闹,地方亲友即便劝解,父子兄弟即便看守。""今后凡愚民相殴,但致重伤,官既验过,即送地方家将养,凶手出备饮食汤药调治,昼夜看□□□疏失。"①此外,官府还要积极介入,有效干预,"医书中多有经验良方,有司官宜命医生选集,楷书刻示,到处张挂"。② 这种未雨绸缪的态度,对于降低矛盾发生的恶性具有重要作用。

官箴书同时指出,如果亲众有违,致令死亡,必有以惩之,"若漫不经心,致令殴死、自尽,父子兄弟及地方人等各责若干";③"如遇轻生,亲邻不依方救治,俟告官日并重处"。④ 有劝有惩,保证了法令贯彻的彻底性。

明代白话小说揭示了亲众不及时化解矛盾所导致的严重后果。《金瓶梅词话》第二十六回中的宋惠莲因丈夫来旺儿被拘官府,心情烦闷,与孙雪娥斗口,继而大打出手。吴月娘骂道:"你每都没些规矩儿,……等你主子回来,我对你主子说不说!"后吴月娘见宋惠莲房门关着,不见动静,"心中甚是疑影",命人从窗户跳进去查看,发现其已缢死。如果说吴月娘作为正妻,对仆妇、姬妾间的争斗不予理睬,甚至责骂,尚属合理,那么,《醒世恒言》第三十四卷中的丘乙大在闻听妻子杨氏被骂与人有奸后,不仅不加劝慰,反纠结于是否确有其事,并强迫其自行证明,就很不人道了。杨氏因再旺骗赌其子长儿一文钱,打了再旺,并抢走数文钱。再旺之母孙大娘心疼儿子,大骂杨氏,并揭了

---

① 以上见(明)余自强《治谱》卷六《人命门·禁防人命》,第147页。
② (明)余自强:《治谱》卷六《人命门·禁轻生》,第147页。
③ (明)余自强:《治谱》卷六《人命门·禁防人命》,第147页。
④ (明)余自强:《治谱》卷六《人命门·禁轻生》,第147页。

杨氏"瞒着老公趁汉子"的老底。杨氏"怕老公,不敢揽事,又没处出气",只好拿儿子撒气,"打得长儿头破血淋,嚎淘大哭"。丘乙大归家,恰闻孙大娘之言,要杨氏"好好招将出来",杨氏坚称"没有这事",丘乙大道:"若是真个没有,是他们诈说你时,你今夜吊死在他门上,方表你清白,也出脱了我的丑名。"在其逼迫之下,杨氏是夜吊死了之。

在小说中,如果官长怀疑亲众有激化矛盾的嫌疑,必责以严词。《新民公案》四卷《霸占·追究恶弟田产》中的章旦替姐状告其小叔敖文信霸产不还。蔡爷审理时,先问章旦:"亲戚只好劝和,你怎唆他叔嫂讦告?"《醒世姻缘传》第八十九回中的薛素姐告丈夫狄希陈谋反,薛素姐弟薛再冬陪其听审,县官发现后斥道:"我心里疑惑,人世间那里有此等的妇人,做这样违条犯法的事?原来是你这奴才拨唆主使!状上又没你的名字,你擅入我的衙门,箝制乡约,这等大胆!选大板上来!"后素姐另外两个弟弟薛如卞、如兼拗不过母命,以秀才身份出帖说情,县官再加申饬:"做秀才的人,况且又是名士,齐家是第一义,怎么任他这等胡做,劝也不劝他一声?这还可以借口说是女兄,又经出嫁。至于薛再冬是二生的弟,这是可以管束的,怎么也放他出来胡做?"此外,官长还惩治不能及时化解矛盾的亲众。《醒世姻缘传》第二十回中晁氏族人见晁源死了,以为晁家成了绝户,齐来打抢。徐大尹恰好路过,一一惩治。后徐大尹问:"乡约、地方怎都不见伺候?"乡约、地方一齐跪上,大尹道:"做得好约正副!好地方!城里边容这样恶人横行,自己不能箝束,又不报县!拿下去,每人二十板!"

小说还塑造了能主动化解矛盾的亲众形象。《一片情》第十一回中的羊振玉"或邻里乡党中有事,拉他出来,说三言两语,人都信服"。《龙图公案》卷一〇《栽赃》中的土豪伍和看上周仪之女玉妹,请魏良作伐。但玉妹已许杨元,伍和欲害杨元,魏良劝道:"古人说得好,争亲不如再娶。官人何必苦苦恋此?"小说对此种人大加赞赏:"人能于缓急生死之间、争斗之际,三言两语与人解纷息讼,使人能保全其性命,功德最大。"(《西湖二集》第三十卷)

小说还对妇女"斗气"的心理进行了分析。《醒世姻缘传》第三十回:"那等悍妻泼妾、泼妇悍姑,或与婆婆合气,或与丈夫反目,或是妯娌们言错语差,或是姑嫂们竞短争长,或因偏护孩子,或因讲说舌头,打街骂巷,恶舍闹邻。那一等假要死的,原是要人害怕,往后再不敢惹他,好凭他上天入地的作恶,通似没有王子的蜜蜂一般，又与那没有猫管的老鼠相似。就是那一等真个寻死的，也不过自恃了有强兄恶父，狠弟凶儿，借了他的人命为由，好去打他的家私，毁他的房屋，尸场中好锥子扎他，打官司耗散他的财物。"非常深刻。小说同时指出"斗气"易产生不良后果，故此要以"忍气"为上。《醒世恒言》第三十四卷："只因这一文钱，又断送了四条性命。虽然是冤各有头，债各有主，若不为这一文钱争闹，杨氏如何得死？没有杨氏尸首，连朱常这诈害一事，也就做不成了。总为这一文钱，却断送了十三条性命。这段话叫做《一文钱小隙造奇冤》。奉劝世人，舍财忍气为上。有诗为证：相争只为一文钱，小隙谁知奇祸连。劝汝舍财兼忍气，一生无祸得安然。"颇有道理。

明代官箴书在详细分析人命案发生原因的基础上，指出亲众及时化解矛盾的重要性，并主张对有违及造成恶果者予以惩治。小说在以生动的例子对此加以描写外，还对及时化解纠纷者进行了礼赞，并分析了人们的"斗气"心理，从民众的角度对这一问题进行了更为深广的阐释。

# 二、暂 时 搁 置

明代官箴书认为，诉讼对两造来说乃焦心耗财之事，"受怕躭惊，打点使用，吃打问罪，坐仓讨保，破了家业，误了营生"；①对官府来说，其破坏社会秩序、增加官府的审判成本，为害亦不可小觑，故对告状设置了一系列的限制，以减少"滥讼之害"的发生。②

明时，官府所设告状限制有时间上的，如词讼日起诉："告示众告状之人，每月三、六、九日方许递状。"③"告状日期立定，晓谕遵守。"④有时效上的，如不得呈控远年之事："凡告人命，远不三日，过期告理，不准。"⑤"其有状内牵扯远年情词，姑置弗问。"⑥有证据上的，如对所告之事不得称疑："凡告者，皆须

①　（明）吕坤：《新吾吕先生实政录·民务卷之三·附乡甲劝语》，第469页。
②　（明）刘时俊：《居官水镜》卷一《杂说·省讼说》，第599页。
③　（明）不著撰者：《新官轨范·体立为政事情》，第736页。
④　（明）蒋廷璧：《璞山蒋公政训·治体·严门禁》，第10页。
⑤　（明）不著撰者：《新官轨范·词讼第九》，第750页。
⑥　（明）吴遵：《初仕录·刑属·公听断》，第53页。

明注年月,指陈实事,不得称疑,有诬告者抵罪反坐。"①"如有词讦闺门,非的有败露者,不必轻信滥拘,以伤风化。"②有资格上的,如不得呈控不干己之事:"若牵扯远年及己不干事情混告者,痛治。"③"如论不干己事,⋯⋯书状人一体科罪。"④如不得匿名呈控:"凡告,大小词状上无写状之人姓名、贯址者,俱不准理。"⑤"告讦乃败俗乱化之原,有犯者自当痛治。"⑥此外,还有状式上的:"照依格式,每状不过三行,每行不过五十字。"⑦"(词讼)不过百字,并大字,依式真谨书。有未尽者,录白粘连状前。"⑧设置告状限制的直接后果是立案困难,好处是一旦不被立案,则负气而来的当事人有机会冷静下来,反思内省,事过境迁之后,很可能就此打消告诉念头。

在明代白话小说中,官长也对告状设置了诸种限制。以诉讼资格上的限制为例。《闪电窗》第五回中的福建举人钱鹤举与友人来京会试,宿于花家,后娶花二姐为妾。花二姐不喜钱鹤举,口角时道:"咱晓得你买了关节,咱如今先和你拼个死活!"钱鹤举决定"离了"花二姐,但不肯多出银子,花婆子遂去巡城御史处告状:"爷爷,出首买关节的!"御史道:"你这婆子,不顾死活,喊我马头,你出首甚么人?快讲上来!"婆子道:"是一伙福建举人,带了几万银子来买进士的。"御史喝道:"不是你切己事,你为何来出首?"否认了婆子对"不干己事情"的诉讼资格。《醒世姻缘传》第七十四回中的薛素姐因烧香路上被人殴打,并抢去衣饰,请赵先写状呈控。府尹得知其家事后,先问"你丈夫因何不告,叫你这少妇出官",继问"怎么你三个兄弟又都不出来替你告",不认可素姐作为女性的诉讼地位。得知大概情况后,府尹斥薛素姐"不守闺门",但看其丈夫、兄弟脸面,饶了拶:"快回家去。以后再要出门,犯到我手里,重处不饶!"

从小说可见,设置告状限制可减少出头呈告者。《醒世姻缘传》第七十

---

① (明)汪天锡:《官箴集要》卷下《听讼篇·问法》,第285页。
② (明)吴遵:《初仕录·刑属·严告讦》,第52—53页。
③ (明)蒋廷璧:《璞山蒋公政训·治体·严门禁》,第10页。
④ 杨一凡、王旭编:《古代榜文告示汇存·文林告示·温州府约束词讼榜文》,第436页。
⑤ (明)不著撰者:《新官轨范·体立为政事情》,第738页。
⑥ (明)汪天锡:《官箴集要》卷下《听讼篇·招引告讦》,第286页。
⑦ (明)不著撰者:《居官必要为政便览》卷下《刑类》,第65页。
⑧ 杨一凡、王旭编:《古代榜文告示汇存》第一册《文林告示·温州府约束词讼榜文》,第436页。

四回中的薛素姐要丈夫狄希陈出头替她递呈子。恰相于廷来望,得知其情,道:"你要去告个折腰状,怕丑丢不尽么? 还不'打了牙往肚子里咽'哩!守道行了文书,叫凡有妇女上庙烧香的,受了凌辱,除不准理,还要把本夫合娘家的一体问罪,女人当官货卖,男人问革前程。"狄希陈听了,"都都抹抹的怕见走"。此外,还有助于打击诬告者。《醒世姻缘传》第三十九回中的汪为露诬告学生狄希陈"倍师殴辱"。宗师得知实情,批状不予受理,"将这张呈子贴在察院前照壁墙上"。在汪为露看来:"若是果然准到县里,官司赢与不赢,也还好看;这对人对众把一张刁呈贴示照壁,岂不羞死人?"他"又羞又恼,垂了头,骑了一个骡子,心里碌碌动算计,……愈思愈恼,只觉得喉咙里面就如被那草叶来往擦得涩疼。待了一会,咳嗽了几声,耆的吐了几碗鲜血,从骡子上一个头晕,倒栽葱跌在地上,昏迷不省人事"。事实上,即便官长受理了符合条件的告诉,但出于某种原因未即刻审理,一旦案情有变化,告诉者的想法也会随之变化。《警世通言》第十五卷中的秀童父母因金令史怀疑秀童盗了库银,勾结张阴捕对秀童严刑拷问,到知县处"左禀右禀"。知县因此时已是年底,答应过了新年,为其亲审个明白。此后,金令史发现了真正的盗贼,洗脱了秀童的贼名,且因秀童立心忠厚,死而无怨,乃将其改名金童,又将小婢金杏许配给他。至此,"金、秀的父母俱各欢喜无言",打消了告状念头。

　　小说还表现了官长出于对百姓的爱护,突破告状限制的情况。《醒世姻缘传》第十二回:"(李纯治)初任做知县的时节,……他又不论甚么'二六'、'三八'的告期。"《百家公案》第十五回中的兴福被棍徒骗去好马一匹,至包公处陈告。包公询问棍徒姓名,兴福因途中偶遇,并不知晓。包公怒道:"乡民好不知事。既无对头下落,怎生来告状?"兴福哀告:"久仰天台善断无头冤讼,小民故此伸告。"包公遂答应:"我设一计,据尔造化。"小说中还有更离谱的事,如"鸟鹊诉冤"(《百家公案》第三十五回)、水蛙"鸣冤"(《新民公案》三卷《伸冤·水蛙为人鸣冤》)、"判录大蛇"(《明镜公案》一卷《人命类·陈县丞判录大蛇》、亡妇"手牵二子"(《龙图公案》卷四《手牵二子》),或动物替人诉冤,或人告动物伤命,或冤魂自诉,在告状资格上均有不合,但官长出于为民雪冤的目的,都欣然受理。

　　在告状限制问题上,明代官箴书侧重于对各种告状限制细加罗列;小说则表现了那些相对容易生发故事的限制,并揭示了官长在实践中对此限制的突破,展示了百姓对能为民雪冤官长的呼唤。相较之下,官箴书更具指导性,小说则以生动性取胜。

# 三、调 解 处 之

对于民间争讼,明代官箴书认为官府应以调解为主,少动用法律手段:"为上者委曲处分,善言劝解,……若直操一切决断之,全无调停意,纵处断果当,然彼此恩情终身异世不复接续矣。故每事须以解纷为主。"①

从官箴书可见,调解方式主要有三种。其一,民间调解:"里老承办词讼,……如情轻,判理明白,及自息和者,止将缘由每月于朔望日辰时引缴。"②"些小事情,本约(乡约)和处,记于和簿,省得衙门告状。"③其二,官批民调:"大抵词讼,……不如批与里老审明解报,亦不害事。里长老人备知情由,虽不尽合理,亦不大冤枉。"④"或原告不愿告官者,或告拦和,分付耆宿里长领去商和,不必兜揽。"⑤其三,官府调解:"人有兄弟告争者,必须服其心方可。如晓谕之不从,将兄弟二人各出一手连镣,着家长带回查勘。如十日不明,调转手镣。如此,则行立坐卧不能离散,各亲戚教唆者不能近身,妇人之唆者看了,心一不觉,自和同矣。"⑥"凡兄弟叔侄及亲戚争论不能决者,每日监内并锁连杻,带出申明亭示众,以候各犯自悔如息。"⑦

官箴书还明确了调解的适用范围。首先,"户婚斗殴小事",⑧或其他"些小事情",⑨调解处之,"本约和处,记于和簿,省得衙门告状"。⑩ 此外,人命案如家属情愿,或事涉暧昧,亦允许调解:"人命苦主或亲老子幼,不愿抵偿,求

---

① (明)刘时俊:《居官水镜》卷一《杂说·续情说》,第597页。
② (明)不著撰者:《新官轨范·词讼第九》,第750页。
③ (明)吕坤:《新吾吕先生实政录·民务卷之三·附乡甲劝语》,第469页。
④ (明)蒋廷璧:《璞山蒋公政训·治体·理词讼》,第13页。
⑤ (明)汪天锡:《官箴集要》卷下《听讼篇·受理词讼》,第285—286页。
⑥ (明)蒋廷璧:《璞山蒋公政训·治体·理词讼》,第13页。
⑦ (明)不著撰者:《新官轨范·词讼第九》,第750页。
⑧ (明)蒋廷璧:《璞山蒋公政训·治体·理词讼》,第12页。
⑨ (明)吕坤:《新吾吕先生实政录·民务卷之三·附乡甲劝语》,第469页。
⑩ (明)吕坤:《新吾吕先生实政录·民务卷之三·附乡甲劝语》,第469页。

得埋葬银自给者,此法所不载,情有可原。苟事情暧昧,宁可听其情愿。"①如果人命案事涉富家,且舆论不合,则不准调解:"人命真确,若系富家,又不为公论所容,断不可听其和息。"②官箴书还主张对愿意调解者,细察其情,以免被迫和息情况的发生:"赴官息和者,察其息和之情果真确否。如系话语含糊,或出威逼,或系惧祸,仍宜审问责治,以警刁风。"③

与官箴书相同,明代白话小说也对三种调解方式作了表现。如民间调解。《三教偶拈·皇明大儒王阳明先生出身靖乱录》:"(王阳明)先生得升庐陵县知县。……为政不事刑威,惟以开导人心为本。慎选里正三老,坐申明亭。凡来讼者,使之委曲劝谕。"《龙图公案》卷八《昧遗嘱》中的翁健"出见斗殴,曲为人论。或遇争讼,率为和息。人皆爱慕之"。因民间调解未诉诸官府,对于表现官长的断案智慧无益,故明代白话小说仅约略出之,未予细致描摹。

如官批民调。《石点头》第四卷中的瞿氏亲族"一张连名呈词,将孙三、方氏母女并春来,一齐呈告嘉兴府中"。太守将孙三、凤奴断离后,针对其家业,判"凭族长处分,并立嗣子以续香火",即是官批民调。《廉明公案》下卷《债负类·班侯判磊债》中的王九德、丘章因借贷而互讼,班侯判"债凭代保,或骗或磊,保人胸中自有泾渭者。合为公剖,以塞讼端",也是官批民调。

如官府调解。《铁树记》第七回中的张悖德、悖礼兄弟争财成忿,具状告理。县令许真君引乙普明兄弟让田不争、田真哭紫荆之事谕之,且曰:"天下至难得者兄弟,易得者田地,假若争得田地,失却兄弟之情,汝等心下何安?"二人悔悟前非,"遂相和睦"。《廉明公案》下卷《继立类·蒋府主判庶弟告嫡兄》中的洪椿、洪榕为嫡庶兄弟,凭族公裁,阄分父产。但洪榕迷恋花酒,弃父业如敝屣,待洪椿用价赎回,反告其"倚嫡吞庶"。蒋府主"念洪榕无产,聊拨椿粮二石与之"。

小说也对调解的适用范围作了揭示。首先,一般案件,只要出于自愿,都允许调解。《型世言》第四十回:"百姓来告状,愿和的竟自与和。"《醒世姻缘传》第十二回:"有肯私下和了的,连状也不须来缴,话也不消来回。"此外,人

①　(明)不著撰者:《居官必要为政便览》卷下《刑类》,第67页。
②　(明)佘自强:《治谱》卷六《人命门·人命出入》,第151页。
③　(明)佘自强:《治谱》卷四《词讼门·许息和》,第109页。

命案、奸案不准调解。《诸司公案》一卷《人命类·曾大巡判雪二冤》中的安其昌得梁华成同意,与其妻"同宿一宵"。不想约定日,安其昌因父安润从家乡赶来而爽约,梁妻恰为人杀死。梁华成认定是安润"泄忿于我妻,故夜杀之",告之于官。安其昌不肯认,柳知府遂"做桩疑狱,发监该县"。一年后,曾察院出巡至此,安润告梁华成:"我儿是与你相好人,决不杀你令正。今死者不能复生,你不如拣个上好妇人,我出银代娶,你具个息罢。"梁华成依言具息,但曾察院不准:"人命重情,岂容私息?"《明镜公案》四卷《婚姻类·范侯判室女生男》中的文英玉未婚诞子,其公公和伦在文家同意退婚但不肯"多赔退还"的情况下,赴府告状。知府批范推官问报。文英玉之兄文焕采担心事情难辨,托媒去讲,"愿依状中银数,赔银一百四十两与他,托去具息"。和伦依之,但范推官"疑文氏与兄有奸,情理可恶,不准其息"。

小说还表现了当事人不接受官府调解结果的情况。《诸司公案》五卷《争占类·彭知府判还兄产》中的杨氏告小叔赵怿霸产不还。郭知州从中和稀泥:在未查明赵怿是否有霸产情节的情况下,"判(赵怿)五百银还嫂侄";见赵怿不愿意,还谆谆劝导:"你亦未贫,就当你为官,而侄打你秋风,有何不可?"霸产者反得济贫之美名,杨氏对此极为不满,命弟至"邻封彭爷"处投告。《新民公案》四卷《霸占·追究恶弟田产》的情况与此类似。章氏对官长"尔嫂侄今日贫难之极,可代三百金与你嫂嫂济贫"的调解结果亦不满意,遣弟赴"按察司郭爷处去告"。

小说还表现了先经官诉讼再由民间调解的情况。对此,官长多细察其情,以防被迫调解情况的发生。《醒世姻缘传》第三十五回中的狄宾梁因汪为露品行不端,另请程乐宇教子读书。汪为露恨程乐宇夺了自己的馆,纠合儿子、党羽将其殴打,又到县里"递了无影虚呈,番说程乐宇纠人抢夺",程乐宇也随即递呈。汪为露的党羽从中调停,程乐宇"畏势,准了和息,投文见官。汪为露与景成抬了'和息牌'上去。县官头一个叫程乐宇上去,问:"你情愿和息吗?"程乐宇道:"迫于众势,不敢不从。"汪为露党羽指程乐宇"反复"。县官斥道:"你们党恶,倚恶要盟,倚众迫胁,怎倒是他反复?兔死狐悲,物伤其类。一个秀才被人打得这般伤重,倒不同仇,还出来与人和息!"《拍案惊奇》卷一○中的韩秀才没钱打官司,请好友张生、李生告知金朝奉同意退婚。金朝奉遂央张、李"出名归息"。二人"讨过笔砚,写了息词,同着原告、被告、中证一行人进府里来。……将息词呈上"。吴太守见韩秀才"风彩堂堂,已自有几分欢喜",故意问其"如何轻聘了金家之女,今日又如何就肯轻易退婚"。韩秀才见"太守心里为他",遂将实情道出。吴太守将金朝奉一干人等一一盘问起来,"自然露出马脚"。

明代官箴书和白话小说都主张对民间争讼以调解为主,少动用法律手段;并在调解的适用范围上,取得较为一致的看法,即小事允许调解,大事则不准。小说还否定了官长罔顾事实、和稀泥式的调解方式,并表现了先经官诉讼、后民间调解的情况,细致摹写了官长对此种调解结果的考察,显示出与官箴书既相一致又有所超越的方面。

# 四、惩 之 在 官

明代官箴书认为惩之在官,被告未受官府惩罚前,其人身安全应得到保护:"新官如遇简□,……凶手不论真□□,要着人围护,或锁在轿前,恐防尸家打死,既难结局,亦不雅观。至于打法凶惨,用锥用簪,有不忍闻见者,彼即应偿,自有三尺,何得凶悖至是? 切须严禁。"①官箴书还提出具体的保护措施:"检验时,多带人役,以防两仇争斗。"②"苦主亲戚潜镌伤人者,痛惩一人,以警余恶。"③

明代白话小说也表现了官长对被告人身安全的保护。《拍案惊奇》卷二九中的罗父将与女罗惜惜私通的张幼谦送官。县宰见张幼谦人才俊雅,并慨言"罗女强嫁必死,小生义不独生",遂有心周全。不想罗惜惜的婆家辛家也来补状,追究奸情。县宰"恐怕张幼谦出去,被他两家气头上蛮打坏了",只得准了辛家词状,"把张幼谦权且收监"。《二刻拍案惊奇》卷四中的谢廉使将杨金事下狱后,关文到云南,提被杨金事害死的张寅二子赴成都认尸。尸场上,谢廉使命二子辨认父尸,并取杨金事对质。二子一见杀父凶手,即"将金事拳打脚踢",谢廉使喝道:"既在官了,自有应得罪名,不必如此!"

某些百姓也意识到官法自在,不得私惩。《清夜钟》第七回中的崔鉴为母

---

① （明）佘自强:《治谱》卷六《人命门・人命须知十款》,第149页。
② （明）吴遵:《初仕录・刑属・检尸伤》,第53页。
③ （明）蒋廷璧:《璞山蒋公政训・治体・肃检验》,第14页。

出气,杀死父亲崔佑的小妾魏鸾。崔佑误为妻子所杀,将妻子"揪住了毒打"。众邻舍闻得,道:"不要打,你打死了他,你也不得干净,同到城上去罢。"《二刻拍案惊奇》卷二五中的徐达利用其婚宴茶酒的身份,将新娘郑蕊珠拐骗并推堕井中。郑父及郑蕊珠婆家人赶来,将徐达送官。知县得知实情后,命"快到井边来勘实回话"。郑父见井底下黑洞洞的,没甚声响,疑心女儿已经死了,"扯着徐达狠打了几下"。众人劝住道:"且捞了起来,不要厮乱,自有官法处他。"

明代官箴书和小说都认为被告的人身安全应得到保护,小说还进一步表现了普通百姓倚重官法、不得私惩的意识,揭示了保护被告人身安全观念的深入人心。官箴书不以民众作为关注对象,小说中的相关资料就显得弥足珍贵了。

有学者认为中国古代法律在本质上是惩罚性的,此言不谬。一部《大明律》,很少关于权利、义务的规定,却多有对违法行为惩处的罗列。但"律是死的,用律者是活的",[1]从明代官箴书可见,官长为降低法律的慑人光芒,未雨绸缪,教化在先,继以告诫;一旦案发,又不仅以正义主持者自居,而是根据具体情况,尽量减少两造的冲突,降低事态的恶性程度。无独有偶,在此一问题上,明代白话小说也认为官长应从矛盾产生伊始即介入干预,所主张的步骤也与官箴书较为一致,显示出不同阶层在此一问题上的共识。当然,二者的表达方式有所不同,一者以公文写作,一者藉形象生发;关注点有异,一者以为官经历、牧民经验告诫他人,一者欲引起民众的阅读兴趣。但无论如何,两者并非彼此龃龉,而是互为补充,都是不可或缺的中国法律史研究资料。

# 第二节　官与吏的角逐

明时,由于州县官下属的佐贰官、首领官额设有限,而地方事务相对繁杂,兼且负责拘捕、取供、查赃、催科、征比、解囚的主要是吏与役,故此在整个

---

[1]　(明)刘时俊:《居官水镜》卷一《杂说·用刑说》,第597页。

治事亲民之网中,与百姓接触最直接、最频繁的主要是吏和役,特别是吏,无官位而有官威,使市井小民深切地感受到国家权力的存在。

# 一、吏 之 来 历

"天下之事,无有巨细,皆资案牍以行焉"。① 吏的职责主要是协助官处理政务,办理文牍。秦汉以前,吏与官没有严格区分,只要奉公守法,克尽职守,照样可跻身仕途,官拜公卿。唐宋以后,由于科举选官制度日趋完备,读书人出经入史,求取功名;吏则以刀笔为终身事,升迁难望,吏、官间逐渐形成了难以逾越的鸿沟。元时,吏一度成为官的主要来源,但由于吏治腐败导致社会矛盾激化并终至亡国,吏的地位再度沦陷。至明,"吏胥心术已坏,不许应试",②从此与官彻底拉开距离。明时,州县衙门设吏、户、礼、兵、刑、工六房,以及承发房、取供房等作为办事机构,各房由吏办理文牍。其主管吏称司吏,普通吏称典吏、承发,都是有编制的,称经制吏,由国家统一发放"役俸"。随着社会发展,人口增多,衙门事务日趋繁剧,而编制又不能随意增添,故"贴书"、"贴写"、"帮差"等名目的人员不断被招进衙门,称非经制吏。在百姓眼里,他们和经制吏一样威风八面。③

明时,吏的社会评价很低。《治谱》:"衙门自吏书而下,无一事不欲得钱,无一人不欲作弊者。"④《璞山蒋公政训》:"任后,左右前后大小一应人等,俱是本县之人,惟我是外人。他个个都要瞒我,欺我,问人讨钱。"⑤这一点,明代小说也有所表现。《型世言》第三十一回:"这些拖牢洞的狗吏,原是食在嘴头,钱在心头。见钱欢,见你不见钱,就不欢,一定做出来。"就连地狱里的地藏王菩萨都讥其与鬼判无异。《醋葫芦》第十二回:"人间神像,自上古设俑以来,妍媸已判,但地狱变形,乃吴道子幻中拈出,以警世人作孽故。谁知酷吏肖此苛刑,以毒黎庶,一味贿赂,岂非突睛竖发之鬼吏耶? 要知道子作画,原从阳世临摹,但借阳世丑态,以为地狱榜样。且如阳世吏书,狠索银钱,不顾贫民

① （明）汪天锡:《官箴集要》卷上《驭下篇·吏曹》,第274页。
② （万历）《明会典》卷七七《礼部三十五·贡举·科举·科举通例》,第448页。
③ 参见郭建《帝国缩影——中国历史上的衙门》,第70页。
④ （明）余自强:《治谱》卷二《到任门·房科事体条约》,第97页。
⑤ （明）蒋廷璧:《璞山蒋公政训·御下·屏左右》,第5页。

生死，即与塑的鬼判何异？"故此，人们诅咒其遭到报应。《西湖二集》第二十卷："还有那衙门中人，舞文弄法，狐假虎威，吓诈民财，逼人卖儿卖女，活嚼小民。……此等之人决有报应，冤魂缠身，定生好嫖好赌的子孙，败荡家私，如汤浇雪一般费用，空里得来巧里去。"

可以说，吏坏法作弊，欺官害民，是其社会评价较低的主要原因。

## 二、吏"坏法"的原因

明代官箴书对导致吏坏法的原因作了揭示。

首先，与纳银求充的充任途径有关。明前期，吏的充任途径有二：一是佥充，即从清白无过的农家，择取三十岁以下能书者充任；二是罚充，即由有罪的官员或生员、监生充任。从明中后期开始，国家渐开求充一途，只要纳银，即可充任。求充虽然花费不少，但为吏后所得的优免也颇多，明代白话小说对此作了形象表现。《醒世姻缘传》第四十二回："报了农民，就要管库，管仓，管支应，管下程，管铺设，管中火。若赔了，倾家不算，徒罪充军，这是再没有走滚。……到布政司里纳了司吏，就可以免纳农民。"纳吏，就可以免纳农民，就可以免应管库、管仓等事务，故此具有一定的吸引力。不过，吏的合法收入很少，做不到"仰足以事父母，俯足以畜妻子"。① 为了养家糊口，吏遂利用其"承行"的身份，向当事人收取各种"陋规"、"常例"。事实上，这也是为官府所允许的。只不过吏往往倚之为发财门径，"此辈（隶快）惟利是视，……乃有朝入衙门，暮称富室，寻田买宅，呼婢使奴。……而书役之害，则尤有甚者。……则所得亦必倍于皂快可知矣"。②遂愈演愈烈，不可收拾。

此外，官不谙政事、不通律例，客观上为吏提供了舞文弄法、任情作弊的机会："无吏，文卷则不能办也。有云：'官无吏不立，吏无官不行。'"③"通明律例者不多，练达政事者甚少。文书靠积年书手。"④这导致了吏的位卑而权重，为其坏法作弊创造了条件："其人不可阙，而其势最亲。惟其最亲，故久而必

① 《孟子注疏》卷一下《梁惠王章句上》，李学勤主编：《十三经注疏》，第23页。
② （明）吴应箕：《楼山堂集》卷一二《江南汰胥役议》，第525页。
③ （明）汪天锡：《官箴集要》卷上《驭下篇·约束吏典》，第275页。
④ （明）吕坤：《新吾吕先生实政录·明职引·吏承出身》，第411页。

至无所畏;惟其不可阙,故久而必至于奸。"①"盖吏与官比,诡诈易生。"②

最后,吏弊难革,迁延积累,形成痼疾:"积年光棍,……盘据衙门,瞒官作弊。即以老成当官,未必即知。"③"往时革退书手,仍旧占住衙门,相沿已久。"④

明代白话小说从表现吏的前途无望方面,揭示了其坏法的原因。明时,吏与官被严格区分开来,由吏为官的途径基本上被堵死。就此而言,吏反而不如屡试不第的秀才:秀才虽暂时落寞,终有奋力一搏的"资格"与直冲云霄的希冀,吏则沉沦下层,绝无上升的可能。吏本人对此有着清醒的认识。《型世言》第三十一回中的相士胡似庄赞外郎徐晞:"此位却不是吏道中人。……依在下相,一妻到老,二子送终,寿至八旬,官为二品。"徐晞道:"我如今已在吏途中混了,有甚大望。"即便时来运转,由吏转官,也为同僚所轻。徐晞屡积阴骘,受人提拔,升任兵部武库司主事,"一行到了北京,果是徐主事出身吏员,这些官员轻他,道:'我们灯窗下不知吃了多少辛苦,中举中进士。若是侥幸中在二甲,也得这个主事;殿了三甲,选了知县推官,战战兢兢,要守这等六年,能得几个吏部、两衙门? 十有八九得个部属,还有悔气,遇了跌磕降调,六年也还巴不来。怎他日逐在我们案前跑走驱役的,也来夹在我们队里?'"有一个厉主事,是少年科第,一发不耐烦,常在他面前故意骂吏员,道"你这狗吏长,狗吏短"。众人劝厉主事:"既做同僚,也存些体面。"厉主事道:"那里是我们同袍? 我正要打狗与猢狲看。"可见吏社会地位之低。事实上,如徐晞这般有德行且幸运的吏如凤毛麟角,大多数吏感到前途黯淡、上升无望后,为了应对经济上的压力,转以赚钱为惟一目的,种种弊端因之而生。

小说还揭示了官无能与吏坏法之间的联系。《型世言》第十四回中的吉进劝王冕做吏:"你看如今来了这些鞑官,一些民情不知,好似山牛,凭他牵鼻,告状叫准便准,叫不准便不准;问事说充军就充军,说徒罪就徒罪,都是这开门接钞,大秤分金。"官长不晓民之情弊,无从判断状子是否应受理;判决时,又不能体察民情,情法两尽,但知假手书吏,从而造成任人"牵鼻",

① (明)吴遵:《初仕录·无弊·防吏书》,第44页。
② (明)汪天锡:《官箴集要》卷上《驭下篇·威严》,第275页。
③ (明)佘自强:《治谱》卷二《到任门·查革积棍》,第96页。
④ (明)佘自强:《治谱》卷二《到任门·查革积棍》,第97页。

有似傀儡的局面。《杜骗新书》第十五类《衙役骗·故拟重罪释犯人》中的乡权贵与元植有隙,"砌元植之恶十余件"告官。叶推官将元植下狱,"定是军罪"。元植求凌书手帮忙"减军入徒",凌书手得百金后答允。叶推官唤凌书手做招:"须寻一军律拟来。"凌书手故意以绞罪拟上。叶推官命改招,只可拟军。过一日,凌书手再以绞罪拟曰:"访单中惟谋死亲第一件最重,正合绞罪。余某条某条只是徒罪,并无合军律者。"叶推官想:"有对头之状,尚不轻入人绞;曾是访拿,而可绞人?"遂拟之徒,元植得以纳赎。吏操纵官的手段不可小觑。

小说指出,吏之坏法还与其子孙盘踞衙门,情弊代代传承有关。《西湖二集》第三十卷:"积年书吏,真是老奸巨猾,还要把官府置之掌握之中。兼之他子子孙孙生长在衙门里,奸盗诈伪之事从胎里带来,所以在衙门中人忠直的少,欺诈者多。"

关于吏"坏法"的原因,明代官箴书和白话小说都认为与官不谙法、吏弊难革有关。此外,官箴书还强调纳银求充的途径,白话小说则归因于吏的前途无望,小说的观点显然更深刻。

# 三、吏"坏法"的手段

吏职掌文书,与官近,又代表官与民接触,故明代官箴书主要从这三方面入手,揭示其"坏法"的具体手段。

利用办理文书的机会作弊:其一,"抽扯词状,那移起数";[①]其二,"混申文书,乱写牌票";[②]其三,洗改文书,"将本不差字样,故先洗改,眩惑上人";[③]其四,"盗用印信";[④]其五,"停阁"不办,[⑤]藉此未完之事,"一次行提,便有一番打点",[⑥]或"一事已禀官行,后为人买嘱",[⑦]亦迁延不办。

---

① (明)佘自强:《治谱》卷二《到任门·各房通弊》,第102页。
② (明)佘自强:《治谱》卷二《到任门·各房通弊》,第101页。
③ (明)吴遵:《初仕录·无弊·谨签押》,第42页。
④ (明)佘自强:《治谱》卷二《到任门·各房通弊》,第101页。
⑤ (明)佘自强:《治谱》卷二《到任门·各房通弊》,第101页。
⑥ (明)佘自强:《治谱》卷二《到任门·各房通弊》,第101页。
⑦ (明)佘自强:《治谱》卷二《到任门·各房通弊》,第101页。

利用近官的条件，以闲言碎语，诱官入彀："吏欲与人说方便，恐上猜疑，便不敢言。探听问事间，彼即手拿文书，或倚禀别事，傍边站立，潜言冷语。此乃见人每每为此辈陷了。"①或窥视其性情，变幻用谋："猾吏积书，窥伺耳目，百端变诈，不可测识。"②多有官长为其所陷，"后生少年乍到官守，多为猾吏所饵，不自省察，所得毫末而一任之间不复敢举动。大抵作官嗜利，所得甚少，而吏人所盗不赀矣"。③

借机诈索百姓，"各房吏书，或指称嘱托，或指称过送，诳骗乡人"，④"（吏典）惟务贪图贿赂，卖弄作弊，奸谋诡诈，虐害良民"，⑤以致"官府未审，而彼之腹已饱矣"。⑥

以上为"各房通弊"。事实上，各房吏具体职责不同，其作弊手段也"各有千秋"。如吏房之弊，"不应起送而起送，或迟延需索，及差遣不平、参房越次"。⑦如刑房之弊，"人命强盗，承行吏书，……需索常例，并指称打点诳骗；人命简尸，……多开什物"。⑧

吏的作弊手段花样百出，明代白话小说重点揭示了刑房吏的作弊手段。

第一，洗改文书。《西湖二集》第三十卷："衙门人之言不可轻信，他那张利嘴横说竖说，变幻不测，其中事体腾那走趱，藏头露尾，飞祸诈害，捉生替死，或是倒提年月，洗补文书，只要得了'孔方兄'，他便无所不为。"《咒枣记》第二回中的盗马人称马乃逸出后为己收留，并非盗取他人，求刑房吏萨守坚洗脱其罪。萨守坚为其申文辩别："既有盗马手段，岂无匿马机关？此马或系逸出，属某人收留是实。"只此数语，"就说开盗马之人清清白白，官府遂将马主反坐"。《禅真后史》第六回中的裴大尹因瞿天民两次疗救夫人险疾，欲出脱其罪。后遇大赦，但人命不在大赦之列，遂找书吏商量。书吏道："老爷笔下超生，有甚难处？将瞿天民招详换了字眼，'踢伤致死'的'踢'字改为'误'字，则情轻罪减，可入大赦之列。"大尹道："瞿生招由，各上

①　（明）蒋廷璧：《璞山蒋公政训·御下·察吏弊》，第6页。
②　（明）不著撰者：《初仕要览·防吏书》，第33页。
③　（明）蒋廷璧：《璞山蒋公政训·御下·察吏弊》，第6页。
④　（明）佘自强：《治谱》卷二《到任门·各房通弊》，第102页。
⑤　（明）汪天锡：《官箴集要》卷上《驭下篇·约束吏典》，第275页。
⑥　（明）佘自强：《治谱》卷二《到任门·取供房之弊》，第99页。
⑦　（明）佘自强：《治谱》卷二《到任门·吏房之弊》，第97页。
⑧　（明）佘自强：《治谱》卷二《到任门·刑房之弊》，第99页。

司皆已申详定了,怎好改的字眼?"书吏又道:"老爷另作文书申行上司,只说瞿某人命事细访复鞫,的系误伤,罪减三等,脊杖八十,发配附近州县。老爷天断,谁敢有违?"大尹得计大喜,星夜改换文书,遍申省院,终将瞿天民脱罪出狱。

第二,滞卷不进,不理文案。《贪欣误》第六回:"吏书只要乘机进贡,阿谀万千;……弄得那文案七颠八倒,哄得官府头昏胀恼(脑)。"《神明公案》卷一《鄢侯断打死妻命》中的魏玉"将金银买贿承行吏书,滞卷不进,谋缓覆审。欲待鄢侯升迁,翻案告脱罪情"。

第三,窥官性情,变幻用之。《杜骗新书》第十五类《衙役骗·吏呵罪囚以分责》中的富豪子犯奸情真,知难逃包公洞察,预与一老胥谋:"若重罚,犹可输纳,惟痛责实是难堪。"老胥曰:"明日若当责时,你奔近案前,强辩求伸。我从旁呵斥,为你分责,或可减你一半。"次日,富豪子见包公欲责四十,如老胥所言,急奔案伸辩不已。老胥曰:"速去受责,何须许多说话,罪岂赦你。"包公"大恨此吏揽权起威,恐后日窃势骗人,外必生事",遂先责老胥二十,减去富豪子一半,"不知正落其谋中也"。作者总结:"吏为奸,皆是知本官性情,而变幻用之。……公且受胥骗,况后之为官者哉。"可谓诛心之语。

第四,为官长过付,收受贿赂。《醒世恒言》第二十九卷中的令史谭遵乃汪知县心腹,"颇有才干,惯与知县通赃过付,是一个积年滑吏"。明代白话小说将官吏联手受贿总结为:"官一担,吏一头;神得一,鬼得七。"(《醋葫芦》第十回)

第五,勒骗民财,迫害无辜。《廉明公案》下卷《骗害类·朱代巡判告酷吏》中的丁启"旧因仇贼诬扳",为刑房酷吏赵良"发系深狱,夜半提监,苦刑私拷,勒银五十两"。《醒世恒言》第二十九卷中的汪知县认为卢楠"侮慢"自己,要令史谭遵"访他恶端,拿之以泄其恨"。谭遵"四处察访卢楠的事过",将卢楠家人卢才打死雇工人钮成一事,罗织为"卢楠强奸金氏不遂,将钮成扭归打死",将卢楠陷害下狱。

关于吏的作弊手段,明代官箴书从"各房通弊"及每房之弊两个角度进行了揭示,既抽绎出通病,又展示具体问题,细致全面,利于察查;如果没有亲身经历之实战,断不会有精当至此之揭示。明代白话小说侧重反映刑房吏的作弊手段,虽不如官箴书全面,但形象生动,且有关于官与吏沆瀣一气的表现,较之官箴书,亦有亮点。

# 四、整饬策略

明代官箴书认为,治吏难于治民:小民"远于官,不能知理法",①误然而犯,耻于为恶;吏员"日处法律中,非不知也",②有意犯法,不可理喻。

在治吏问题上,明代官箴书主张:平日,自严、设禁、预防、稽查相结合;有犯则必惩,小过亦惩。

关于自严,明代官箴书认为,治吏之术,权操官长,"欲其有所畏,则莫若自严",③"欲其畏而无奸,莫若严于自立"。④ 所谓自严、自立,即清白自守,通于律例。

关于设禁。其一,清理队伍。"衙门之弊,牢不可破者,止以积年光棍,或士大夫子弟、家人亲戚,又或卫所刁军、屡犯刁徒,不论本州岛外县,盘据衙门,瞒官作弊。……坏事殃民,俱繇于此。一到任后,即将此辈逐出",⑤"新官初到,要查各役是否正身。……认出次身,眼貌凶恶,必是害人者,即打出"。⑥从源头上保证吏队伍的纯洁。二,明定禁约。"左右非公故,勿与语;非公遣,勿使与民相往来。平居勿假辞色,有事勿与计议。勿使管牧钱粮,勿使乱出牌票。非呼唤不近公案,非问及不许妄禀",⑦"不可科敛民财,买办各房办事。无事不许一人在堂闲立,假公营私,窥视官府行事细故及乘机诓骗财物。有事,唤某人来听,分付了毕,即便回房办事"。⑧ 上任之初,即加禁约,"新官凡事当谨之于始,能先谨衙门,有令无赦,吏书以下,无一人不凛凛,无一人不守法"。⑨ 其三,牌告示警。"另置木牌两座,树于堂之东西近下,将禁约六房告示,大书深刻,以肃观瞻。……如此,则吏书知畏而事不为奸矣"。⑩ "告示六

---

① （明）汪天锡:《官箴集要》卷上《驭下篇·威严》,第 275 页。
② （明）汪天锡:《官箴集要》卷上《驭下篇·威严》,第 276 页。
③ （明）汪天锡:《官箴集要》卷上《驭下篇·吏曹》,第 274 页。
④ （明）吴遵:《初仕录·无弊·防吏书》,第 44 页。
⑤ （明）佘自强:《治谱》卷二《到任门·查革积棍》,第 96 页。
⑥ （明）蒋廷璧:《璞山蒋公政训·御下·清吏役》,第 5—6 页。
⑦ （明）吴遵:《初仕录·无弊·防吏书》,第 44 页。
⑧ （明）不著撰者:《新官轨范·体立为政事情》,第 738 页。
⑨ （明）佘自强:《治谱》卷二《到任门·防奸谨始》,第 93 页。
⑩ （明）吴遵:《初仕录·无弊·防吏书》,第 44 页。

房"。① 设禁在先,可使有违受惩者无怨。

关于预防。其一,加强对文书收发、签押等环节的管理。如收到文书,官长"须亲手开拆,先看封皮上件数,及内文移年月,旁朱语应细看者。才方细看,庶无迟滞。又于闲时俱当细看,则无错漏"。② 吏骚扰苛索,全凭牌票,有鉴于此,"掌印官将一切前件到日,分急、中、缓三等,为三袖折,责令该房自限某事何日可完,即注折上。难完者,许其禀官;易完者,照限督催。分别既明,方准出票。有司每日看折,勾销前件,一事完即勾一事,违限者计日加责。是官斧而吏凿也,彼且办事之不暇,而何暇愚我以行私"。③ 其二,严把文书质量关,"须先参以成案,润以词采,裁定体式,酌量事宜,务求详确明白。不拘大事小事、照验照详,皆宜先府后司,勿令蓦越取怪。稿取,亲定□□,更须详看一审"。④ 一旦发现洗改字样,"痛责该房吏书重写"。⑤ 其目的,使吏不敢轻易尝试其技。

关于稽查。明代官箴书强调对吏的稽查,"欲其畏而无奸,……而常加稽察也",⑥"欲其不为奸,则莫若详视其案也"。⑦ 具体来说,一是常川办事,二是禁止外游,"不可使之闲逸,务要严加约束,使之日夜常川,展案书写文卷。……不可纵容出外交纳富室,游荡饮食,妨废事务,以泄官事,以来讼端,以启幸门也。又有酒馆食店说事过钱、接受赃私,为害甚矣。亦不可私房交头接耳,笑语喧哗"。⑧ 稽查是为了更好地防患于未然。

一旦有犯,必加惩治。"吏典门皂非奉呼唤,自上堂立走、禀事、插嘴者,打;饮酒面赤上堂者,打;及在前后拥观者,打"。⑨ 小过必惩,绝不姑息。"(吏胥)说谎虽小事,亦打"。⑩ "小过不惩,必为大患,无所忌惮矣。……治吏如治齿牙,剔漱之则易利"。⑪ 严惩的目的,使其知官难犯。

---

① (明)不著撰者:《新官轨范·体立为政事情》,第738页。
② (明)汪天锡:《官箴集要》卷下《公规篇·防奸》,第299页。
③ (明)吕坤:《新吾吕先生实政录·风宪约卷之六·听讼十二款》,第553页。
④ (明)吴遵:《初仕录·无弊·重文移》,第42页。
⑤ (明)吴遵:《初仕录·无弊·重文移》,第42页。
⑥ (明)吴遵:《初仕录·无弊·防吏书》,第44页。
⑦ (明)汪天锡:《官箴集要》卷上《驭下篇·吏曹》,第274页。
⑧ (明)汪天锡:《官箴集要》卷上《驭下篇·约束吏典》,第275页。
⑨ (明)蒋廷璧:《璞山蒋公政训·御下·御吏皂》,第5页。
⑩ (明)蒋廷璧:《璞山蒋公政训·御下·御吏皂》,第5页。
⑪ (明)汪天锡:《官箴集要》卷上《驭下篇·威严》,第276页。

明代白话小说也认为吏役等知法亦犯法。《杜骗新书》第二十类《买学骗·诈秋风客以揽骗》："今人谓衙役知法，不知侮法者，正是知法之人。"

小说还强调官治吏，重在初任即加整顿。《鼓掌绝尘》第三十六回中的袁州陈府判带署县事，有两名书吏不来画卯，陈府判便着恼起来："你这九龙县吏，就有多大？明明欺我署不得堂事，朔望日画卯也不到齐，快出火签拿来！"众吏书告以事出有因，陈府判不信，出火签拿捉，"众吏书见他初任，摸他性格不着，都只得起来躬身站立，两傍伺候"。《铁树记》第七回中的旌阳县令许真君上任后，以"尔俸尔禄，民膏民脂。下民易虐，上天难欺"自誓，对"六房吏胥，⋯⋯贪毒害民者，则罚之以刑，革役赶出"。

小说认为对有过犯的吏须痛加惩治。《西湖二集》第三十三卷中的周爷访得积年老书手莫老虎"专一把持官府，窥伺上官之意，舞文弄法，教唆词讼"，道："此东南之蠹薮也。衙蠹不除，则良民不得其生。"毙之于狱。又将衙门中"积年作恶皂快书手，该充军的充军，该徒罪的徒罪，一毫不恕"。治吏是为官的重点，小说借作品人物之口对此作了总结。《西湖二集》第三十三卷中的周爷道："若要天下太平，必去贪官。贪官害民，必有羽翼，所谓官得其三，吏得其七也。欲去贪官，先清衙门中人役，所以待此辈不恕。"

但小说也指出对吏的小过不可过分惩治。《型世言》第四十回中湖广江夏知县陈骊山整饬书吏，"但不许他生事诈钱，坏法作弊。他身在县中服役，也使他得骗两分书写钱、差使钱"。《诸司公案》四卷《诈伪类·闻县尹妓屈盗辩》中的章守藩不愿新妇到堂与盗对质，请老吏黄子立帮忙避免。黄子立得银后，向闻县尹禀报："彼新妇初归，即来与盗辩状，不论胜负，辱莫大焉。但我想如盗潜入突出，必不识妇。若以他妇出对，盗若认之，可见其诬矣。"闻县尹问其是否受章家贿，黄子立道："不敢欺瞒，实谢我银十两。此不枉法，又可助决公事。况彼甘心肯出，非有吓骗，必不至坏衙门名色也！"闻县尹曰："善。可明日即出吊审。"允许其在不坏衙门名声、不过苛于民的情况下，小有所得。

明代官箴书所总结的治吏策略相当全面：自察与察人、预防与监督、平时与有犯相结合，务必减少或消灭吏违法的机率。明代白话小说则针对关键环节提出整顿措施，如初任整顿、有犯惩治。但小说毕竟以写人叙事为主，探讨治吏策略只是副产品，故显得粗枝大叶，但其提出的对吏不可过分惩治的观点值得深思。

关于吏"坏法"的原因、手段以及整饬策略，明代白话小说的表现显然不如官箴书全面，限于题材，小说对吏的关注主要集中于刑房吏。但小说从前途无望方面分析吏"坏法"的原因，揭露吏与官的沆瀣一气、狼狈为奸以及建议不可过分惩治吏等，都体现出其思考的深刻与周全，具有一定的价值。

## 第三节　尸伤检验与仵作之弊

"大辟之狱，自检验始"。① 在中国古代，尸伤检验是伤亡案件查找原因、区分责任、确定罪犯及定罪量刑的重要依据，故为国家律法所重视。明代白话小说对尸伤检验及担纲者仵作多有表现，通过与明代律例及官箴书中相关材料的对比，可看出这种表现并非空穴来风、无中生有，而是有着深刻的理论依据与现实基础。

## 一、检　验　理　论

明律重视尸伤检验，《大明律》、《大明令》、《问刑条例》等规定了尸伤检验的手续、步骤及检验不实的法律责任。明代官箴书也重视尸伤检验："凡检验尸伤，系干人命，最为重事，不可不谨。"②"简验人命，生死所关。若纵之，则死者含冤；若诬之，则生者含冤，非细故也。"③

关于尸伤检验的依据，自南宋迄清，宋慈的《洗冤录》一直被奉为圭臬，明代官箴书对其十分推崇，字里行间，时加提及："《洗冤录》宜详看。"④"如《洗冤录》等书，不可不时常检阅。"⑤甚至受《洗冤录》影响而产生的《明冤录》、《无冤录》等书亦受到青睐："人命检验，查照《洗冤》、《明冤》、《无冤》各录。"⑥"凡毒

① （清）沈家本：《〈无冤录〉序》，沈家本编、中国政法大学法律古籍整理研究所整理标点：《枕碧楼丛书》，知识产权出版社 2006 年版，第 228 页。
② （明）汪天锡：《官箴集要》卷上《慎狱篇·检验尸伤》，第 281 页。
③ （明）佘自强：《治谱》卷六《人命门·人命须知十款》，第 149 页。
④ （明）佘自强：《治谱》卷六《人命门·投河自缢之辨》，第 153 页。
⑤ （明）汪天锡：《官箴集要》卷上《慎狱篇·检验尸伤》，第 281 页。
⑥ （明）不著撰者：《居官必要为政便览》卷下《刑类》，第 67 页。

死,缢、饿、冻、烧、潲、病死者,须照《冤录》查明。"①

明代官箴书还涉及了"自缢"、"跌扑死"、"生前溺水"、"死后推入水"、"他物打死"、"自割"、"火烧"、"热汤泼"、"服毒药死"、"受杖死"、"有病死"等检验理论。② 这些内容,主要由《洗冤录》析出,并作了较大压缩。以对生前、死后溺水的区别为例:

《官箴集要》的记载言简意赅:"生前溺水,则男覆女仰,手脚向前,口合眼开,肚腹、口鼻有水流,指甲有泥。死后推入水,则口眼不开,两手撒,肚不胀,鼻无水。"③

《洗冤录》卷一之《检复总说上》、《检复总说下》、《疑难杂说上》,卷二之《疑难杂说下》,卷三之《溺死》等,对生前、死后溺水都有涉及,其中卷三之《溺死》的表现最集中,也是《官箴集要》相关内容的主要来源:

> 若生前溺水尸首,男仆卧、女仰卧。头面仰,两手、两脚俱向前,口合,眼开闭不定,两手拳握,腹肚胀,拍着响。落水则手开,眼微开,肚皮微胀。投水则手握,眼合,腹内急胀。两脚底皱白不胀,头髻紧,头与发际、手脚爪缝、或脚着鞋则鞋内各有沙泥,口鼻内有水沫,及有些小淡色血污,或有磕擦损处。此是生前溺水之验也。盖其人未死,必须争命,气脉往来,搐水入肠,故两手自然拳曲,脚罅缝各有沙泥,口鼻有水沫流出,腹内有水胀也。⋯⋯若被人殴打杀死,推在水内,入深则胀,浅则不甚胀。其尸肉色带黄不白,口眼开,两手散,头发宽慢,肚皮不胀,口、眼、耳、鼻无水沥流出,指爪罅缝并无沙泥,两手不拳缩,两脚底不皱白,却虚胀。④

对比之下,可见《官箴集要》保留了《洗冤录》对尸首姿态、手脚、口眼、肚腹等主要特征的描述,删除了其对发髻、鞋袜等次要情况的介绍及产生原因的揭示。事实上,《洗冤录》中有关涉水之死的内容还有很多,如"因患倒落泥

---

① (明)不著撰者:《居官必要为政便览》卷下《刑类》,第 67 页。
② (明)汪天锡:《官箴集要》卷上《慎狱篇·检验尸伤》,第 281—282 页。
③ (明)汪天锡:《官箴集要》卷上《慎狱篇·检验尸伤》,第 281 页。
④ (宋)宋慈著,高随捷、祝林森译注:《洗冤集录译注》卷三《溺死》,上海古籍出版社 2014 年版,第 100—101 页。

渠内身死"等的尸表情况,判断"若检复迟,即尸首经风日吹晒"的方法,现场勘验时对"原申人"的询问等,①官箴书对此都较少涉及。官箴书的目的,是有针对性地提供为官指导,择要而从,重专而非全,固对《洗冤录》中的尸伤检验理论作了压缩。

明代官箴书推崇《洗冤录》,但对其观点并非全盘被动地接受,而是结合个人的断案经验予以发展。如《治谱》对死后、生前投河及死后索绞、自缢的辨析,主要来自《洗冤录》,但其后提醒道:"《洗冤录》宜详看。"并加按语:"上二说辨之明矣。若□系谋杀而又以自缢之法令之死,□□□矣。此须细问而察其情、思其故,未可草草。"②可见,作者将个人断案经验亦融入其中。

明代白话小说也注重尸伤检验。《二刻拍案惊奇》卷三一:"今法被人殴死者,必要简尸。简得致命伤痕,方准抵偿,问入死罪,可无冤枉,本为良法。""除非真正人命,果有重伤简得出来,正人罪名,方是正条。"与律例、官箴书观点相同。小说也涉及了一些尸伤检验方面的内容。如生前溺水,《拍案惊奇》卷一一:"(知县命将)坟旁尸首,掘起验时,手爪有沙,是个失水的。"如死后溺水,《警世通言》第三十三卷:"水面上漂浮一个死尸,……见头面皮肉却被水浸坏了,……(县尉)检看明白,……董小二尸虽是斧头打碎顶门,麻索绞痕见在。"其细致性、专业性虽然无法与《洗冤录》或官箴书的记载相比,但亦具备了一定的尸伤检验水平。

小说中的一些案例还可能直接来自《洗冤录》。《诸司公案》四卷《诈伪类·李太府辨假伤痕》中的项胜、舒瞻酒后相打,项胜力大,又有兄弟偏助,舒瞻以此受伤甚重,赴李太尹处呈告。项胜担心输了官司,"乃黄夜将巴豆擦于体上,又将榉柳叶涂肌肉各处,妆成青赤伤痕,与拳棒伤无异",亦令人抬官告状。李太尹命医生庄橘泉验伤。庄橘泉受项胜蒙蔽,认为"二人所伤都多"。李太府见二人伤重,他人无伤,断定"必有一真伤,一妆伤"。乃起身摸其伤处,发现"舒瞻伤处皆血聚而硬,项胜伤处皆不硬",道:"舒瞻是真伤,项胜是妆假伤。"项胜不服,李太府曰:"奴才!汝焉能瞒我也!盖药中有巴豆,将涂

---

① （宋）宋慈著,高随捷、祝林森译注:《洗冤集录译注》卷三《溺死》,第100—101页。
② （明）余自强:《治谱》卷六《人命门·投河自缢之辨》,第153页。

体上,即便肿。汝南方又有木名榉柳,以叶涂肌,则如青赤；伤剥其皮,横置肉上,以火熨之,则如棒伤,水洗不下。但殴伤者血聚则硬,伪妆者虽似伤而不硬耳。"《洗冤录》有以榉叶伪造伤痕的明确记载:"南方之民,每有小小争竞,便自尽其命而谋赖人者多矣。先以榉树皮罨成痕损,死后如他物所伤。何以验之? 但看其痕里面须深墨色,四边青赤,散成一痕,而无虚肿者,即是生前以榉树皮罨成也。盖人生即血脉流行,与榉相扶而成痕。若以手按者,痕损处虚肿,即非榉皮所罨也。若死后以榉皮罨者,即苦无散远青赤色,只微有黑色,而按之不紧硬者,其痕乃死后罨之也。盖人死后血脉不行,致榉不能施其效。"①小说很可能是受《洗冤录》的启发而进行了再创作。

小说看重尸伤检验、推崇《洗冤录》,但也表现了某些官长抱守《洗冤录》的残缺而被罪犯钻空子的情况。《诸司公案》二卷《奸情类·黄令判凿死佣工》中的俞厥成因佣工连宗将其妻鲍氏刁奸,"以湿布缚其口、蔽其目,用利刃于胁下凿一孔,即以滚水淋之,令血勿荫,须臾死"。连宗之弟连宇告俞厥成擅杀乃兄,俞厥成辩称系中风而死。黄太尹检尸时,发现虽有一伤,但"肉色干白,并无血荫",与《洗冤录》所描述的生前受刃伤的情况一致,于是"把《洗冤录》指与连宇、支秩、俞厥成三人同看,曰:'凡生前刃伤,即有血汁,其所伤处血荫,四畔创口多血花鲜色。若死后用刀割伤处,肉色即干白,更无血花。盖以死后血脉不行,是以肉色白也。'今胁下虽是致命处,而伤痕肉白,是汝假此赖人明矣。"认定连宗非生前为人杀死,轻易地将真正罪犯放过。可见,一旦罪犯掌握一定的检验知识,做以手脚,而官长又以《洗冤录》为权威,不肯结合案件的其他情节细审,案件的审理会发生根本性错误。就本案来说,案件的审理并非只有尸伤一个突破口:连宗年轻力壮,中风的可能性微乎其微;且有证人证明连宗醉酒时曾对俞厥成言及其妻私处特征,俞厥成当时"便失色"。黄太尹完全可以通过对这些细节的深入分析与推理,使事实真相浮出水面。《诸司公案》的作者虽然认为连宗不得伸冤乃罪有应得,但还是意识到了案件的审理是有问题的——"检者未得其情"。他期望自己的记载能给后人一点帮助:"此《洗冤录》中所未载,附之以补所未备。后之检伤者,其详之。"

---

① (宋)宋慈著,高随捷、祝林森译注:《洗冤集录译注》卷二《疑难杂说下》,第39页。

明代官箴书和小说都重视尸伤检验,并涉及了一定的检验理论。相比之下,官箴书中的内容更丰富。小说重在表现官长的断案能力,故对尸伤检验未予格外关注。但小说表现了官长抱守《洗冤录》残缺以致于被罪犯钻空子的情况,表达了对《洗冤录》不可过分笃信的观点;官箴书作者则凭个人断案经验对《洗冤录》予以发展,显示了与小说作者观点的相似。

# 二、仵作之弊

明代律法在规定"检验死伤不以实"的法律责任时,提及了检验之弊。其中与官长有关的有:"牒到托故不即检验,致令尸变","不亲临监视,转委吏卒","初、复检官吏相见,符同尸状","不为用心检验","移易轻重","增减尸伤不实","定执致死根因不明";与仵作有关的有:"检验不实,符同尸状"。①

对仵作之弊,明代官箴书有着清醒的认识:"凡检验尸伤,最妨仵作报伤,一受其贿,虽真亦假,少不满□,假亦作真。"②"盖仵作视财货为轻重,钱多者虽真亦假,钱少者虽假亦真。"③

官箴书首先揭示了初检中仵作作弊的手段。其一,任意轻重。"吏仵人等出脱重伤,卖弄作弊"。④ 其二,增减尸伤。"检验之时,承委官嫌其凶秽,皆不近尸,又犯人杻锁跪棚,多不同看,惟有尸亲、仵作喝报尸伤,或多增分寸,或乱报青红"。⑤ 其三,不明死因。"北地人命,真者固多,假亦不少。盖北方种菜,多用砒信杀虫,匹夫匹妇,与人打骂,气不可忍,辄服信以死。……初仕不知,仵作知者亦少,即知之,不得钱又不报,故一概抵偿"。⑥

以上主要是初检中仵作的作弊手段,官箴书还揭示了复检中仵作的作弊手段。复检时,仵作会联手其他仵作、吏员,瞒天过海,通同作弊。如仍充二检,则暗伏人打口号,己则照号供报:"又仵作头一次报伤讫,则其家必

---

①　《大明律》卷二八《刑律十一·断狱·检验死伤不以实》,第219页。

②　(明)不著撰者:《居官必要为政便览》卷下《刑类》,第67页。

③　(明)佘自强:《治谱》卷六《人命门·人命须知十款》,第149页。

④　(明)汪天锡:《官箴集要》卷上《慎狱篇·检验尸伤》,第281页。

⑤　(明)吕坤:《新吾吕先生实政录·风宪约卷之六·人命十二款》,第544页。

⑥　(明)佘自强:《治谱》卷六《人命须知十款》,第150页。

藏底稿——某处紫红、某处微红、某处血荫。万一后次再使伊简,则暗地藏在手心,照稿供报。如官府觉察,则暗伏心腹之人,持稿在众人场里暗打口□,其件作照号供报。"①如二检、三检另委其他件作,则联络作弊,使检验结果如出一辙:"新来件作至前□□□买稿,又或招书讨钱,私通后来件作,抄尸格买稿。就令官府精明,将新件作锁在轿前,而后来件作必有同来之人,蚤向两家讲价。原告行贿,假者供报多伤;被告行贿,真者供报伤浅,以致假反成真,真反成假。"②甚至"再更检官,再更件作,或暗卖尸格,约与雷同分寸,或意欲轻重,多增疑似伤痕,以致两检不同,每驳四五检者,终始未能归一"。③

在律例中,上述件作之弊属于官长所作之弊。

明代白话小说表现了官长对件作之弊的警觉。《诸司公案》一卷《人命类·韩廉使听妇哀惧》中的晋丞同件作往温家检尸,但无伤痕,探亦无毒。晋丞畏韩公威严,不敢回报,叮咛件作曰:"检尸情弊,惟你能知。若不检出,罪在你身。"《铁树记》第七回中的许真君因哭丧妇人脸上搽有脂粉,遂思:"彼守服,如何好整饰?"唤件作李英监同此妇去坟所启棺检验。李英开坟检看,并无伤痕,回报真君。真君道:"汝敢卖法,限明日再检。若不明白,决不轻恕!"

小说也对初检中件作的作弊手段作了揭示。关于任意轻重,《型世言》第二回:"只是近来官府糊涂的多,……厚贿那件作,重伤报轻伤。"关于增减尸伤,《诸司公案》六卷《雪冤类·邹推府藏吏听言》中的曹基诬秦制打死其父,送件作昌览二十两银求其作伪:"但做得致命一伤,定银十两。"及发检之日,"方糟腌醋洗之时,件作即投药于尸。少顷检验,即于胸膛、胁下、脑后,做出青红黑三伤者,系致命之处"。关于不明死因,《型世言》第二回中的单邦劝王世名不要告王俊打死父命的理由之一即是:"告时他央了人情,争是压死,件作处用了钱,报做压死伤,你岂不坐诬?"

小说对件作复检中的作弊手段也有简单提及。《诸司公案》六卷《雪冤类·邹推府藏吏听言》中的按语:"检伤惟在件作。……又买报伤于后,则官亦何从辨其伪哉! 故凡检验人命者,宜慎而又慎,详而又详,方可革弊之一

---

① (明)余自强:《治谱》卷六《人命门·人命须知十款》,第149页。
② (明)余自强:《治谱》卷六《人命门·人命须知十款》,第150页。
③ (明)吕坤:《新吾吕先生实政录·风宪约卷之六·人命十二款》,第544页。

二。而仵作这弊尤为难防。彼今日检一尸伤，若有私者，明日即驰信各县仵作知会。后虽覆检，亦不能察其奸。"

以上为小说在仵作之弊上与官箴书的观点相一致处。此外，小说还表现了仵作在官长的直接授意下，检验不以实的情况。《二刻拍案惊奇》卷二〇中巢氏病中与丈夫陈定斗气而死，其弟巢大郎受人挑唆，将陈定告官。知县正为打秋风的乡亲筹银，陈定出银后，将其放回。不想巢大郎将银劫回，知县甚怒，"有了成心的，只要从重坐罪，先分付仵作，报伤要重"。而仵作"揣摩了意旨，将无作有，多报的是拳殴脚踢、致命伤痕。巢氏幼时喜吃甜物，面前牙齿落了一个，也做了硬物打落之伤。竟把陈定问了斗殴杀人之律"。这一点，官箴书没有明确揭示，却与明律所言仵作"检验不实，符同尸状"的情况相类。

关于尸伤检验中的弊端，明代律例虽多有列举，但官箴书显然只对仵作之弊"情有独钟"，予以重点表现，并将律例中提及的官长之弊移于仵作身上。小说的思路与此大体相当。此外，小说还表现了仵作受官长指使而作弊的情况，与律例的观点一致。官箴书重视对为官者的道德建设，有德者自然不会生弊，相反，还会生出一双慧眼识弊，这大概是官箴书多表现仵作之弊的主要原因。

# 三、去 弊 之 道

为避免仵作之弊，明律一方面规定官长要亲验，"属府者，必通判、推官；属州县者，必知州、知县，亲自检验，毋得辄委杂职下僚"；[①]另一方面规定"仵作行人检验不实，符同尸状"，其罪与官长"托故不即检验"、"不亲临监视，转委吏卒"等同。[②]

明代官箴书认为仵作作弊，与"问官不细心亲验"有关，[③]故检验须及时，"本境有致死尸伤，正官随即将带吏仵人等前去，登场检验，定执致命根因"；[④]须亲临监视，"须要亲诣尸场，相验明白，不可委差吏仵"；[⑤]甚至"虽盛暑，亦必

① （万历）《明会典》卷一七八《刑部二十·检尸》，第905页。
② 《大明律》卷二八《刑律十一·断狱·检验死伤不以实》，第219页。
③ （明）佘自强：《治谱》卷六《人命门·人命须知十款》，第150页。
④ （明）汪天锡：《官箴集要》卷上《慎狱篇·检验尸伤》，第281页。
⑤ （明）汪天锡：《官箴集要》卷上《慎狱篇·检验尸伤》，第281页。

亲临谛视"。① 之所以如此,"盖事之至重,不可轻忽,以亏天理而昧国法也"。②

针对"尸亲、仵作喝报尸伤,或多增分寸,或乱报青红"的情况,③明代官箴书强调官长验尸前,先询问尺亲、凶身事因,"拘唤尸属、亲邻,略节审问事因,检点於(干)碍之人供状画字了当,先令仵作人等以尸为主,量定四至,然后与同人吏上前看验,并勒凶身当面对尸,仔细验看伤痕"。④ "唤尸属及亲邻,略节审问事因,检点一应干碍检尸之人供状画字了当,先令仵作人等以尸为主,打量定四至,然后与同人吏近前看验,勒行凶人当面对尸,子细验看痕伤"。⑤

官箴书还特别强调复检时,须严禁初、复检仵作见面,"若邻境官司关牒覆检,……两处初、覆检验官吏不许相见,惟恐扶同尸状之疑"。⑥ "初、覆检验吏仵不许相见,以致扶同"。⑦

官箴书主张对作弊仵作予以惩治,"错报者重责,仵作问罪,奸弊自绝矣"。⑧ "若仵作受财,临检报伤不实,新例用三百斤枷号一月,情重三个月,发边卫充军"。⑨

明代白话小说也认为官长应亲验尸伤。《诸司公案》六卷《雪冤类·邹推府藏吏听言》:"初检最宜用心关防,勿惮秽恶而令奸人滋弊也。"

小说还表现了官长亲验的具体情况。《醒世恒言》第三十四卷:"(大尹)叫手下人拿上状词看了,见是人命重事。……就叫打轿,带领仵作一应衙役,往赵家检验。"《新民公案》一卷《人命·争水打伤父命》:"郭爷看了诉词,遂拘原、被二犯,并两家干证人等到馆略审。明日亲自去到尸场,唤仵作一一检验。"在小说中,也有不少官长不亲验尸伤,而是委之属官、属吏。《型世言》第三十三回中的县尊"便委三衙去相尸"。《水浒传》第二十七回中的知县"唤当该仵作行人,委吏一员,把这一干人押到紫石街检验了妇人身尸,狮子桥下酒楼前检验

---

① （明）汪天锡:《官箴集要》卷上《慎狱篇·刑罚》,第280页。
② （明）汪天锡:《官箴集要》卷上《慎狱篇·刑罚》,第281页。
③ （明）吕坤:《新吾吕先生实政录·风宪约卷之六·人命十二款》,第544页。
④ （明）吴遵:《初仕录·刑属·检尸伤》,第54页。
⑤ （明）汪天锡:《官箴集要》卷上《慎狱篇·检验尸伤》,第281页。
⑥ （明）汪天锡:《官箴集要》卷上《慎狱篇·检验伤》,第281页。
⑦ （明）吴遵:《初仕录·刑属·检尸伤》,第54页。
⑧ （明）佘自强:《治谱》卷六《人命门·人命须知十款》,第150页。
⑨ （明）不著撰者:《居官必要为政便览》卷下《刑类》,第67页。

了西门庆身尸,明白填写尸单格目,回到县里,呈堂立案"。现实情况可能确实如此。

在小说中,官长验尸时,带尸亲、凶身一同前往看视。《禅真后史》第四十二回:"次日早堂,(县官)金押已罢,狱内提出三人,带领仵作人役,亲自上马往峡山来检验尸伤。潘鹿掘土取出潘鲔尸首,与县官看了伤痕,着落地方办棺收殓。县官回衙,依然将三人监下。"《金瓶梅词话》第十回中的县丞"见武松只是声冤,延挨了几日,只得朦胧取了供招,唤当该吏典并仵作、甲邻人等,押到狮子街,检验李外传身尸,填写尸单格目"。

在小说中,作弊仵作也遭到官长惩治。《诸司公案》六卷《雪冤类·邹推府藏吏听言》中的邹大尹判:"仵作昌览受贿赂而做伤,追完枉法之赃,各配远近之驿。"

在避免仵作之弊的问题上,明代官箴书和小说的观点较一致,都认为官长应亲验尸伤,先期询问尸亲、凶身或一同看视,并对作弊仵作予以惩治。不同之处在于:由强烈的现实批判情怀所决定,小说还表现了官长不亲验尸伤,而是委之属官、属吏的情况;官箴书则出于提醒其他为官者的目的,强调复检时严禁初、复检仵作见面,可谓各擅其长。

# 四、保 留 意 见

"身体发肤,受之父母,不可损毁"。明律尊重礼法之于人心的影响,规定:"凡遇告讼人命,除内有自缢、自残及病死而妄称身死不明,意在图赖、挟财者,究问明确,不得一概发检,以启弊害。"[①]表现出一定的人本情怀。

明代官箴书也认为不能以零落遗体作为案件侦破的代价:"凡遇人命,固当检验,然须先问生前因何仇恨,为何谋害,是何时节,在何地方,用何器械,何人下手,何人证见。……事有显迹,然后登场检验。倘一涉虚诬者,即与相与辨豁,毋得检验,破人身家,且贻死者蒸髓折骸之苦。"[②]官箴书还认为,尸伤检验给被告及家庭带来沉重负担:"陋规地方,县官简尸,辄派红圆领等物,固

---

① 《问刑条例·刑律十一·断狱·检验尸伤不以实新题例》,附于怀效锋点校《大明律》,第441页。
② (明)吴遵:《初仕录·刑属·检尸伤》,第53页。

属不可,亦有才告人命,即派种种什物,动辄以二三十两计者。穷民几何,当此科派哉!"①故需谨慎为之。

与官箴书相同,明代白话小说也认为对尸伤检验不可过于倚重。小说抨击了某些官长在尸伤检验上拘泥于律条规定,不知变通,伤害死者家属感情乃至生命的行为。《二刻拍案惊奇》卷三一:"官府动笔判个'简'字,何等容易,道人命事应得的,岂知有此等害人不小的事?除非真正人命,果有重伤简得出来,正人罪名,方是正条。然刮骨蒸尸,千零百碎,与死的人计较,也是不忍见的。律上所以有'不愿者听'及'许尸亲告递免简'之例,正是圣主曲体人情处。"小说还通过生动的例子予以说明。《二刻拍案惊奇》卷三一中的王良因债务问题与族侄王俊发生冲突,被殴打致死。王良之子王世名欲诉之官府,但深知:"要他偿命,必要简尸。……尸骸先吃这番狼籍,大不是算。"只得听从族人劝说,与王俊和解。待娶妻生子、后继有人后,他将仇人手刃,并向官府自首。陈大尹同情王世名所为,申详上司"宜从轻典"。会同审决的汪大尹亦想保全王世名性命,但提出:"须把王良之尸一检。若果然致命伤重,王俊原该抵偿,王世名杀人之罪就轻了。"王世名哭求"情愿杀仇人而自死",也不愿检验父尸,汪大尹仍固执己见:"若不检父尸,杀人之罪难以自解。"后王世名明确表示"惟求速赐正罪",汪大尹则干脆道:"论法自宜简所殴之尸有伤无伤,何必问尸亲愿简与不愿简?吾们只是依法行事罢了。"王世名见无法扭转官府的断案思路,只好自戕以明志。明律规定:"若祖父母、父母为人所杀,而子孙擅杀行凶人者,杖六十。其即时杀死者,勿论。"②如果汪大尹通过其他途径证明王世名之举乃为父复仇,那么王世名不过被杖六十而已,皆因汪大尹拘执人命案须检尸的法律规定,不肯通融,结果导致王世名身首异处。作者批道:"只为书生拘律法,反令孝子不回旋。"堪称的论。《型世言》第二回的故事情节与此大同小异。作品提出更多可证明王世名杀人乃为父报仇的证据:"若是府、道有一个有力量,道王俊买和有金,则杀叔有据,不待检矣。""王俊杀叔去今六年,当日行贿之人尚在,可一鞫而得,何必残遗骸、致残孝子!"昭昭证据,对官府一味拘执法

① (明)余自强:《治谱》卷六《人命门·人命须知十款》,第149页。
② 《大明律》卷二〇《刑律三·斗殴·父祖被殴》,第169页。

规的行为作了有力批判。

明代白话小说还列举了检尸的种种陋规。《二刻拍案惊奇》卷三一："只因有此一简,便有许多奸巧做出来。那把人命图赖人的,不到得就要这个人偿命,只此一简,已够奈何着他了。你道为何?官府一准简尸,地方上搭厂的就要搭厂钱,跟官、门皂、轿夫、吹手多要酒饭钱,仵作人要开手钱、洗手钱,至于官面前桌上要烧香钱、朱墨钱、笔砚钱,毡条坐褥俱被告人所备,还有不肖佐贰要摆案酒,要折盘盏,各项名色甚多,不可尽述。就简得雪白无伤,这人家已去了七八了。就问得原告招诬,何益于事?"比较细致。

明代官箴书与小说都从零落死者遗体、加重被告经济负担入手,表达了对尸伤检验的保留意见。二者在此一问题上的高度一致性,表明不同社会阶层在尸伤检验问题上的心理趋同性。

明代白话小说对尸伤检验理论、仵作之弊、去弊之道等的表现,既有与律例、官箴书相同之处,又呈现出自身的特点,补充、丰富了相关记载,具有一定的价值。

# 第四节　贪婪的公差

这里的"公差"指执行拘传任务的衙门人役,不确指其身份。其"贪婪",正如官箴书所言:"公差需索,天下皆然。"①

## 一、一般勒索事项

公差奉官长之命拘传,当事人除款待酒饭外,还须送出跑腿钱,美其名曰"差使钱"。《鼓掌绝尘》第三十二回中的杨员外与张秀本无瓜葛,皆因好心收留,反被其偷去银子,并受其打死妓女一案拖累。知县差人来拘,杨员外"终久惯练世务","便叫家僮,快治酒饭相待"。酒至数巡,"袖中取出五两一锭雪

---

① （明）刘时俊:《居官水镜》卷一《驭皂快·禁需索》,第601页。

花银子,送与公差"。《警世阴阳梦》第五回中的魏进忠于西城邹御史处呈控王小二设局诱赌。兵马司差人来拿,王小二"做光棍的人,大小各衙门都是平素结交的",见了差人,"就管待了差人酒饭,送了个纸包儿,欢欢喜喜出了门去"。

如果公差不吃酒饭,可于酒店书写"饭票",留待后用。《型世言》第二十六回中的光棍假冒王氏之夫,告其忤逆母亲,请求县官断离。县官命甲首"拘两邻回话"。途中遇光棍事先安排好的两个假邻居,四人入酒店坐歇吃酒。光棍"下楼去了一刻,称了差使钱来。差人不吃饭,写了一个饭票"。此外,还可将饭钱直接折为银两。《欢喜冤家》第十六回中的冯吉诬费人龙乘醉打死家人,现正醉卧船中。县令出牌捉拿。差人见了冯吉,"折了酒饭,送了差使的钱,竟往船中"。

"差使钱"的多少主要受两个因素的影响,一是被拘传人的家境,二是所涉案件的性质。一般说来,被拘传人家境富裕者,高于家境贫寒者;所涉为刑事案件者,高于民事案件者。《醒世姻缘传》第八十一回中的童寄姐将丫头珍珠折磨致死,珍珠父韩芦告至南城察院,差人惠希仁、单完奉命来提。寄姐之母童奶奶见过世面,出面将差人款待得十分周到。惠希仁见其晓事,欲多诈钱财,遂直道心事:"这人命事却是批兵马司问明呈解的。韩芦递状的时节,禀的话利害,察院爷要自家审了口词,才发问哩。俺起初接了票子,指望的也不是这数儿。及至见了狄爷,俺越发指望的多了。"其"起初"接票子,"指望的也不是这数儿",乃因此为人命案,有藉以敲诈的借口;"及至"见了狄爷,"越发指望的多了",则因得知狄希陈"该选府经历",身家丰厚,大有油水可捞。在他的努力下,终将差使钱抬到"除先送一两,再每人二十两"。《禅真后史》第四回中的教书先生瞿天民因皮氏出口伤及母亲,盛怒之下,将其踢倒,不想皮氏因此小产身死。皮氏兄皮廿九为光棍裘五福唆使,去县中告状。公人来拘,瞿天民"忙办酒饭相待,……送出差钱"。但公人嫌轻憎少,"冷言热语的奚落了一场,不收财物,径自去了"。次日,"复来絮聒,至晚又去"。瞿天民很是懊恼,请刘浣来商议。刘浣道:"这干公人最是凶狠要钱,况'人命'二字比他讼不同,些须之物怎能完局? 少刻待我款取。"待公人再来,刘浣认出其中之一为熟人穆兴,穆兴则给以面子:"但小弟这一纸牌票费了三百贯现钱买将得来,实指望一场小富贵。……一来见瞿先生的光景有限,二来幸会故人在此,不敢分外科求,止赐本等罢了。"刘浣道:"原想人命重情是一窟银窖,谁知撞着屁烧灰的精酸鬼!"最后,以"百贯之数"的薄礼再"补上三百贯"成交。相比之下,民事案件的"差使钱"要少,但以公差的贪婪本性,对当事人还是能榨一点是一点,绝不手软。《型世言》第二十六回中的光棍"送出差使钱来",差人捏一捏道:"这原不是斗殴户婚田土,讲得差使起的,只是也还轻些。"假邻之一朱敬松道:"这里想有三分银子,明日回话后,再找一分。"差人道:"再是这样一个包儿罢。"假邻之二陈望湖道:"酌中,找二分吧。"

如果被告势大,差人则多榨原告。《梼杌闲评》第十六回中的妓女鸳鸯扣为贵公子周逢春摔死。司里差人不敢得罪周逢春,反来找鸨母的麻烦。鸨母不胜其扰:"我家是原告,他们反来我家需索,吵得不耐烦。人已死,还要花钱!"李永贞深谙其故:"自古贫不与富斗,富不与势争。他是个官长的公子,怎肯让他抵偿?且那差人就不敢惹他,自然来你家要钱。"

如果两名以上公差同时执行拘传命令,则当事人给付的差使钱会有所区别。一般来说,正差多于副差。《醒世姻缘传》第十回中的晁源见计氏自缢一案单靠自己按捺不下,一面差家人往通州报知父亲,早发书搭救,"一面下了请帖,摆了齐整酒席请那两个差人吃酒,每人送了四十两银子。跟马的小厮,每人一两,两个的副差,每人五两。买嘱一班人都与晁大舍如一个人相似,约定且不投文,专等通州书到"。此外,府差多于县差。《新民公案》一卷《欺昧·富户重骗私债》中的刘知几因朱大尹断案不公,去理刑郭公处呈控。郭公设计,派捕盗游信去该县关提强盗窝主曾节。朱大尹看了来文,"即发县差两个,同府差四五人,执票竟到曾节家中"。曾节见是强盗扳他窝主,"即整酒款待,府差每人打发一两,县差每人三钱"。

如同典卖田产,原业主可多次找赎一样,公差也可在所勒差使钱之外,另要求给付"后手"。《型世言》第二十五回中的朱安国告朱玉乘水灾淫占其未婚妻,县尊准状,"便出了牌,差了两个人,先到朱安国家,吃了东道,送了个堂众包儿,又了后手"。二差每人得多少"后手",作品没有明确交代。此后,二人来到朱玉家,朱玉请李都管陪酒。李都管"拿出一个九钱当两半的包儿",差人推拒:"你在行朋友,拿得出?……也该厚待我们些。"李都管无法,"只得又添到一两二钱。一个正差董酒鬼后手三钱,贴差蒋独桌到后手五钱"。正差即正式的在官人役,贴差是临时增添的在官人役,正差得"后手三钱",贴差

"到后手五钱",一个"到"字表明这一情况是非常态的,可推知先前在朱安国家,正差所得必多于贴差,因属正常情况,故未特意点出。"后手"之设,无非是为了多勒索当事人。

以上为公差对当事人的一般勒索事项。如案情较轻,官长未要求将人犯即时勾回,公差索毕差使钱,约定听审日期后即可离去,公差的"贪婪"就此打住。《型世言》第二十六回中的差人得银后道:"明日我到那边请列位。"光棍的假邻陈望湖道:"没甚汤水,怎劳你远走? 明日绝早,我们三个自来罢。"《禅真逸史》第二十五回中的杜应元看毕牌票,"即办酒饭款待,送了些差使钱。公人约定听审日期,去了"。

## 二、特殊勒索事项

如果被勾人有其他情况需公差转圜,尚可凭借先前对公差的殷勤款待,提出请求。

如被勾人不能按时到案应诉,可请求公差帮忙推迟,称"转限"。《禅真逸史》第三十二回中的张善相走马踏死孙鬼车,为孙妻告官。知县"金牌,差四个公人径到张太公家内,提拿正犯凶身一名张善相"。张太公办酒饭款待,并送银四十两,"贿嘱公人方便,禀官宽限,另有重谢"。此后,张太公央人"在衙门里上下使钱,保正、排邻俱送了财物,黄氏处又托亲邻买和",将一场人命官司消解。如果说张太公请求公差帮忙转限,是为其走门路而赢得时间;那么《山水情》中的公差主动提出转限,则是因为被勾人确有符合转限的条件,不得不给以方便。《山水情》第十二回中的乡宦风来仪想招赘卫旭霞为婿,为卫旭霞拒绝。花遇春给风乡宦出主意,借口宴请卫旭霞,强其入洞房。不想卫旭霞枯坐一夜后逃走。第十七回中卫旭霞仆人山鹞儿恨花遇春害主人,与其大打出手,被路过的按院刘铁面撞见。按院拘来卫旭霞好友杜卿云,印证了山鹞儿的话后,"仰县拘提风宦家属"。风小姐瑞珠本为卫旭霞逃走一事得了郁症,侍女告知按院公差来提之事,一气之下,命归九泉,"几个公差目击了此段光景,只得宽缓到明日致意风宦"。

如果被勾人对诉讼案件一头雾水,不知如何开解,亦可请求公差指点迷津。《鼓掌绝尘》第三十二回中的杨员外在盛情款待公差后,请教"这事如何分解"。公差道:"依我愚见,这时候四爷已去相验过了,你明早央几个秀才,拿了手本,先去当堂见他一见。你晓得我们老爷,一味朦胧,又是不肯做清官的,再将百十两银子,托一个心腹衙役,着肉一摁,强如去讨人情。不是一件天大事情,脱得干干净净?"《醒世姻缘传》第八十一回中的公差惠希仁对童奶奶的招待很满意,得知是刘振白挑唆韩芦诈银告状后,很是气恼:"你们在俺两个身上,情管你们打上凤官司,叫这狗骨头吃场好亏。……我们在察院门口专候着狄爷到那里,替狄奶奶递张诉状,就诉上是他挑唆韩芦告状,说他诈过银子多少两。不怕他,察院老爷极喜人说实话的。"以他们对衙门内情况的熟络,对当事人的指点多较有效。

被勾人还可贿赂公差将自己私放,称"卖放"。《龙阳逸史》第八回中的钟典史出火签拘鲁春赴审。鲁春终究是个做光棍的人,"会得做些事业,随那公差说得火紧,他却慢慢哼哼,讲的都是冰窖说话,随即把东道摆将出来。……递出一锭粉边细丝银子,约莫有一两三四钱"。公差看了银子,"欲待要接了他的,思量又没个鲁春拿去,却又不好回话;欲待只捉了鲁春去,不接了银子,心下又不割舍得"。最后决定将鲁春卖放,"拼得当官不带个人回话,做几十板子不着"。即便被勾人自己脱逃,且无身家承担,公差的作用仍不可小觑,因为原告必须通过公差,方能将此一情况反馈给官府。《醋葫芦》第十四回中的成珪告嗣子都飙"盗财杀命",知府差快手高升、陈敬来拘。成珪安排"来到酒肆坐下,吃了一套酒色,少不得又送些银子"。不想都飙先已逃走,成珪好友周智出主意道:"如今且去回复府尊,另告张广捕缉获,暂完此局。"高升本"只望刮些银子",今见正犯逃去,十分不满。陈敬会其意,道:"员外,不是这等做事。你要教训儿子,只把我家老爷来做揎头,自己训他不落,衙门中替你累纸累笔;自家处明,把衙门丢番上壁。古人说:'官差吏差,来人不差。'大小须是一张牌面,抵办养家活口。你家把儿子藏过,我须不会回官。"直到成珪承诺:"差使钱是要的。老拙又不脱白,只要烦你回到官府,自然加倍奉上。"二人方同意回话。

公差甚至可以帮当事人过龙,贿赂官长。《醒世姻缘传》第十回中的晁思孝知儿子闯了祸,忙写下书信,命人赍银来县尹处说情。县尹拆信大怒,命将投书的阴阳生打了十五板子,又将原差伍小川、邵次湖责骂:"限明日投文听审。再敢故违,活活敲死!"伍、邵来到晁家,要晁源"快自己拿出主意"。在其点播下,晁源晓得县尹索贿的意思了,但发愁"却是怎么进去"。二人打保票:"有我两人,怕他什么东西进不去?"此后,晁源将"足色足数金银,分文不少,托得二人交付进去"。

<h2 style="text-align:center">三、造成公差"贪婪"的社会原因</h2>

明代白话小说不仅表现了公差的贪婪,还一定程度地揭示了造成其贪婪的社会原因。古时,官府的勤杂事务都由当地百姓承担。在官府当差,一犯错,就要被罚、被打,良民百姓多不愿去,而花钱雇人代替。《石点头》第三卷:"官府之视里役,已如奴隶,动转便加杖责。"明中叶,特别是实行"一条鞭法"后,官府很少再征发实役,而多将"丁银"摊到税赋中,另外雇人充役。官府对充役的人仅发少量的、类似伙食补贴的"工食",不足部分允许其在执行公务的过程中向百姓征收。《东度记》第五十七回中的差役就明确表示:"我们做公差的靠的是差钱。"

因为有"外快"可捞,不少人踊跃充役,以致入公门、做公差须先交纳一定的顶首钱。对此,明代白话小说从不同的角度作了表现。《警世阴阳梦》第二回中的魏进忠随结义弟兄李贞、刘峋进京讨出身。李、刘先后在何内相家谋到了差使,只有魏进忠到处游荡,没有着落。二人便商量:"我们积攒得些银两,再央何掌家(何旺)去借贷些,买一个衙门顶首与他。"恰好礼部"一个长班窝子要卖与人",便央何旺去说合,给魏进忠买了顶首。《诸司公案》六卷《雪冤类·冯大巡判路傍坟》中的朱必流"初在堂当皂隶",因好饮酒取乐,"门子所撰钱,随得随用",只好"将皂隶本去当□,又不能供纳利息,后全卖出来,遂无生理"。既然可以"去当□",甚至"全卖出来",可知其当初为谋此职必有所花费。既然以钱顶来,花了本钱,自然不肯放松。《醒世姻缘传》第八十一回中的差人就说"只是衙门中人,使了顶首,买了差使,家里老婆孩儿都指着要穿衣吃饭哩,所以全不做的情"。

对公差来说,能够承差,即意味着有钱可赚。为了承差、承好差,他们就要收买官府中的实权人物。明代白话小说对此也作了表现。《型世言》第二十七回中的假公差冯敬溪嫌钱公布师生送的差使钱少:"两在下这一差,非是小可,原是接老爷长差,又央门官与管家衬副,用了一二十两,才得到手,怎轻轻易易拿出这个包儿来?"虽然此"差"乃无中生有,但其对公差为承差而花钱的揭示却是真实的。《禅真后史》第四回中的公差穆兴与刘浣熟悉,告以实情:"但小弟这一纸牌票费了三百贯现钱买将得来。"既要谋生,又要孝敬实权人物,"公人见钱,犹如苍蝇见血"(《二刻拍案惊奇》卷三三),一派贪婪就不难理解了。

　　明代官箴书在揭示公差勒索当事人的同时,还指出避免其勒索的具体应对措施。如不轻信其被打之呈:"差人勾不公事,如彼回呈被人殴打,抢夺巾帽、衣服等物,决不可轻信,须拘邻里见知。"①不轻易更换差人:"凡批牌,不拘里老、快手、皂隶人等,先已承差去拘了,不可又准他呈禀别换,批牌另差人去勾拘。非但后差人将前差人藉口推托,又且前差人卖放之赃接得稳了。"②相比之下,明代白话小说对此涉及较少。但小说全面、真实、深刻地表现了公差的贪婪,并对造成其"贪婪"的社会原因予以揭示,显示出较强的社会批判意识,具有独特的法律资料价值。

## 第五节　狱吏(卒)之恶

　　历代士人不断提出以宽为本的治狱思想,统治者也制定各种法规加强对监狱的管理,但关于监狱黑暗的批评仍通过各种渠道暴露出来。明代无名氏的《诏狱惨言》描写了杨涟、左光斗等"六君子"遭锦衣卫迫害的惨状,对其时的监狱黑暗予以深刻揭示。事实上,除了史传笔记,当时的一些小说对此也多有反映。虽然在很多作品中监狱只是故事发生的一个场景,为了情节的引人入胜而予以夸张,但大多数情况下,其还是有现实生活作依托,比较真实可靠的。

　　"因犯入监,生死之权,悬于禁子之手"。③ 这里主要探讨明代白话小说对狱吏(卒)迫害人犯的表现。

---

① (明)蒋廷璧:《璞山蒋公政训·御下·慎差人》,第7页。
② (明)蒋廷璧:《璞山蒋公政训·御下·慎差人》,第7页。
③ (明)佘自强:《治谱》卷八《狱囚门·查治死》,第170页。

# 一、勒 索 钱 财

在明代白话小说中，狱吏（卒）的形象是可怖的。《西湖二集》第三十卷："常言道：'若知牢狱苦，便发菩提心。'那牢头狱卒就是牛头马面一般凶狠，谁管你生死？只是有钱者生，无钱者死。做官的人那里得知备细，真个是'有天没日头'的所在。"原因之一，即是其贪图钱财，对入监之人极加勒索。

狱吏（卒）勒索钱财的名目很多，如"见面钱"、"纸笔钱"、"常例"。《型世言》第八回："（程教谕）入得刑部来，这狱卒诈钱，日间把来锁在东斯侧边，秽污触鼻，夜间把来上了桎床。有几个捉猪儿、骂狗儿，摆布他要钱。有几个作好道：'程老爹也是体面中人，不可冲撞他。管狱老爹要见面钱，提控要纸笔钱，我们有些常例，料必晓得，料必拿来。难道肯爱几个钱，把身子吃苦？'"再如"灯油钱"。《警世通言》第二十四卷中的刑房史刘志仁为人正直，见赵昂来衙门打点，要把玉堂春买成死罪，心生疑窦，下监去看，"那禁子正在那里逼玉姐要灯油钱"。

从明代白话小说可见，狱吏（卒）的勒索手段主要有以下几种：

其一，授意监霸向入监人犯讲说常例。监霸即囚犯的头。《新吾吕先生实政录》："监霸多系豪强之人，买通吏书、役使、禁卒，……狱中大小，皆其颐指气使之人；凡欲短长，皆得趁意遂心之便。甚者，市恩报怨，捶楚号呼，每称'再杀一人，只是添一又字'。教唆新犯，变乱是非，就中取利。……为害不可胜数。"[①]监霸也称牢头、座头。《禅真后史》第二十一回中的汪十五因打死库吏下狱，"使费钱钞买了一个牢头，专管狱门，盘诘一应出入之人，极有权柄，所赚钱财尽可受用"。《型世言》第六回："贵梅当日下了女监，一般也有座头。"狱吏（卒）常授意监霸讲说常例，促使人犯乖乖拿出钱来。《型世言》第六回中禁子向贵梅勒索后，又道："座头可将我们旧例与他说。"座头来对贵梅说。贵梅道："我身边实是无钱。"座头又进一步开导："身边晓得你无钱，但你平日趱下私房藏在那边？或有亲眷可以那借，说来等禁子哥与你唤来。"

其二，直接向人犯、家属勒索。《百家公案》第八十五回中的包公、唐公微服

---

私访途中,因打死秦衙内的猎犬,被秦知县下狱,"用麻绳高吊于两处"。唐公泣谓张押狱:"常言'公门好修行',何故恁的苦楚我二人?"张押狱喝道:"你们该死,恼了秦衙内,若要我宽容,只索几文钱来,便宽你二人。"《醒世恒言》第二十卷中的张廷秀兄弟探望被冤下狱的父亲,请求禁子:"可怜老父是含冤负屈之人,凡事全仗照管,自当重报。"禁子道:"小官人,常言道:'靠山吃山,靠水吃水。'做公的买卖,千钱赊不如八百现。我们也不管你冤屈不冤屈,也不想甚重报,有,便如今就送与我们,凡事自然看顾十分。若没有,也便罢了,决无人来催讨。"

其三,如果人犯身家殷实,则狱吏(卒)既不授意他人讲说,亦不直接勒索,而是欲取姑予,大方地给以好处,以待后报。《醒世恒言》第二十九卷中的卢楠受刑后生了脓疮,"到得狱中,昏迷不醒。幸喜合监的人,知他是个有钱主儿,奉承不暇,流水把膏药末药送来"。《欢喜冤家》第十六回中的费人龙则因面有"贵相"而受到礼遇。费人龙酒后被冯吉陷害下狱,颇得狱官卜昌的看顾:将其请进书房,"吩咐家人送水洗面,又拿了自己梳具与他梳头,又吩咐女儿秀香打点早饭";未曾经审,即道"先生,想你虽在缧绁之中,非其罪也";费人龙道不知因何入狱,则殷勤地为其"取了原状",并允诺:"我与你出力便了。"卜昌如此垂爱费人龙,乃是别有所图——其女尚待字闺中,而费人龙面有"贵相","后来是个发达的"。费人龙可说是因狱得福了。

狱中陋规已为人熟知,一旦某人身陷囹圄,首先想到的就是催促家人尽快打点;亲朋好友获悉此情,也会不吝钱财前来疏通。《型世言》第十三回中的姚居仁在弟弟入监后,"在外奔忙,利仁在监有哥哥替他用钱,也倒自在"。《禅真后史》第二十五回中印星入狱后,其家人"星夜回衙报知消息,一壁厢赍银两往狱内使用,安顿公子"。

为了诈到钱财,狱卒除了对人犯及家属下手,还勾结衙中其他实权人物,将本来无须羁押的人下监。《型世言》第三十回:"狱中有狱卒、牢头,要诈人钱,打听有大财主犯事,用钱与他(张继良),要他发监。他又在投到时,叫写监票,可以保的竟落了监,受尽监中诈害。"

为了革除狱吏(卒)勒索人犯的弊端,明律设置了种种禁令:"(狱卒)若受财者,计赃,以枉法从重论。"[1]官箴书也提出一些防范措施:"(监房)置一响板

---

[1] 《大明律》卷二八《刑律十一·断狱·与囚金刃解脱》,第213页。

在内,倘有狱卒等役诈取凌虐,或监禁不得放者,令自击板告报,或置鼓一面在监亦可。"①明代白话小说也有所主张。一是尽量不下监。《西湖二集》第三十卷:"若不是真正人命强盗,断不可轻下在牢狱之中,使他受无穷的苦楚。"二是官长对狱卒时加申饬。《型世言》第八回:"高御史知道程教谕被监,恐怕狱中人难为他,便也着长班来分付狱官狱卒,叫不许啰唕,又不时差人送饮食衣服来与他。"

明代白话小说对狱吏(卒)勒索钱财的不法手段,作了较为全面的揭示,并提出相应的革除措施。清代小说则细致刻画了狱吏(卒)勒索钱财时的丑恶嘴脸。一,勒索时的理直气壮。《八贤传》第三回中的牢卒对李兴周说:"李相公你好受容。"李兴周说:"我受了非刑,受容从那来?"牢卒道:"狗屁! 俺们这里一不种粮,二不收米,雇船要船钱,住店要店钱,靠山吃柴,靠河吃水。"李兴周说:"我明白了。"牢头说:"你既明白,你可拿来。"二,得手后的假慈悲。《双灯记》第五回中的爱姐来监给二叔送饭,禁卒狗皮脸借口放风时间已过,钥匙被四老爷带进官宅相拒绝。爱姐提出愿送二百钱,狗皮脸见有了钱,心中暗喜,说道:"既是你诚心看望你叔父,我做个私情罢。……虽然钥匙带进官宅,俺们也有一把两把的私钥匙。女孩儿家大远来一趟不容易,你将这二百大钱捎进去,给你叔父零碎使用罢。"见钱眼开,前倨而后恭,不仅可恶,而且可鄙,对明代白话小说的相关内容作了补充。

## 二、凌 辱 妇 女

如果男子不幸入狱,本人或家属多遭狱吏(卒)勒索钱财;如果女性身陷缧绁,则本人还可能受到狱吏(卒)的凌辱与奸淫。《新吾吕先生实政录》:"女监有犯奸及应该死罪妇人,此皆刑吏禁卒之妻妾也!"②明代白话小说对此作了表现。

某些狱吏(卒)利用手中的权力,直接凌辱妇女。《醒世恒言》第二十七卷中的玉英下狱后,"那禁子头见他生得标致,怀个不良之念,假慈悲,照顾他。

① （明）不著撰者:《新官轨范·公务第五》,第747页。
② （明）吕坤:《新吾吕先生实政录·风宪约卷之七·优恤八条》,第580页。

住在一个好房头,又将些饮食调养。……那禁子贪爱玉英容貌,眠思梦想,要去奸他"。

狱吏(卒)为了达到长期奸占妇女的目的,还想办法把妇女弄出监去。《醒世姻缘传》第五十一回中的刑房书手张瑞风自从珍哥进监,"垂涎珍哥姿色,便要谋奸"。晁源死后,他将珍哥上匣床凌虐,珍哥遂与其"通奸情厚"。后张瑞风设计,"哄的程捉鳖老婆吃醉了酒,睡熟在珍哥炕上,放起火来,将程捉鳖老婆烧死在内。珍哥戴了帽子,穿了坐马,着了快鞋,张瑞风合三个禁子做了一路,羽翼了珍哥,趁着救火走出,藏在张瑞风家内。……报了珍哥烧死,尸亲领出葬埋"。因奸杀人,胆大包天。

明律防范狱吏(卒)对妇女的凌辱、奸淫,规定:"凡妇人犯罪,除犯奸及死罪收禁外,其余杂犯,……不许一概监禁。"①同时,对过犯者予以惩治:"若奸囚妇者,杖一百,徒三年。"②明代白话小说对此予以表现。《醒世姻缘传》第四十三回:"原来这提牢人役奸淫囚妇,若犯出来,是该问死罪的。所以别的同房也还知道畏法,虽也都有这个歹心,只是不敢行这歹事。"小说进行了夸张。《醒世恒言》第二十七卷:"(禁子)便上前搂抱。玉英着了急,乱喊:'杀人!'那禁子见不是话头,急忙转身,口内说道:'你不从我么?今晚就与你个辣手。'玉英听了这话,捶胸跌脚的号哭,惊得监中人俱来观看。……内中有几个抱不平的,叫过那禁子说道:'你强奸犯妇,也有老大的罪名。今后依旧照顾他,万事干休;倘有些儿差错,我众人连名出首,但凭你去计较。'那禁子情亏理虚,满口应承,陪告不是。"可见制度的威慑力量。

清代小说表现了狱吏(卒)借助官媒奸占女犯的情况。官媒指旧时官府中的女役,负责看管、解送女犯等。有些官媒助纣为虐,劝说女犯接受狱吏(卒)的侮辱。《活地狱》第五回:"自来州县衙门最是暗无天日。往往有押在官媒处的妇女,也有已经定罪的,也有未经定罪的。衙门里头这几个有权柄的门政大爷,甚么稿案、签押、查班房的,都有势力,要如何便是如何。有的便在官媒家住宿,有的还弄了出来恣意取乐。官媒婆奉命如神,敢道得一个不字?"此外,清代小说还表现了人犯家属遭狱吏(卒)凌辱的情况。《活地狱》第

---

① 《大明律》卷二八《刑律十一·断狱·妇人犯罪》,第222页。
② 《大明律》卷二五《刑律八·犯奸·奸部民妻女》,第199页。

五回中的周氏探望被陷下狱的丈夫时，被管班房的苟二看上，"姓苟的不看则已，看了之时，不觉神魂飞荡"。为了将她搞到手，苟二和副役莫是仁设计骗其入班房，然后交与官媒看管，"托他做个媒人"（第六回）。

# 三、提 供 特 权

有钱的人犯，在狱中不受摧折，日子很好过。《禅真逸史》第二十五回中杜应元、杜伏威叔侄下监后，"狱内上下人役等，都得了钱财。打点一间洁静房儿，与二人安身"。狱（吏）卒甚而能帮助人犯免受上堂之苦。《警世通言》第三十卷中的吴清入狱后，"跟随小员外的在衙门中使透了银子。狱卒禀道：'吴清久病未瘥，受刑不起。那两个宗室，止是干连小犯。'狱官借水推船，权把吴清收监，候病瘥再审，二赵取保在外"。

如狱中环境不好，还可另建房屋，"自成一统"。《醒世姻缘传》第十四回："过了年，天气渐渐热了，珍哥住的那一间房虽然收拾干净，终是与众人合在一座房内，又兼臭虫、虼蚤一日多如一日，要在那空地上另盖一间居住。晁源与典史商量，典史道：'这事不难。'分付：'把禁子叫来。'教他如何如何，怎的怎的。那禁子领会去了。待县官升了堂，递了一张呈子，说女监房子将倒，乞批捕衙下监估计修理。……乘机先与珍哥盖了间半大大的向阳房子，一整间拆断了做住屋，半间开了前后门，做过道乘凉。又在那屋后边盖了小小的一间厨房，糊了顶格，前后安了精致明窗，北墙下磨砖合缝，打了个隔墙叨火的暖炕。……可着屋周围又垒了一圈墙，独自成了院落，那伏事丫头常常的替换，走进走出，通成走自己的场园一般，也绝没个防闲。"监房化作后花园，晁大舍于是在狱中随意歇宿，"在监内住过了夜"。就连他的家人晁住，因媳妇在狱中服侍珍哥，"爽利把媳妇子做了'影身草'，……这晁住也就好在里面连夜住宿"（第四十三回）。如此受享，既不"苦人、辱人"，亦难达成"感化人"之目的。①

人犯在狱中享受特权，同样是对法律的亵渎，明代白话小说对此也提出防范措施。《醒世姻缘传》第十四回："那做县官的，这监狱里面极该出其不

① （清）沈家本著，邓经元、骈宇骞点校：《历代刑法考·寄簃文存·监狱访问录序》，中华书局1985年版，第2237页。

意,……常常下到监里查看一遍。那些禁子牢头,不是受了贿就把囚犯恣意的放松,就是要索贿把囚犯百般凌虐。若武城县里有那正印官常到监里走过两遭,凡事看在眼里,谁敢把那不必修理的女监从新番盖,谁敢把平白空地盖屋筑墙,谁敢把外面无罪的人任意出入?"

对于狱中特权,清代小说侧重于对细节加以描摹。《活地狱》第三回:"(监狱)到了吃饭的时候,居然有人送进一个提盒,里头放着四样菜,一桶的饭,跟手又有人端了一大碗面进去,都是热腾腾的。"第八回:"只见这屋里已经铺设齐完,有床,有桌,有凳子,有茶壶、茶碗。"不仅饮食、住宿非常讲究,还可享受鸦片这一奢侈品。第四回:"只见里面另是一大间,两面摆着十几张铺,也有睡觉的,也有躺着吃烟的。"小说的描摹可能有夸张之处,但必然是对现实的折射。

# 四、虐 待 拷 打

人犯入狱后,如果本人或家属没有及时打点狱吏(卒),或者女犯没有满足其兽欲,本人将遭到虐待甚至拷打。《大明令》有保障狱囚健康的诸多规定,《大明律》更明确了对凌虐狱囚的惩处:"凡狱卒非理在禁,凌虐、殴伤罪囚者,依凡斗伤论;剋减衣粮者,计赃以监守自盗论;因而致死者,绞。"①但执行起来难度很大,故经常发生虐囚行为。嘉靖六年(1527)给事中周琅言:"比者狱吏苛刻,犯无轻重,概加幽系,案无新故,动引岁时。意喻色授之间,论奏未成,囚骨已糜。又况偏州下邑,督察不及,奸吏悍卒倚狱为市,或扼其饮食以困之,或徙之秽溷以苦之,备诸痛楚,十不一生。"②可见一斑。

以下为明代白话小说中狱吏(卒)虐待囚犯的具体手段:

一是抢饭。《型世言》第八回:"程奶奶着人来望,送些饭来,这些狱卒见他不来使用,故意着牢中死囚都抢去吃了。"

二是罚站。《型世言》第六回:"汪涵宇又用了钱,叫众人挫折他(唐贵梅),将来拴在柱上。"

---

① 《大明律》卷二八《刑律十一·断狱·凌虐罪囚》,第213页。
② 《明史》卷九四《刑法志二》,第1547页。

三是拳脚。《醒世恒言》第三十四卷中的陈小二"到了狱中，没有使用，又且一顿拳头"。

四是匣床。其状如床，囚犯仰卧其上，全身被缚，不得转动，痛苦异常。据《新吾吕先生实政录》："桎床之制，极为严密。头上有揪头镮，项间有夹项锁，胸前有拦胸铁锁，腹上有压腹木梁，两手有双镮铁纽，两胫有短锁铁镣，两足闸于桎栏。仍有号天板一叶，钉长三寸，密如蝟刺，利如狼牙，其板盖于囚身，去面不及二寸，仍以桌木关闸，而禁卒卧于其上，以听囚犯动静。复有四面桄栏，状如鸟笼，八缚在槛，四体如殭，手足不得屈伸，肩背不得辗转。"①《型世言》第八回："入得刑部来，这狱卒诈钱，……夜间把来上了枷床。"

清代小说补充了狱吏（卒）对虐待新犯行为的姑息。《活地狱》第四回："原来栅栏里的犯人，凡有新犯人进来，他们是有规矩的，定要新犯人孝敬。若有孝敬便罢，倘是没有，这顿下马威，却是不好受的。而且以后还不时凌虐，总得再有了新犯人进来，才能饶过这前头的。"黄升、王小三不懂这个规矩，"老犯人破口骂了他二人几句，随后大家一齐动手，直打得他两个遍体鳞伤，急声叫喊"。史湘泉懂得他们这个规矩，"装做不听见"。此外，清代小说还形象地表现了匣床给人犯带来的痛苦。《天雨花》第六回："锁条悉索声不绝，匣床叫苦叹呻吟。"

# 五、制 造 冤 狱

狱吏（卒）还直接制造冤狱。《欢喜冤家》第三回中的禁子道："你这小官，不知监牢中权柄。登时要人家破人亡，立刻就见。只叫他明枪容易躲，暗箭也难防。"

"监牢中权柄"之一是为人收买或受官长之命，以在押人犯扳害狱外人。《八段锦》第二段中的羊学德恨高子兴诱奸妻子，"监中牢头禁子，都是平日相厚的，遇一起江洋强盗，便买嘱了他，一口咬定高子兴"。《明史》载万历时左都御史吴时来言："强盗肆行劫杀，按赃拟辟，决不待时。但其中岂无罗织仇

---

① （明）吕坤：《新吾吕先生实政录·风宪约卷之七·优恤八条》，第580页。

扳,妄收抵罪者,以后务加参详。"①对此有较清醒的认识。

"监牢中权柄"之二是官长于监中暗伏密探,罗织新罪,置人犯于死地。《皇明中兴圣烈传》二卷《李承恩屈招死罪》中的李承恩因上疏得罪魏忠贤,被矫旨下狱。时有扬州知府刘铎因他事系狱,"看是狱内无人在傍,闻得承恩这番说,暗地称冤"。不想魏忠贤于狱中暗地伏人,专侦探人说话,得知此言后,命心腹张体乾将刘铎"煅炼一狱来"。张体乾捏诬刘铎"诅咒大臣"。刘铎不服,狱吏笑道:"李承恩来狱中时,尔曾与他说甚么话,诽谤些甚么人?"后刘铎被斩于市。

"监牢中权柄"之三是递病呈或绝呈,直接致死人犯。病呈即病状,是人犯患病的报告书,"凡监犯有病,狱卒即递病呈。如系重犯,拨医调治"。② 在明代白话小说中,递病呈成了狱吏(卒)致人死地的合法借口。《欢喜冤家》第十六回:"密骗又与冯吉道:'事不宜迟,拿些银子到狱官处使用,着他动张病呈,弄死了他,再好谋娶。'"

从递病呈至人犯身死尚需要一个过程,相比之下,递绝呈来得更决绝。绝呈是人犯身死的报告书,有了它作掩护,可以快捷、合法地处死人犯。《禅真后史》第三十六回:"节级回狱,暗把史酉鱼断送了性命。次日,进上绝呈一纸,说史酉鱼脑上受伤发晕而死。大尹收了绝呈,发付狱中吏役将史酉鱼尸首吊出牢墙去了。"

清代小说则表现了某些狱吏(卒)出于对法律的忌惮,拒绝制造冤狱的情况。《毛公案》第五回中的刘知州命禁卒王彪害死在押的秀才,王彪道:"太爷,这事办不得。如今比不得从前。现今新任巡按不久到任,风闻这位大人为国为民,清如水明如镜,又爱私访暗查。今日若把秀才害死,倘若被巡按访知,此案发觉,小的命如蒿草,死而无妨;太爷的前程太大,其祸非小。太爷思之。"即便刘知州威胁"如若不然,定追尔的狗命",仍打定主意,坚执不肯。

明代白话小说从勒索钱财、凌辱妇女、提供特权、虐待拷打、制造冤狱五方面,反映了其时狱吏(卒)之恶。考诸史籍,这些表现不仅大都真实可靠,且其丰富、细致程度远远超过其他史籍的相关记载。小说还提出了不少针对狱

---

① 《明史》卷九三《刑法志一》,第 1532 页。
② (清)黄六鸿:《福惠全书·刑名部卷之十三·监禁》,《官箴书集成》第三册,第 360 页。

吏(卒)的防范措施,反映了当时普通民众对法律执行的一些思考,具有积极
意义。而清代小说所作的补充,则与明代白话小说一起,丰富了人们对其时
狱吏(卒)之恶的认识,成为研究中国法律史、监狱史的重要资料。

# 第六节　多面的讼师

　　讼师是古时以替打官司的出主意、写状词为职业的人。宋代即已出现讼
师,由明至清,讼师的队伍不断扩大,活动日益频繁。与现代社会律师受人尊
崇的情形不同,讼师在中国古代是作为负面形象存在的。官府以"无讼"为治
理的最高境界,一意减少民争,讼师却以所掌握的法律知识为当事人提供诉
讼帮助,使其不再畏讼如虎,故为官府所厌,"深恶此曹,如恶恶臭",①一向遭
到打压。

　　在明代官箴书中,讼师的形象比较负面、扁平。《居官必要为政便览》:
"讼师健讼,多系刁恶棍徒起灭。"②《治谱》:"审出情虚,系歇家、讼师拨置者,
重责。"③相比之下,明代白话小说对讼师的反映较为全面。

　　普通人虽然具有一定的法律知识,但谈到写状,落实到纸面上,就显得力
不从心了。明时,官府设置了包括"状式"在内的诸种告状限制,在这种情况
下,欲写出"耸动官府"从而被受理的状词,写状人必须具备较高的专业知识。
《醒世姻缘传》第八十一回中的单完要狄希陈"说与他情节",以便赵哑子写
状。狄希陈将父母的名号、其与"现任工部主事相于廷"的姑表关系等拉拉杂
杂一并道出。单完请他"长话短说",狄希陈道:"不说个来历明白,这状怎么
写?"单完道:"写状不用这个,待我替你说罢。"狄希陈乃读过书、进过学之人,
对写状的要求尚且不知,大多数普通百姓"足未尝一履守令之庭,目未尝一识
胥吏之面,口不能辩,手不能书",④要其书写状词,难于上青天。对他们来说,
寻求有专业知识的讼师代写状词不失为明智之举。

---

① 中国社会科学院历史研究所隋唐五代宋辽金元史研究室点校:《名公书判清明集》卷一二
　《惩恶门·把持·先治教唆之人》,中华书局 1987 年版,第 479 页。
② (明)不著撰者:《居官必要为政便览》卷下《刑类》,第 69 页。
③ (明)佘自强:《治谱》卷四《词讼门·自理词状》,第 109 页。
④ 《名公书判清明集》卷一二《惩恶门·把持·先治教唆之人》,第 479 页。

　　从明代白话小说可见,讼师确实具备写状方面的专业知识。《醋葫芦》第十四回中的讼师冯是虚"一肚子萧曹刀笔"。《拍案惊奇》卷一一中的讼师邹老人"极是奸滑,……随你十恶大罪,与他商量,便有生路"。他们笔下的状子也充分证明了这一点。《醋葫芦》第十四回中的成珪请冯是虚写状告嗣子都飙忤逆,并道出自己的要求:"本该依房下主意断送了他。……何苦尽情治他,又免得旁人说老夫作践晚子。……如今也要你把几句活脱话儿骗得两个差人出来,把他惊吓一番,也便罢了。"可见,成珪对状子的要求并不高,是图"准"不图"审",目的是想吓唬都飙。冯是虚道:"谁不要尽情处治? 所以这路状子写得尽是熟溜。惟老丈反要王道说话,到要小子费心。""王道"与"霸道"相对,指以仁义待人。平日告儿忤逆的状子多要求"尽情处置",冯是虚多写此类状子,故"写得尽是熟溜";成珪的状子,反其道而行之,惟求"惊吓一番",故反要其"费心"琢磨。冯是虚此言虽有多索钱财的目的,但联系官箴书"形容彼罪,张大我冤,常居十六,冀骇闻一受耳"的记载,①亦有合乎情理的一面。待成珪交了写状钱,冯是虚又道:"其实这张状子他人做不来的。那些后辈们,不知世务,一味只晓狠话,做些关门状子,收放不得。惟小子弄惯了这管笔头,才知里边缘故,叫做得人钱财,与人消灾。只顾骗准,值些甚么?"在冯是虚看来,后辈不知"里边缘故","一味只晓狠话,做些关门状子";一时准了,万一后面出现变故,"收放不得",难以收场,故"值得甚么"。何谓"里边缘故"? 冯是虚接下来道:"我量员外心病,虽然不欲加害于他,也像不甚喜他在家的模样。"原来是对当事人心理的揣摩,即将状子的写法与当事人的心理联系起来,根据当事人的要求书写状词,一求一应,有的放矢,可谓考虑周到。基于此,冯是虚为成珪量身定做了状词的内容:"若要撑开船头,只宜仍做内侄告理,免使日后想你家产,竟说他嫖赌为生,殴辱尊长,这的是可轻可重,可真可假,你道如何?"欲与都飙撇清关系,则否认其嗣子身份而认作内侄,免其日后"想你家产";告其"嫖赌为生,殴辱尊长",此罪名轻重、真假由人,可放可收,留有余地。此状许知府"看毕,批个'准'字",发牌提人。成珪评价冯是虚"足下状词甚有开闭",不全为谀辞。

　　讼师不仅善于写状,还深谙律条,故可保护弱者。《明镜公案》二卷《奸情

---

① 　(明)吕坤:《新吾吕先生实政录·风宪约卷之六·状式》,第555页。

类·李府尹遣觇奸妇》中的樊见因捉破母亲洛氏的奸情，为洛氏记恨，告其不孝欲除之。樊见去见讼师，请据实做状。讼师道："若依此诉，便得不孝之实。母告不孝，你本罪重。若诉出奸来，而道士不认，你该万死矣。只宜受打被禁。他回家必与道士往来，然后只禀于官。密差人访，方可释矣。"讼师首先告知樊见依实而诉将承担的法律后果——"得不孝之实"，还有可能"万死"；接下来，为其出主意——"只宜受打被禁"；待母亲归家与道士往来，方"禀于官"；那时官府"密差人访"，自己可得清白。可见，讼师不仅谙于律法——了解不孝罪的构成、诬告罪的处罚，洞悉罪犯的心理——"他回家必与道士往来"，对官府将采取的措施——"密差人访"，也了如指掌。此后事件的发展与讼师的设计相脱节，李府尹见樊见"初冠，人性温和"而其母全无爱意，"疑其有枉"，要洛氏"买棺来取儿尸"，然后"使二人觇其后"，结果发现道士的行踪，审出真情。李府尹是清官，能够通过细查断案，故不待樊见"受打被禁"即得实，但亦不可否认，讼师教樊见不要说出母亲的奸情确实有效，因为这使李府尹看到了樊见善良的一面并凸显了洛氏的凉薄。

　　正因为讼师具备较高的法律素养，当事人起诉或受审前都要先找其商量对策。《拍案惊奇》卷二中的姚滴珠父母欲告亲家逼死女儿，"一面来与个讼师商量告状"。《欢喜冤家》第三回中的章必英因谋害王文甫下狱，后得知"广东恤刑，为人极慈善，到了衙门，府县送了囚册，逐起细细审过去。也有出罪的，也有减罪的"，于是"预先央了一个讼师，写了一张诉状放在身边。到提审之时，拿了诉词，口称冤枉"。明代官箴书《居官水镜》言："夫一字入公府，小民慄慄。然视官若帝若神明不可测，于是为请托，为延讼师。"①小说的表现可谓真实。

　　虽然替打官司的人出主意、写状词，但讼师的名声并不好。《禅真逸史》第二十五回通过《唆讼赋》"以著其恶"：

　　　　世道衰而争端起，刁风盛而讼师出。横虎狼之心，悬沟壑之欲。最怕太平，惟喜多事。靠利口为活计，不田而农；倚刀笔作生涯，无本而殖。媒孽祸端，妄相告讦；联聚朋党，互计舞文。阀阅婚姻一交构，遂违秦晋

━━━━━━━━━━━━━━━

① （明）刘时俊：《居官水镜》卷一《杂说·省讼说》，第598页。

之好；公平田地才调弄，便兴鼠雀之词。搬斗两下相争，捏证打伤人命；离间同胞失好，虚装罟占家私。写呈讲价，做状索钱。碎纸稿以拭其踪，洗牌字而泯其迹。价高者，推敲百般，惟求耸动乎官府；价轻者，一味平淡，那管埋没了事情。颠倒是非，飞片纸能丧数人之命；变乱黑白，造一言可破千金之家。捞得浮浪尸首，奇货可居；缉着诡寄田粮，诈袋在此。结识得成招大盗，嘱他攀扯冤家；畜养个久病老儿，挽渠跌诈富室。设使对理，则硬帮见证，而将无作有；或令讲和，则低银首饰，而弄假为真。律条指掌可陈，诰令随口而出。茶罢闻言，即鼓掌而欢笑曰："老翁高见，甚妙甚妙！吾辈真个不及。"酒阑定计，乃侧首而沉吟曰："学生愚意，这等这等，执事以为何如？"以院司为衣钵，陆地生波；借府县为囮媒，青天掣电。朝来利在于赵，乃附赵以毙钱；晚上利在于钱，复向钱以倾赵。又能餂李客之言，送于张氏之耳；复探张氏之说，悦乎李客之心。刚强辈图决胜，则进嘱托之谋；愚弱者欲苟安，则献买和之策。乘打点，市恩皂快；趁请托，结好吏书。倘幸胜则曰："非人力不至于此。"倘问输则曰："使神通其如命何？"或造不根谤帖，以为中伤之阶；或捏无影访单，以贾滔天之祸。彼则踞华屋，被文衣，犹怀虎视之心；孰敢批龙鳞，撩虎须，卢彼通天之恶？故欲兴仁俗，教唆之律宜严；冀挽颓风，珥笔之奸当杀。

此赋首先揭示了讼师"横虎狼之心，悬沟壑之欲"的贪狠本性；接下来，暴露其"媒孽祸端"、无事生非的阴毒心理；在此基础上，列举其"捞得浮浪尸首，奇货可居；缉着诡寄田粮，诈袋在此。结识得成招大盗，嘱他攀扯冤家；畜养个久病老儿，挽渠跌诈富室"等颠倒是非、变乱黑白的具体手段，披露其为胜诉而"市恩皂快"、"结好吏书"的弥缝策略；最后，强调"欲兴仁俗，教唆之律宜严；冀挽颓风，珥笔之奸当杀"的必要性。针针见血，活化其人。

此外，明代白话小说还通过具体事例揭露讼师之恶。

其一，贪财助讼，无钱不能。《醋葫芦》第十四回中的冯是虚为成珪写状前，要求"请把纸钱送了"。成珪道："备在此间，请先收下。"冯是虚"讨添数足，然后提笔"，却又道："成老丈，不是小子爱钞。"《拍案惊奇》卷一一中的王甲因杀李乙而下狱，要其子与讼师邹老人商量，为其开脱。邹老人道："你将二三百两与我，待我往南京走走，寻个机会，定要设法出来。"贪婪嘴脸暴露无遗。

其二,打点衙门,出脱死罪。《拍案惊奇》卷一一中的邹老人来到南京,打听到刑部浙江司郎中徐公为人通融、好客后,当下就央了一封荐书,备了盛礼去拜谒,二人"颇觉相得"。此后频频去见,渐渐斯熟。一日,捕盗衙门押海盗二十余人,解到刑部定罪。邹老人打听有两个苏州人在内,大喜,整备筵席,请徐公饮酒,并托出百两银子,道:"今有舍亲王某,被陷在本县狱中,伏乞周旋。"徐公道以"事在彼处,难以为谋"相拒。邹老人道:"今但逼勒二盗,要他自认做杀李乙的,则二盗总是一死,未尝加罪。舍亲王某已沐再生之恩了。"徐公答应为其周旋,后果如其请。邹老人又"使用书房行文书抄招到长洲县知会",王甲得释放。杀人凶手就这样逍遥法外。

其三,颠倒黑白,沉冤难申。《贪欣误》第三回中的张阿官窥大姑少艾,突起淫心,黄夜挖窗而入。大姑惊觉喊捉,大姑父剪发痛殴。张阿官之友鸣锣喊大姑父谋反,并乘乱将张阿官抢回。张阿官诬大姑"日里亲口约我到楼",大姑气愤投缳。张阿官之父见儿子情真罪当,难以脱逃,央亲友议处,许以二百两银子。大姑父贪了银子,"含糊应之";而其状词,出自讼师丁二之手,"丁二实教其父",于"强奸杀命"告词中,"改窜讼词七字","遂尔含糊"。知府审时,看了状词,道:"这分明是个和奸!"大姑父贪财,"不甚力争",加之张阿官"利口朦胧",遂以"和奸"断之。大姑死后蒙冤。

其四,教唆词讼,迫害弱者。《廉明公案》下卷《争占类·孔侯审寡妇告争产》中的寡妇蒋氏,夫亡仅半载,叔公杨奇等在讼师林榛的教唆下,以蒋氏"无嗣"为名,"威逼改嫁",并将其"召兄弟至家诉苦"之行诬为"频串外家兄弟,……私运财物"。明律:"其夫丧服满,愿守志,非女之祖父母、父母而强嫁之者,杖八十;期亲强嫁者,减二等。"[①]寡妇无论有子无子,均有权为丈夫守节。讼师林榛无事生非,以其法律知识教唆他人妄兴词讼,故官长断其"依律取供"。

明代白话小说在强调讼师于诉讼中的重要性的同时,还表现了其专业知识、能力,并揭示了其社会评价较低的实况,大的方面不违史实,细节方面则修正了以往关于讼师的偏颇认识,使讼师形象更为丰满。

--------

① 《大明律》卷六《户律三·婚姻·居丧嫁娶》,第61页。

　　明代白话小说对法律人物的描摹具有一定的现实基础。与同时代官箴书相比,不仅关注的角度比较类似,观点也多有趋同之处。就此而言,明代白话小说的"虚"与"实"可作扩展性解释:在一般人认为的会多有作家虚构痕迹的人物塑造方面,小说却表现出较大的真实性与时代性;而二者观点的不同,则揭示了出身、地位、知识背景等方面差距的不可逾越。小说中的法律资料因之呈现出多侧面的价值,临水回眸,光彩照人。

# 第六章　明代白话小说对法律观念/知识的揭示

由于正史、官箴书等并未在有限的篇幅中给普通人留出一席之地,故明代白话小说对民众观念/知识的反映便呈现出独一无二的价值。

## 第一节　民众的法律观念/知识

法律观念,指民众对法律的看法、态度等。法律知识,指民众对罪名、刑名、法律制度等的认识与了解。官方正史一向忽略民众的法律观念与法律知识,明代白话小说却予以全方位的表现。

## 一、法　律　观　念

民众的法律观念是一个相对复杂的问题,与其受害或致害的身份有关,并随具体情况而变化:一般情况下,信任并依赖;慑于其锋芒,尽量规避;求救受阻,寻求自力救济;目的达成,则依然回归;即便为非作歹,意欲寻求支持。较之前代小说,明代白话小说的表现可谓全面。

日常生活中,民众能够把法律作为衡量他人行为是否合法的一个标杆。《型世言》第十一回中的姜举人替陆仲含出面为谢芳卿赎身,龟子不同意,姜举人道:"这奴才! 他是昆山谢家女子,被邻人薄喻义诓骗出来,你买良为娼。他现告操江广捕,如今先送他在铺里,明日我们四个与城上讲,着他要薄喻义,问他一个本等充军!"《醒世姻缘传》第四十三回中的晁住去监中探珍哥时,被张瑞凤凌辱一番,归告晁夫人:"叫我说:'怎么不许家里人送饭么?'叫我说:'你别欺了心! 你看看《大明律》,提牢的奸了囚妇该什么罪哩?'"

一旦遭遇纠纷或冤屈,他们首先想到的是诉诸官府,寄希望于法律的公正裁决。《金瓶梅词话》第十九回中的光棍鲁华、张胜受西门庆指使,诬赖蒋竹山借银不还。蒋竹山有口难辩,道:"我和他见官去。谁见他甚么钱来!"《拍案惊奇》卷二中的姚滴珠受不了公婆的辱骂,欲回娘家躲避,半路却被汪锡拐骗至其家。姚滴珠父母差人来看,公公道"他使一个性子跑了回家",还诬赖"您家要悔赖了别嫁人"。姚滴珠父母大惊:"我那儿敢被这两个老杀才逼死了? 打点告状,替他要人去!"公婆则认定姚家藏了女儿,"两家都进状,都准了"。

如果民众决定借助官府之力解决矛盾纠纷,会将诉讼一直坚持下去。《新民公案》一卷《欺昧·富户重骗私债》中的刘知几还了欠曾节的一百两银子后,忘了索还借据,结果几年后曾节以此为证,告刘知几"公然延捱,不理屡取"。朱大尹糊涂断案,命刘知几速还欠银。刘知几"自忖只有府中郭四府善能为民申冤,即时搭舡下府,明日五鼓即写状到理刑馆郭爷处去告"。《醒世姻缘传》第九回中的计老与族人商议告女婿晁源受妾珍哥的挑唆逼死女儿。族人说:"这凭你自己主意。你自己忖量着,若罩的过他,就告上状。若忖量罩不过他,趁着刚才那个意思,做个半截汉子,罢了。"几个秀才不同意:"说的什么话! 他拿着咱计家不当人待,生生的把个人逼杀了,就没个人喘口气,也叫人笑下大牙来!"在族人的支持下,计老决定告官,"不曾往家去",即去找人写状。第十回县官受了晁源的贿赂,以"年荒时绌"为由,将一干人罚银了事。第十一回计氏之兄计巴拉无意中得了公差与知县"过龙"的证据。第十二回巡道知知县"贪赃乱纪,峻罚虐民",许百姓"据实赴道陈告",一时间"告状的挨挨挤挤,不下数百余张",计巴拉也写了状去告。

"民间苦事,莫甚于株连",[①]法律的严酷,还使民众对不关己之事,尽量规避之。《拍案惊奇》卷三六中的东廊僧夜出遇雪,躲于一人家牛坊中。不久,见一黑衣人踟蹰栏下,接着院墙内抛出包裹等物,并跳出一女子,黑衣人、女子携包裹等速离。东廊僧想:"适才这男子、女人,必是相约私逃的。明日院中不见了人,照雪地行迹寻将出来,见了个和尚,岂不把奸情事缠在身上

---

① (明)吕坤:《新吾吕先生实政录·风宪约卷之六·听讼十二款》,第552页。

来？不如趁早走了去为是。"他"慌忙又走"。此篇据宋《涑水记闻》卷七而作，与原作的区别主要在以下三方面：其一，原作为东廊僧借宿遭主人拒绝，此篇为自躲人家牛坊，主人并不知晓；其二，原作中僧人针对所见作出的判断是"主人亡其妇及财"，此篇则是"必是相约私逃"；其三，原作中僧人担心受牵连的原因是"不为主人所纳而强求宿"，此篇是"照雪地行迹寻将出来"。可见，虽然都强调人们对与己无关之事采取规避态度，但此篇中的东廊僧显然更具法律意识。《醒世姻缘传》第十七回中的通州知州晁思孝不仅贪污朝廷派买草豆的一万银子，还加倍科敛百姓，结果被御史弹劾，下刑部大狱。百姓中有老成的道："他虽然侵欺了万把银子，我们大家已是摊认了，你便证出他来，这银子也不过入官，断没有再还我们的理。我们且要跟了随衙听审，不知几时清结，倒误了作庄家的工夫，后来州官又说我们不是淳良百姓。我们大家齐往道里递一张连名公状，说当初草豆是发官银买的，并未私派民间。如今农忙耕麦之际，乞免解京对审。"百姓如此"得力"，加之快手曹铭主动认了"指官诓骗"，晁思孝"得了大济"，只坐"不谨、冠带闲住"。

　　屡遭欺蒙后，民众对法律的信任度降低了。《金瓶梅词话》中的武松最初对法律极为虔诚。第九回中他得知兄长武大先为西门庆踢伤，继而被潘金莲毒死后，首先诉诸官府，"一直带到厅上跪下，声冤起来"。在李知县与西门庆"有首尾"，不欲审理此案的情况下，以武松的刚烈性格、轩昂气宇，依然低声下气小心求告："这多是实情，不是小人捏造出来的。"直到知县答应"可行时便与你拿人"，武松方起身离去。西门庆及时贿赂，知县遂一改承诺，以武大尸身没了为借口，表示"难以问理"。武松"仰天长叹一声，咬牙切齿"，决定通过个人复仇，为兄长一雪冤仇。不想打死李外传，为官府收监，惨遭刑讯逼供。第十回东平府陈府尹复审案件，查知真相后，意欲为武松开脱，武松冰封的心萌发出一丝希望。但蔡京、杨戬受西门庆之托，请陈府尹网开一面。陈府尹"系蔡太师门生，又见杨提督乃是朝廷面前说得话的官"，遂将此案糊涂带过，"只把武松免死，问了个脊杖四十，刺配二千里充军"。第八十七回武松遇赦还家，此时西门庆已死，潘金莲再无人庇护，武松完全可以借助法律的力量追究其杀人之责，然而他没有任何踌躇，径直选择手刃仇人的方式。可见，在倍受欺蒙后，武松对于法律已然失望。

　　《金瓶梅词话》中的来旺儿也是一个典型的例子。第二十六回中来旺儿因不满西门庆霸占媳妇宋惠莲,口中时有微词,被陷害下狱。他满心"望天官爷查情",然而夏提刑受了西门庆的贿赂,却对其施以酷刑,"拶打的通不像模样"。孔目阴先生怜悯他受人陷害,欲为其周旋,"再三不肯做文书送问,与提刑官抵面相讲"。无奈人微言轻,"只把当厅责了他四十,论个递解原籍徐州为民"。第九十回西门庆死后,来旺儿返回清河县做买卖。虽然他无意于昭雪昔日冤屈,"也说不的,只是娘心里明白就是了",但亦绝不是严刑酷法锻就出的温顺子民。他本与孙雪娥"旧情不断",今见西门家已然败落,遂毫不犹豫地将其拐走。武松、来旺儿由守法者蜕变为犯罪者的过程,反映了法律在普通人心目中由信任到失望的巨大变迁。

一旦目的达成,则归依法律。在明代白话小说中,很多自力救济、破坏法律者在目的达成后都去官府自首,显示了法律在其心目中的终极地位。《醒世姻缘传》第二十回中的小鸦儿将妻子唐氏及奸夫晁源双双杀死后,前去投官。即便藐视、破坏法律如西门庆者,最后依然走向对法律的归依。在《金瓶梅词话》第五十七回中,吴月娘劝西门庆少做"没来回、没正经、养婆儿、没搭煞贪财好色的事体",给儿子积点阴骘。此时西门庆已任山东提刑所理刑副千户,他颇不以为然地说出了那段臭名昭著的话:"咱闻那佛祖西天,也止不过要黄金铺地;阴司十殿,也要些楮镪营求。咱只消尽这家私广为善事,就使强奸了常娥,和奸了织女,拐了许飞琼,盗了西王母的女儿,也不减我泼天富贵!"此时的西门庆,对法律是相当藐视的。在他看来,法律是什么? 不过是金钱驱使下的奴仆,只要自己舍得大把花钱,法律对自己的所作所为就只能睁只眼闭只眼。但临死前,西门庆对法律的态度大大转变。第七十九回他嘱咐女婿陈经济:"好歹一家一计,帮扶着你娘儿们过日子。"此时的西门庆,绝不奢望妻儿继续保持自己在日的热闹繁华与颐指气使,只希望他们能过上老实安稳的日子。因为只有老实安稳,才不会与法律抵触,才会得到法律的保护。

即便是做违法之事,民众亦欲寻求法律上的支持。《鸳鸯针》第二卷第一回中的风冉子是个大盗,遇着小本经营的,"眼也不看",专门偷盗"那些带纱帽的"。在他看来:"那些贪官污吏,吃了朝廷俸禄,又拿竹批拶子,刻剥穷户,大杠小担的为他行淫乐祸之助。若朝廷知得,也要追他赃物,还要问个罪名。我如今起了赃物,饶了他罪,为朝廷施法外之仁,还便宜了他。"《西湖二集》第二十卷中的妓女曹妙哥看上了吴尔知，得知其善赌，道："这便有计了。你既会得赌，我做个圈套在此，不免叫几个惯在行之人与你做成一路，勾引那少年财主子弟。少年财主子弟全不知民间疾苦，撒漫使钱。还有那贪官污吏做害民贼，刻剥小民的金银，千百万两家私，都从那夹棍拶子、竹片枷锁终日敲打上来的，岂能安享受用？定然生出不肖子孙嫖赌败荡。……还有那飞天光棍，装成圈套，坑陷人命，无恶不作，积攒金银。此等之人，决有报应，冤魂缠身，定生好嫖好赌的子孙，败荡家私，如汤浇雪一般费用，空里得来巧里去，就是我们不赢他的，少不得有人赢他的。杭州俗语道：'落得拾蛮子的用。'"

明代白话小说从现实角度出发，反映民众对法律的诸种看法与态度，提供了原生态的法律观念信息图。

## 二、法 律 知 识

从明代白话小说可见，不少民众对罪名比较熟悉。《醒世恒言》第三十四卷中的赵完、赵寿父子被为争田产而来寻衅的朱常诬为打死其家人，且被威胁将尸首抬至家中。赵寿情急之下，道："让他们进来之后，听我鸣锣为号，留几个紧守门口，其余都赶进来拿人，莫教走了一个。解到官司，见许多人白日抢劫。"《大明律》："凡白昼抢夺人财物者，杖一百，徒三年。"[①]赵寿所言罪名与律法规定极为相似，可见他对罪名是很熟悉的。《二刻拍案惊奇》卷一八中的道人请老翁吃小犬、小儿状灵药。老翁肉眼不识，"就是饿死也不敢吃"，道人只好将其送归。老翁"心里只疑心这一干人多不是善男子、好相识，眼见得吃狗肉、吃人肉惯的，是一伙方外采生折割、做歹事的强盗，也不见得"。《大明律》："凡采生折割人者，凌迟处死，财产断付死者之家。"[②]老翁关于罪名的认定亦与律法规定相似。

普通人还谙熟刑罚。《金瓶梅词话》第三十三回中的老者得知韩道国老婆与小叔被捉乃因犯奸，道："可伤！原来小叔儿要嫂子的，到官，叔嫂通奸，两个都是绞罪。"《大明律》："若奸从祖祖母姑、从祖伯叔母姑、从父姊妹、母之

---

① 《大明律》卷一八《刑律一·贼盗·白昼抢夺》，第141页。
② 《大明律》卷一九《刑律二·人命·采生折割人》，第152页。

姊妹及兄弟妻、兄弟子妻者,各绞。"①两相对照,老者的判断毫厘不爽,难怪旁人认为"你老人家深通条律"。《醒世姻缘传》第四十八回中的薛夫人得知薛素姐骂婆婆、打丈夫,道:"你通长红了眼,也不是中国人了! 婆婆是骂得的? 女婿是打得的? 这都是犯了那凌迟的罪名哩!"《大明律》:"凡骂祖父、父母,及妻、妾骂夫之祖父母、父母者,并绞。"②薛夫人将凌迟与绞混为一谈,并非一定不明了二者的区别,很可能是借以恐吓"天不怕地不怕"的女儿。

民众对法律制度也比较熟悉。《金瓶梅词话》第六十七回中黄四的小舅子孙文相因冯淮偷盗棉花而与其厮打,后冯淮在保辜限内死亡,孙文相连同父亲被逮下狱。黄四为之鸣不平:"不想他儿子到家,迟了半月,破伤风身死。……他两人厮打,委的不管小人丈人事,又系歇后身死,出于保辜限外。先是他父冯二打来,何必独赖在孙文相一人身上。"《大明律》:"凡保辜者,责令犯人医治,辜限内皆须因伤死者,以斗殴杀人论。其在辜限外,及虽在辜限内,伤已平复,官司文案明白,别因他故死者,各从本殴伤法。……手足及以他物殴伤人者,限二十日。"③虽然黄四在"保辜"时间的认定上与《大明律》有出入,但其对"保辜者"死于限外,被告仅负殴伤责任的理解却完全正确。《欢喜冤家》第七回中犹氏的丈夫潘璘与陈彩合伙经商,不想途中溺水而死。后犹氏在公婆的安排下,嫁与陈彩为妾。一次,犹氏失手打死一只青蛙,让陈彩以之为题咏诗。陈彩触景生情,"想着青蛙被犹氏打死,浑似十八年前打死潘璘模样无二",提笔道:"当年一见貌如花,便欲谋伊到我家。即与潘生糖伴蜜,金银出入锦添花。双双共往瓜州去,刻刻单怀谋害他。西关渡口推下水,几棒当头竟似蛙。"犹氏心有所动,追问陈彩是否是用此计谋害了潘璘。陈彩承认后,犹氏一面安慰他"这也是你爱我,方使其然",一面"将诗儿折好了,放入袖里,往外边便走"。出门后,犹氏喊叫:"陈彩谋我丈夫性命,娶我为妾,方才写出亲笔情由。"犹氏此举,表明她对证据的重要性有相当清醒的认识。中国古代诉讼重证据,尤其是被告的口供。明律"吏典代写招草"条王肯堂笺释:"鞫问刑名等项,必据犯人之招草,以定其情。"④陈彩之诗泄露了其作案动

① 《大明律》卷二五《刑律八·犯奸·亲属相奸》,第198页。
② 《大明律》卷二一《刑律四·骂詈·骂祖父母、父母》,第173页。
③ 《大明律》卷二〇《刑律三·斗殴·保辜限期》,第160页。
④ (清)薛允升:《唐明律合编·明律》卷三〇《断狱下》"吏典代写招草"条,第312页。

机与过程,可说是其"招稿";犹氏凭之起诉,极具证明力。宋《鸡肋编》卷下有故事与此类似,但妇人"伺里人之出,即诉于官,鞫实其罪,而行法焉",其证据意识不如犹氏。

明代白话小说从罪名、刑罚、法律制度等方面表现民众的法律知识,比较具有说服力。

在记录或论说所处时代的法律现状时,正史、官箴书等往往注重统治者的态度,而对民众关注较少。事实上,民众是社会最大的组成部分,也是法律最主要的调节对象,他们的看法、态度直接决定了法律的接受情况、存在地位。明代白话小说以其对人的热切关注,为我们全面了解明代民众的法律观念、法律知识等提供了珍贵资料。虽然不能就此认为这种表现与现实生活完全相符,却可肯定其必然是现实生活一定程度的折射,极大地丰富了中国法律史的研究资料。

## 第二节　民众的法律知识接受途径

传统中国是一个身份社会,身份不同的人,生活内容、社会地位乃至思想观念等都会有所差异。同理,不同的身份,也决定了人们法律知识接受途径的不同。这里主要关注普通人及读书人的法律知识接受途径,并对其实效作出评价。

## 一、普　通　人

提到明代普通人法律知识的接受途径,绕不过明代的开国皇帝朱元璋。明太祖朱元璋出身淮右布衣,又亲历过元末农民起义,深知律法之于国家的重要性,"夫法度者,朝廷所以治天下也"。[①] 有鉴于此,他不仅重视法律的制定,而且注意法律的宣传。

---

① 《明实录·太祖实录》卷一一六"洪武十年十一月甲辰"条,第1898页。

　　早在建立统一的明王朝前，朱元璋即已开始着手议定律令，此后屡经修订，历时三十余年，方修成有明一代统一大法《大明律》。其间，他还拨冗发布一系列教民榜文，并主持编定《御制大诰》、《御制大诰续编》、《御制大诰三编》、《大诰武臣》四编。虽然永乐十九年（1421）《大诰》因规定过于严苛而被彻底废止，《大明律》也因不能适应不断变化的社会生活而逐渐让位于各种例文，但朱元璋重视法律，在位期间修定多部律典这一点不容置疑。

　　在律典修定过程中，朱元璋十分注重律典的通俗性。在制定《大明律》时，他以"法贵简当，使人易晓"告诫修律大臣；①《大诰》四编亦以口语写成，明白晓畅；教民榜文的语言都比较浅显，有的还绘图画影，表现罪人受刑的样子，颇具形象性。律典的通俗易懂为进一步的法律宣传打下了良好的基础。

　　《律》、《诰》修成后，明太祖开展了一系列有声有色的普法活动。一是按照与百姓日常生活的密切程度，对《律》、《诰》内容加以重新编排，颁发全国。如《大明律》修成后，明太祖担心百姓不能人人皆知，命大理寺卿周桢等人"取所定律令，自礼乐、制度、钱粮、选法之外，凡民间所行事宜，类聚成编，训释其义，颁之郡县，名曰《律令直解》"。②《大诰》编成后，朱元璋命掌管刑法的官员"取《大诰》条目，撮其要略，附载于律。凡榜文禁例悉除之，除谋逆及《律》、《诰》该载外，其杂犯大小之罪，悉依赎罪例论断，编次成书，刊布中外，令天下知所遵守"。③ 可以想见，当一部法律所规定的内容与自身紧密相关时，人们会对其表现出较多的关注，并以较大的热情去了解。

　　二是将申明亭、旌善亭及乡饮酒礼作为直接向百姓宣传法律的阵地。有了合适的法律文本，并不意味着宣传功能的全部实现，因为朝廷不断有新的法规出台，而不识字的人还占全国人口的绝大多数，对某些罪犯亦需公布其罪行以儆效尤。基于此，明太祖下令各地衙门门首设申明、旌善二亭，"申明亭日令老人一人坐之，民犯小罪，可以道理劝谕者，老人与之详解《律》、《令》、《大诰》等本意，使之自改。旌善亭则榜书民间善恶，以示劝惩"。④ 申明、旌善亭以直接的方式、生动的例子宣讲法律，表明触犯法律将招致的恶果，触目之

<hr />

① 《明史》卷九三《刑法志一》，第 1524 页。
② 《明史》卷九三《刑法志一》，第 1524 页。
③ 《明史》卷九三《刑法志一》，第 1526 页。
④ （明）何乔远编：（万历）《闽书》卷三二《建置志·闽县》，《四库全书存目丛书·史部·地理类》第 204 册，齐鲁书社 1996 年版，第 622 页。

下,未尝不令人心惊。朱元璋还在各地推行乡饮酒礼。按照《仪礼·乡饮酒礼》的说法,乡饮酒礼是西周时乡大夫为举荐于君的乡贤设宴送行,朱元璋却将其改造为民间宣讲法律的形式之一。洪武五年(1372),朱元璋下诏命礼部奏定乡饮礼仪,由有司及学官率年老之士大夫行于学校,民间里社亦行之。洪武十六年(1383),下诏颁乡饮酒礼图式,规定每年正月十五日、十月初一日,由府州县官于儒学主持实行,"以乡之致仕官有德行者一人为宾,择年高有德者为僎宾"。① 其仪式有"唱读律令"一节:"赞礼唱读律令,执事举律令案于堂之中。读律令者诣案前,北向立读。"而"有过之人俱赴正席立听,读毕复位"。② 在唱读律令的洪音朗声中,有德者巍峨在上,有过者站立听讲,可以说这既是一场气氛庄重的学法活动,又是一次扬善抑恶的生动展示,其影响应是比较大的。

三是规定家中藏有《律》、《诰》者,有罪减等处罚。《大明律》规定:"其百工技艺,诸色人等,有能熟读讲解、通晓律意者,若犯过失及因人连累致罪,不问轻重,并免一次。"③"一切官民诸色人等,户户有此一本。若犯笞、杖、徒、流罪名,每减一等;无者,每加一等。"④甚至在狱之囚,如其藏有《大诰》,亦减等处罚:"因有《大诰》者,罪减等。"⑤实实在在的好处,进一步推动了人们学法的热情。

除了注重人间法的制定与宣传,明太祖还强调冥世法的威慑力量,要求地方官适时祭祀鬼神。明太祖在《授职到任须知》中把"祀神"放在第一位,⑥《大明律》中又专列"祭祀"一卷。⑦ 如此规定,"并不表明他当游方僧经历对他的影响,他是要州县长官通过一本正经的祭祀活动使百姓们对鬼神心存畏惧,相信'举头三尺有神明',减少犯上作乱的念头"。⑧ 法定的祭祀活动主要有祭社稷、祭城隍、祭厉。如果说祭祀社稷、城隍主要是祈祷神灵保佑境内风

① 《明史》卷五六《礼志十·乡饮酒礼》,第 949 页。
② 《明史》卷五六《礼志十·乡饮酒礼》,第 949 页。
③ 《大明律》卷三《吏律二·公式·讲读律令》,第 36 页。
④ 杨一凡:《明大诰研究》附录《御制大诰·颁行大诰第七十四》,江苏人民出版社 1988 年版,第 252 页。
⑤ 《明史》卷九三《刑法志一》,第 1526 页。
⑥ (万历)《明会典》卷九《吏部八·关给须知》,第 53 页。
⑦ 《大明律》卷一一《礼律一·祭祀》,第 87 页。
⑧ 郭建:《帝国缩影——中国历史上的衙门》,第 261 页。

调雨顺、百姓安居乐业,那么祭厉就更多地带有安抚孤魂野鬼,"灌输上下等级、尊卑秩序的观念",①呼吁"帮助维护人间的统治秩序"的意味。② 正如《醒世姻缘传》第二十六回所言:"一个神圣,原是塑在那里儆惕那些顽梗的凶民,说是你就逃了官法,断乎逃不过那神灵。"

朱元璋以后的明代皇帝亦重视法律,但其在法律普及方面所作的努力远不及朱元璋。明中期以后,各地乡间的申明、旌善亭大多毁坏殆尽。为了扭转此种颓局,明世宗嘉靖年间,开始在各地推广"乡约"。各乡每百家为一约,设约正、约副、约讲、约史,"必年高有德、乡评推重者,始举为约正、约副。次以淳朴无过者充之,无则宁缺毋滥。约史必公直明察者",③而约讲就是专门讲解圣谕,即皇帝诏令的。可以说,乡约在一定程度上取代了原来申明亭的职能。但时日不久,乡约也渐流于形式。《醒世姻缘传》第三十九回中的魏才把女儿许了土豪学霸汪为露,"好借了他的财势做乡约,可以诈人"。

除了皇帝,作为民众父母的地方官,为了治下的安靖与个人的政声,平时也注意向百姓灌输守法意识,"民不习教化,但知有刑政,风俗难乎其淳矣"。④

其一,大力表彰本地忠孝节义之人。《初仕录》:"为政必先教化,而倡率始于躬行。……访有孝子顺孙、义夫节妇,量加优异,岁遗粟帛,以激劝之。"⑤《居官格言》:"凡民间有孝子顺孙、义夫节妇,及五世不分之家,志行申异、可励民风者,许里老呈报前来,先行奖劝,其家量免丁差。"⑥《醒世姻缘传》第五十二回中的按院冯礼会"巡历将完,例应保举那孝子顺孙、义夫节妇。他说这四样人原是天地间的灵根正气,复命表扬,原为扶植纲常,振起名教,鼓舞庸愚。"得知张家两个儿子、儿媳均孝顺,"上了本。旨意下了礼部,礼部覆过了疏,奉了旨,……俱着抚按建坊旌表"。父母官的激励,必定鼓动善心,使民众立心学好。

其二,禁止地方上的种种陋俗。《初仕录》:"至于民间婚丧礼仪,固宜从俗,然或过为侈靡,至有破产嫁女、居丧作乐者;或习为俭陋,至有溺女不举、

---

① 郭建:《帝国缩影——中国历史上的衙门》,第263页。
② 郭建:《帝国缩影——中国历史上的衙门》,第264页。
③ (明)刘时俊:《居官水镜》卷三《告示类·举行乡约示》,第672页。
④ (明)薛瑄:《薛文清公从政录》,第245页。
⑤ (明)吴遵:《初仕录·礼属·正风化》,第49页。
⑥ (明)不著撰者:《居官格言·劝惩告示》,第81页。

忍于火葬者,所宜禁革。尤必访其风俗之偏弊最甚者,晓谕而力反之可也。”①
《官箴集要》:“但受聘礼明白、违时不行嫁娶者,有罚。出殡营葬,不于衣棺坟
墓加工、误宴饮酒、修斋供佛,痛加惩治。亦厚风俗之一端也。”②奖优惩劣,风
俗自然大化。

其三,发布劝惩告示,责成为非作歹者及时悬崖勒马。“欲先教化,去其
暴教悖化者,则善类兴矣”。③“遇此等人,只好告示晓谕,改过以听,彼亦得以
自新可也”。④《居官必要为政便览》建议上任伊始,即整肃民风,出劝惩告
示——“任后咨访民情须出示”、“任后禁除民害须出示”、“任后禁民为非出告
示”。⑤ 可以说,这些告示直接教百姓以法律知识。《醒世姻缘传》第三十九回
中的汪为露痛恨狄宾梁、程乐宇,病危前要儿子小献宝“去雇个人来把我抬到
他家,教他发送我”。小献宝道:“你要去自去,我是不敢抬你去的。你没见县
里贴的告示? 抬尸上门图赖人者,先将尸亲重责四十板才问哩!”可见一斑。

此外,市民社会的需求也一定程度地促成了法律知识的传播。明中后
期,随着商品经济的长足发展,江南城市规模日益扩大,新兴市镇不断出现,
市民阶层大量涌现。据何良俊《四友斋丛说》:“昔日逐末之人尚少,今去农而
改业为工商者,三倍于前矣。”⑥规模庞大的市民阶层首先有着强烈的娱乐需
求。弘治十一年(1498)金台岳家所刻《奇妙全相注释西厢记》卷末:“本坊谨
依经书,重写绘图,参订编次,大字魁本,唱与图合。使寓于客邸,行于舟中,
闲游坐客,得此一览始终,歌唱了然,爽人心意。”⑦叶盛《水东日记》:“今书坊
相传射利之徒伪为小说杂书,……农工商贩,钞写绘画,家畜而人有之;痴騃
女妇,尤所酷好,好事者因目为《女通鉴》,有以也。”⑧无论戏曲还是小说,“公
案”都是其构成要素之一,普通百姓在阅读欣赏时,即便不特意关注,也会无
意中对其有所了解。《醒世姻缘传》第六十九回中的薛素姐同丈夫狄希陈去

① (明)吴遵:《初仕录·礼属·正风化》,第50页。
② (明)汪天锡:《官箴集要》卷上《宣化篇·正婚丧》,第270页。
③ (明)汪天锡:《官箴集要》卷上《宣化篇·明纲常》,第270页。
④ (明)汪天锡:《官箴集要》卷上《宣化篇·善恶簿》,第271页。
⑤ (明)不著撰者:《居官必要为政便览》卷下《刑类》,第72页。
⑥ (明)何良俊:《四友斋丛说》卷一三,中华书局1959年版,第112页。
⑦ 伏涤修、伏蒙蒙辑校:《西厢记资料汇编》第四编《西厢记》明刊本序跋凡例等资料·刻书牌记》,黄山书社2012年版,第118页。
⑧ (明)叶盛:《水东日记》卷二一《小说戏文》,中华书局1980年版,第213—214页。

泰山的娘娘庙烧香。烧香完毕,这一日的香头,"摆酒唱戏,公同饯行":"当中坐首席的点了一本《荆钗》,找了一出《月下斩貂蝉》,一出《独行千里》,方各散席回房。素姐问道:'侯师傅,刚才唱的是甚么故事? 怎么钱玉莲刚从江里捞得出来,又被关老爷杀了? 关老爷杀了他罢,怎么领了两个媳妇逃走? 想是怕他叫偿命么?'"素姐虽将《荆钗记》与《独行千里》的剧情夹缠到一起,但其从中看到了"法"这一点却不容置疑。

市民阶层的第二个需求是适应商业交往的需求。与前代相比,明中后期的商业气息较为浓厚,人与人之间的关系也日趋复杂。为了维护自身利益,市民需要适应商业交往的指导。日用类书内容丰富,题材广泛,"在某种程度上堪称是当时百姓的日常生活指南",[①]其中所载的"契约体式、讼学知识和律例知识",[②]对于适应商业社会的交往具有一定的指导意义。此外,讼师秘本具有与日用类书相似的作用,除了作为讼师的职业"法宝",也是"当时人们撰写诉状最直接、最重要的'教材'"。[③]

明时,普通民众法律知识的接受途径主要有朝廷的普法宣传、官长灌输的法律知识,以及满足其娱乐、商业交往需求的小说、戏曲、类书、讼师秘本等。藉于此,普通民众对法律有所了解。从流传下来的明代白话小说可见,很多百姓对法律比较倚重,一旦遭遇冤屈或纠纷,能够首先想到诉诸官府,对相关的法律条文也有所知悉;即便是心怀不善,欺诈他人,也是千方百计钻法律的空子,意欲获得法律上的合法性,表明其亦具有一定的法律观念。但同时,普通民众的法律观念具有不彻底性,不能一以贯之。不止施害人为个人私欲驱使,最终实施了违法犯罪行为;某些受害人出于种种原因,也会无视法律规定,以暴抗暴,从而沦为新的施害人。此外,受人裹挟犯罪也是明代人法律意识不彻底的一个明证。《型世言》第三十三回中的阮胜、劳氏夫妇,"邻舍中有这两个光棍,一个是村里虎鲍雷,是个里书,吃酒撒泼,欺善怕恶,凡事出尖,自道能的人。一个是村中俏花芳,年纪也到二十,只是挣得一头日晒不黄的头发,一副风吹不黑的好脸皮,妆妖做势,自道好的人,与鲍雷是紧挽好朋

①　尤陈俊:《法律知识的文字传播——明清日用类书与社会日常生活》,上海人民出版社 2013年版,第 1 页。
②　尤陈俊:《法律知识的文字传播——明清日用类书与社会日常生活》,第 16 页。
③　邓建鹏:《讼师秘本与清代诉状的风格——以"黄岩诉讼档案"为考察中心》,《浙江社会科学》2005 年第 4 期。

友"。花芳看上了劳氏,数加挑逗,但劳氏不予理睬,花芳请鲍雷从中撮合。后阮胜母子相继病倒,家境愈差,鲍雷乘机言"夫人奶奶也换米",阮胜闻听,遂生嫁妻之心。花芳不肯多出钱,阮胜将妻嫁与多出银子的庾盈。花芳、鲍雷欲"出这口气",借阮胜嫁妻伤心,"不曾招接"尤绍楼等五邻居而生事,"知得众人噇不酒着,偏去景他",问道:"昨日有事失陪,他打点几桌奉请?"五人道未请,鲍雷安排两桌酒席相请。待众人"都酒照脸了",鲍雷挑拨道:"可耐阮大这厮欺人,我花小官且是好,我去说亲,他竟不应承;列位去送,也不留吃这一盅。如今只要列位相帮我,拆拽他一番。若不依的,我先结识他。"五人"见他平日是个凶人,也不敢逆他",只好同意。鲍雷乘夜带人来到阮家,鲍雷、花芳联手将阮胜打死。尤绍楼见了,道:"鲍震宇,仔么处?"鲍雷道:"事到其间,一发停当了婆子,拿银子与你们。"郎念海道:"我们只依着大王就是了。"阮胜母亲起来,"大家一齐上,又结果了"。鲍雷摸到阮胜嫁妻银子,分与众人,"这五个人穷不得,这主银子也都收了"。在光棍的挑拨、裹挟下,好人沦为了杀人凶手。

　　女性的法律意识也存在一定问题,"你是女流,不知法度"(《型世言》第二十一回)甚或成为时人的共识。女性对法律往往比较隔膜,在面对窘迫境遇时,并不能从法律的角度反思,惟致力于不满与痛苦情绪的发泄。《型世言》第二十一回中的徐铭看上了舅舅柏茂的女儿爱姐,采取种种手段诱惑成奸。舅母蓝氏发现后,不是以法律为武器谴责之,而是"要去打爱姐";在徐铭承诺娶爱姐为妾后,又怒意全无,只哀叹:"你们不该做这事,叫我怎好? 酒糊涂得知怎了?"明律规定:"若娶己之姑舅两姨姊妹者,杖八十,并离异。"①蓝氏不知律法规定,默许徐铭娶女为妾,表面上是将家丑"一床锦被遮盖",实则贻害于女。后徐铭多给财物,蓝氏推托几次后即欣然留下,并答应"让你暗来往罢"。明律规定:"凡纵容妻、妾与人通奸,本夫、奸夫、奸妇,各杖九十。……若纵容、抑勒亲女及子孙之妇、妾与人通奸者,罪亦如之。"②蓝氏此举,使自身陷于犯罪境地。相比之下,柏茂的法律意识就较强。柏茂虽"多也醉,少也醉,不醉要吃,醉了也要吃,人人都道他是酒鬼",但在蓝氏告知徐铭要娶爱姐为妾

---

① 《大明律》卷六《户律三·婚姻·尊卑为婚》,第62页。
② 《大明律》卷二五《刑律八·犯奸·纵容妻妾犯奸》,第198页。

后,他勃然大怒,把桌子一掀:"姑舅姊妹嫡嫡亲,律上成亲也要离异的。"与蓝氏的全无主张、任人牵着鼻子走形成鲜明对比。女性受传统礼教的影响,整天大门不出二门不迈,加之大多数目不识丁,接受法律知识的途径先天受到阻抑,因此对法律不甚了解。而男人多数在社会上从事一定的职业,与社会的接触比较多,即便文化水平较低,亦能通过道听途说获得一定的法律知识。柏茂对法律的了解,即源于其"本县书手"的职业。

事实上,女性即便能从法律的角度反思其遭遇的困境,其对法律的理解也是不准确,甚至是错误的。《型世言》第二十七回中的陈公子看上了皮匠的妻子,"常自观望",引起皮匠不满。陈公子之师钱公布以为诈财的良机到了,给皮匠出主意,要其妻假意答应与陈公子私通,"哄渠进,老兄拿住子要杀,我俫来收扒,写渠一张服辨,还要诈渠百来两银子"。事成后,为杜绝后患并诈取更多银子,钱公布一面吓唬皮匠,说陈公子之父陈副使已于府间下状,"说你设局诓诈",将皮匠夫妻吓跑;一面又联合光棍,哄骗陈公子说皮匠妻已自缢,皮匠告其"倚势强奸他妻岑氏,以致身死",要陈公子措钱弥祸。陈公子将实情告知妻、母。其妻得知后道:"因奸致死,是要偿命的。"因奸致死的罪名在法律上确实存在,但加之陈公子并不合适。陈公子之于皮匠妻,明显是和奸,且"未成"。明律规定:"凡和奸,杖八十;有夫,杖九十。刁奸,杖一百。强奸者,绞;未成者,杖一百,流三千里。……其和奸、刁奸者,男女同罪。"①即便皮匠妻因奸羞愤而死,亦戴罪而死,陈公子不必"偿命"。陈妻显然没有搞清"强奸"与"和奸"、"已成"与"未成"的区别。陈母则联想到陈父在关内做巡道时所遇的一桩案子:"也是一个没要紧后生,看得一个寡妇生得标致,串通一个尼姑骗到庵中,欺奸了他。寡妇含羞自缢,他家告状,县官审实,解到你父亲。那边也有分上,你父亲怪他坏人节,致他死,与尼姑各打四十,登时打死。"陈母虽然没有骤然加之不当罪名,但其以比陈公子恶劣十倍的"没要紧后生"相比附——"怎今日你又做这事",表明其对"强奸"与"和奸"、"已成"与"未成"的区别也不甚了了,至少没有意识到其间的区别对于定罪量刑的重要性。陈母曾随陈父游宦任上,较之蓝氏、陈妻,即便算不上知书达理,也称得起见多识广,但其对法律同样不能准确理解。这固然可归结于女性特殊的心

① 《大明律》卷二五《刑律八·犯奸·犯奸》,第197页。

理特点、思维方式等,但追本溯源,仍与传统礼教所倡导的男尊女卑有关。既然被天然地排斥于权力体系之外,女性自然不会有兴趣、热情去钻研与之相关的种种知识,即便有机会接触某些法律现象,也多关注其所引起的社会效应方面,而自觉地疏离"男人们该做的事",其不准确甚至错误地理解法律也就不足为怪了。

# 二、读 书 人

"学而优则仕",由其身份决定,明代读书人为了出仕,须在学校直接听讲、阅读法律文本,并学习判词写作。

明太祖在位期间,无论中央学校,还是地方学校,都把法律作为必修科目之一,并随时考课。国子监是明代国家的最高学府。国子监生除了学习《四子》本经外,"兼及刘向《说苑》及律令、书、数、《御制大诰》"。① 据《明会典》所载洪武二十年(1387)的规定,监生日常的功课有背书、作文、写字。每三天背《大诰》、本经、《四书》各一百字;每月作文六篇,其中本经义两篇,《四书》义两篇,诏、诰、表、章、策、论、判语、内科两篇;每日写仿书一幅。不合格者要受罚痛打。② 国子监生的考课有积分考试、季考、科考,法律都是考试内容之一。如洪武十六年(1383)规定的积分考试:"孟月试本经义一道;仲月试论一道,诏、诰、章、表、内科一道;季月试经史策一道,判语二条。每试,文理俱优与一分,理优文劣者半分,文理纰谬者无分。"③明时,国子监生享有政府优免差役的特权;参加南北两畿乡试时,录取上还会得到一定照顾。因此,监生们虽然不愿背井离乡,在监肄业,但为了博得前程,还是勉力读书的,其中自然包括《律》、《诰》方面的内容。

洪武二年(1369)十月,明太祖敕谕中书省:"宜令郡县皆立学,⋯⋯以讲论圣道,使人日渐月化,以复先王之旧,以革污染之习。"④同年十一月,中书省会同礼部奉旨颁布《学校格式》十四款,全国府、州、县儒学以此纷纷建立起

---

① 《明史》卷六九《选举志一》,第1120页。
② (万历)《明会典》卷二二〇《国子监·监规·二十年定》,第1092页。
③ (明) 黄佐:《南雍志》卷九《谟训考》上篇《学规本末》,《续修四库全书·史部·职官类》第749册,第281页。
④ 《明实录》附录《明太祖宝训》卷一《兴学》"洪武二年十月辛巳"条,第71—72页。

来。明初的儒学,实行分科教学法,礼、律、书为一科,射、乐、数为一科。其中礼、律、书科须选择有学行、通晓律令、谙习古今礼典、擅长书法者为之。生员每日"侵晨,讲明经史,学律。饭后,学书、学礼、学乐、学算。未时,学习弓弩,教使器棒,举演重石"。① 生员在学期间要经过月课季考、岁考、科考。月课季考是由地方守令和教官主持的日常考试,"守令每月考验生员,观其进退揖拜之节,听其言语应对之宜,背读经史,讲通大义,问难律条,试其处决"。② 岁考是由提学官主持的对在校生员的黜陟考试。各提学官的考试内容和题量不尽相同,但范围大体不出《四书》义、经义及论、策、表等,判语极有可能被考到。《于少保萃忠全传》第一卷第二传写提学"令生员皆要背诵太祖卧碑",又掣签讲书,第二签掣着于谦,于谦禀曰:"适才蒙宗师已命诸生们背诵太祖卧碑,而我朝太祖之圣训《大诰》诸篇,正当令诸生们捧诵讲习。他日出仕,动导循圣典。望宗师少假片时,待生员宣讲了圣诰,以新诸生耳目。"于谦遂将"前太祖《大诰》首篇,朗朗背讲,大阐洪猷,……听者耸然。提学初闻讲《大诰》,间亦起身立听。不意于公阐发奥旨,讲论不息,提学自己身体觉倦,乃命止之"。于谦道:"此圣诰不可中辍。"言罢又讲。科考是由提学官和府州县官主持的准予生员参加乡试的资格考试,其考试内容同于岁考。明时,生员享有较多优渥,"一入庠序,便自清高。乡邻敬重不敢欺凌,官府优崇不肯辱贱,差徭概州县包当,词讼各衙门存体"。③ 故此,已经入学及准备入学者攻读经史礼律的热情是比较高的。

社学是设于乡村的基层教育组织。洪武八年(1375),朱元璋出于"教化行而风俗美"的目的,"宜令有司更置社学"。④ 学习内容除了以资启蒙的教材及参加科举所必须熟读的经书外,"兼读《御制大诰》及本朝律令"。⑤ 对于学生平时的考课,由社学教读及地方官员共同负责。洪武二十四年(1391),明太祖命各社学"聚生徒教诵《御制大诰》,欲其自幼知所循守。阅三岁,为师者率其徒至礼部背诵,视其所诵多寡,次第赏之"。⑥ 可见其对社学的重视。

---

① （嘉靖）《尉氏县志》卷二《官政类·庙学社学附》,第33b页。
② （嘉靖）《尉氏县志》卷二《官政类·庙学社学附》,第34a页。
③ （明）吕坤:《新吾吕先生实政录·明职引·贡士出身》,第414页。
④ 《明实录·太祖实录》卷九六"洪武八年春正月丁亥"条,第1655页。
⑤ 《明史》卷六九《选举志一》,第1129页。
⑥ 《明实录·太祖实录》卷二一四"洪武二十四年十一月己亥"条,第3159页。

　　明时,社学的义学特色明显,不仅不会给学生造成很重的经济负担,还时常减免束脩。而学生一旦学业有成,又可升入府、县学继续学习。英宗正统时就规定:"遇儒学生员名缺,即于社学无过犯高等子弟内选补,庶得学业易成。"①在这种情况下,不少学生潜心于经书律令的学习,"差不多的人家,三四个、五六个合了伙,就便延一个师长。至不济的,才送到乡学社里去读几年。摸量着读得书的,便教他习举业。读不得的,或是务农,或是习甚么手艺,再没有一个游手好闲的人,也再没有人是一字不识的。就是挑葱卖菜的,他也会演个之乎者也。从来要个偷鸡吊狗的,也是没有"(《醒世姻缘传》第二十三回)。

　　朱元璋以后的明代皇帝对各级学校的法律教育及考课也比较重视。英宗正统四年(1439),御史言:"民间家无过犯子弟,令遣入社学,讲读《大诰》、《孝顺事实》、《四书》、经史之类,以备选补生员名缺。"②孝宗弘治二年(1489),山东兖州知府赵兰上书:"乞敕礼部行两京国子监及天下学校,督令监生、生员讲读律令,习学刑名,与《五经》、《四书》并行不悖,提调等官时加考较。至吏部考选之时,亦依见行事例,出刑名、论题各一道,次其优劣而选用之。"孝宗命将此疏下所司知之。③ 万历二十七年(1599),南京国子监祭酒郭正域在《条议申饬监规》中奏准:"科贡诸生,自本经之外,别兼一经。而新旧已未成材者,自《大诰》、经书而外,增《大明律》一条。背书之日,一体背诵,以生熟为赏罚。"④与统治者的重视态度形成鲜明对比的是,其时读书人学习法律的懈怠实况。关于这一点,从嘉靖年间詹事霍韬的上书中可见一斑:"一言洪武中,令天下生员兼读《诰》、《律》、《教民榜文》。又言民间子弟,早令讲读《大诰》三编。今生儒不知《诰》、《律》久矣。"⑤其原因,后文将予以分析。

　　明时,学校乃科举的必由之路。学校学习内容、考课制度的设定,直接受科举考试的影响。也就是说,学校之所以重视法律的学习并随时督考,乃是因为科举考试当中要考到法律。洪武三年(1370),初开乡试,定为三场,"初

① 《明实录·英宗实录》卷二一"正统元年八月庚午"条,第 407 页。
② (明) 何乔远:(万历)《闽书》卷三二《建置志·闽县》,第 623 页。
③ 《明实录·孝宗实录》卷二五"弘治二年四月甲寅"条,第 575 页。
④ 《明实录·神宗实录》卷三四〇"万历二十七年十月甲申"条,第 6310 页。
⑤ 《明实录·世宗实录》卷八三"嘉靖六年十二月戊申"条,第 1860 页。以上可参见赵子富《明代学校与科举制度研究》。

场试经义二道,《四书》义一道;二场,论一道;三场,策一道。中式后十日,复以骑、射、书、算、律五事试之"。① 其对"律"的写作要求是,"观其讲解详审"。② 洪武十七年(1384),礼部奉诏颁布《科举定式》:"初场试《四书》义三道,经义四道。……二场试论一道,判五道,诏、诰、表、内科一道。三场试经史时务策五道。"③洪武二十四年(1391),"诏礼部:今后科举、岁贡于《大诰》内出题,或策、论、判语参试之"。④ 对判词的写作要求是"直书意义,期致实用",⑤远非后世"作判昧法律之本意"可比。⑥ 明初乡试,三场兼重,无所偏重,后来大都重视前场。前场取中,后场纵有纰漏也不妨碍;前场不中,后场大都弃置不观。如此一来,作为后场考试内容的"判",其重要性便大为降低。为了扭转这一现象,朝廷不断下达旨意。万历十三年(1534)题准的《科举程序》规定:"其后场果学问该博、洞悉时务者,即前场稍有未纯,亦许甄拔登录,以示崇重实学之意。"⑦崇祯时,毅宗曾谕礼部尚书:"考官仍加意后场,有博通经史、晓畅时务者,前场稍逊,亦许特拔。"⑧但总的来说,效果有限。

明代的会试始于洪武四年(1371)。会试内容与乡试相同,会试的录取也如乡试,重视前场,前场不佳,二、三场文考官多摒置不观。历朝皇帝也多有诏旨,要求重视二、三场,如崇祯时就曾"制诏春官以取士,必重实学,征材用,故崇二、三场所试论、表、策者。虽书、经义不佳,论、表、策佳者,取之"。但主司往往奉为虚文,陈子龙就指出:"方今所谓重论、表、策者,固有名而无其实也。"⑨

明代读书人法律知识的接受途径主要是学校教育,不仅平时需听讲、阅读法律文本,学习判词书写,在各级考试中还要考到法律。通过这些途径,读

---

① 《明史》卷七〇《选举志二》,第 1131 页。
② (明)土世贞:《弇山堂别集》卷八一《科试考一》,第 1540 页。
③ 《明史》卷七〇《选举志二》,第 1131 页。
④ 《明实录·太祖实录》卷二一二"洪武二十四年九月乙酉朔"条,第 3141 页。
⑤ (明)张孚敬:《太师张文忠公集·奏疏》卷三《慎科目》,《四库全书存目丛书·集部·别集类》第 77 册,第 68 页。
⑥ (明)张孚敬:《太师张文忠公集·奏疏》卷三《慎科目》,第 68 页。
⑦ (明)王世贞:《弇山堂别集》卷八三《科试考三》,第 1588 页。
⑧ (清)孙承泽:《山书》卷六《申饬科场》,《续修四库全书·史部·编年类》第 367 册,第 103 页。
⑨ (明)陈子龙:《安雅堂稿》卷七《子丑二三场干禄集序》,《续修四库全书·集部·别集类》第 1388 册,第 5 页。

书人能够获得相当的法律知识。从明代白话小说可见,大多数读书人不仅在涉及自身利益时一如普通民众,表现出一定的法律观念,还会出于义愤,利用自己的特殊身份向官府陈说民间弊病,显示出较强的社会责任感。但明代愈到后期,整个社会愈以科目出身为重,乡试、会试甚至岁、科两试亦以经书为考试的主要内容,这迫使读书人不得不皓首穷于一经,而无暇顾及那些关乎国计民生的律令、算法、兵法等实学。据王道成《科举史话》:"明中叶以后,考生们不再读律,只钞录旧本,入场时,每人止记一律,或吏或户,记得五条,场中即可互换,以致中式之卷,大半雷同。"①关于"判"的写作,张伟仁认为:"清代科举考试的'判',……而是以大清律例的门目为题,听任考生揣摩其义,然后自行拟定一事,加以判断,但并不需要引用条文,作成具体判决。"②"判"的写作既"不需要引用条文",又可"自行拟定一事",对考生的要求显然不高。清代承袭明制,可以推断,明代所考的"判"与此大体相类,难度都相当有限。在这种情况下,明代读书人平时自然会忽视法律的学习而寄希望于考前的"临时抱佛脚"。对此,明代白话小说亦有所表现。如《醉醒石》第十四回中的苏秀才乡试考中后,"去寻拟题,选时策,读表段,记判,每半夜不睡"。

在明代白话小说中,有些读书人对法律条文一知半解,知其然而不知其所以然。《西湖二集》第二十四卷中的周必大即是一例。周必大中进士后,即被授官临安府和剂局门官,而和剂局乃是管理民间医药及施药济人的官署,与听讼断狱全无关系,故其法律知识主要来自读书时的积累,可作为读书人的例子。周必大邻人王家着火,首先烧着周必大的宅子,后又延烧数百家。因王家有御史撑腰,官府不敢为难,就将周必大及邻居五十多人下狱。周必大在狱中与狱吏的一番对话,颇可看出其对法律条文的生疏。他问狱吏:"失火延烧,据律详问什么罪?"狱吏道:"该问徒罪。"他又问:"我将一力承当,以免五十比邻之罪,我还该何等罪?"狱吏道:"不过除籍为民耳。"周必大显然知道失火延烧的罪名及对犯罪职官的特殊照顾,但对具体受何种刑罚及"罢职不叙"的法律规定则不熟悉,③可见其法律知识的欠缺。可以说,这与学校的

---

① 王道成:《科举史话》,第 175 页。
② 张伟仁:《清代的法学教育》,贺卫方编:《中国法律教育之路》,中国政法大学出版社 1997 年版,第 168 页。
③ 《大明律》卷一《名例律·除名当差》,第 8 页。

法律教育及考试形式有着直接的关系。当考试仅要求对法律知识的粗疏了解,且注重语言文字的修饰时,读书人当然不会花大力气去逐字逐句精研法律文本,其知法但对具体的法律条文似是而非就很正常了。

某些读书人则对法律程序懵懂无知。《欢喜冤家》第十六回中的费人龙本应冯吉之邀赴宴,不想醉酒后翻为阶下囚,倒霉至极,却遭遇卜昌这样一位仗义执言的好狱官。感动之余,他将心事和盘托出:"(寒荆)想今将分娩,实是放心不下。不知老恩台可放得学生一去否?"此番话暴露了费人龙法律知识的贫乏:人犯的关押、释放需经过一定的法律程序,且权在主守,狱官仅负管理之责。费人龙皆因卜昌在狱中威风凛凛且对自己的官司大包大揽,遂以之为救命稻草,幼稚至极。卜昌听后笑道:"书生不知法度,不要说这人命关天重罪,就是些须小事,也私放不得的。设或有大分上,也直待太爷回。有的当保人,方使得的。哪有私得的!"一番有理有据的"普法宣传",与费人龙的无知形成鲜明对比。这同样与学校的法律教育及考试形式有关。根据张伟仁的说法,"判"的写作以律例的门目为题,听任考生揣摩其义,然后自行拟定一事,加以判断。由"自行拟定一事"推断,律例门目的选择以实体法为主。实用主义使读书人留心于实体法条而对程序方面的规定轻易放过。

以上仅择其要,论述了明代百姓、读书人法律知识的接受途径,实际情况要远为复杂。如某一法律知识接受途径不专门为某一类人而设,常常对其他人亦造成一定影响。如读书人偶尔路过旌善亭时对板榜的注目,乡饮酒礼举行时的好奇围观,亲朋好友对新奇案件的口耳相传,以及父执长辈的为宦经历等,都会使其在经意、不经意间获得对朝廷政令、法规的了解。在此,其法律知识的接受途径与百姓是相重合的。

从明代小说可以看出,明代人法律知识的接受途径存在着一些缺憾,比如女性的接受途径相当狭隘,且接受热情受到较大压抑,这与整个社会的思想观念有关,不具有普遍性。但时至女性解放思潮风起云涌的今日,女性所受束缚较之男性仍多,这就为现今的法律宣传提供了不可回避的关注点。对读书人来说,学习律法与科考是否联系在一起不具有参考价值,问题是,设计与实施产生了较大的脱节,目标落空,这就非常值得深思。

明代白话小说突破了传统法律资料的阈限,也超越了明前小说的表现领域,对民众的法律观念/知识及法律知识的接受途径多有表现。虽然参照系的缺乏,常使这些材料陷入难以定位的尴尬与无奈,但形形色色的民众在面对纠纷或进行诉讼时对相关法条制度的关注、考虑与规避等,都使一力虚构的小说呈现出"虚"中之"实"。临水揽镜,大美无遗,明代白话小说法律资料的独特价值因之奠定。

# 第七章　明代白话小说中法律资料的价值

## ——以对请托罪的表现为例

古代小说对社会现实、世态人情常有细致、真实的描摹，其中包含有大量的法律资料，是研究中国法律史及法学理论的重要材料。相对于正史及法律典籍，小说中的法律资料具有突出的丰富性和生动性特点，不但广泛、深入地反映了法律在社会生活中的作用及具体实施情况，还细致、生动地反映了社会各阶层的法律意识，及江湖文化、伦理人情与法制秩序的冲突等，这些都是传统法律资料所无法提供的，是深入研究法律史及法学理论不可或缺的资料。它们将冰冷的法律条文还原为具体、生动的人的意识与实践，更接近法律的本质意义，同时提供了法律史研究的民间视角及法学理论研究的深层肌理。这里以对待请托罪的态度及执行为例，探讨明代小说的法律资料价值。

## 一、明律中的请托罪法

请托在古代也称请谒、听请、嘱托（又作属托）、请求等，指以人情为主要交换凭据，通过曲枉法律规章，以自谋私利的违法行为。其参与者有欲谋私利的请托者与掌握司法行政等公权力的受托者两方。按请托者与受托者的关系不同，具体又可分为两类：一是人情请托，双方是较单纯的熟识关系，以人情为依托，特点是感情色彩浓厚，常没有第三方知晓；二是势要请托，请托者是权豪势要之人，受托者慑于其威势而枉法，特点是受托者往往处于被动地位，较公开化。请托罪的关键因素是建立在人情之上，没有直接的物质利益交换，与杂有直接物质利益交换的贿赂贪赃不同。

中国古代社会以人情礼义为构成基础，请托现象普遍存在，不可避免地对司法行政造成干扰以至威胁,禁止其存在的请托罪法于是应运而生。请托罪立法是中国古代法律区别于世界其他国家法律的一个特色部分,但学界对此关注较少,仅有的一些研究集中于立法考察,对执行情况涉及很少。

汉武帝时已出现了与贪赃贿赂相区别的请托罪法(谓之"听请"),至《唐律疏议》,其《职制》类中专列"有所请求"条,制定了较为详细的定罪惩处条款,标志着请托罪立法走向成熟。《大明律》的《杂犯》类有"嘱托公事"条,基本与唐律"有所请求"条同,具体如下:

> 凡官吏诸色人等,曲法嘱托公事者,笞五十。但嘱即坐。当该官吏听从者,与同罪;不从者,不坐。若事已施行者,杖一百。所枉罪重者,官吏以故出入人罪论。若为他人及亲属嘱托者,减官吏罪三等。自嘱托己事者,加本罪一等。若监临势要为人嘱托者,杖一百;所枉重者,与官吏同罪。至死者,减一等。若受赃者,并计赃以枉法论。若官吏不避监临势要,将嘱托公事实迹赴上司首告者,升一等。①

上述条文对请托罪的基本类型、量刑幅度、举报奖励等作了较详细的规定,具体而言有以下特点:其一,此处嘱托指纯粹的人情请托,与杂有财物的贿赂分离,与贿赂相关的请托另有"事后受财"、"有事以财请求"、"官吏听许财物"诸条,属受赃类,刑罚重于请托;其二,请托者亦受惩处,其若为官吏,惩处重于普通人,因其本为知法、执法者之故;其三,受托者只要同意就受惩处,若已施行则加倍惩处。若被告应判刑罚超过杖一百,则对受托者的惩处力度相应增加;其四,受托者若举报请托事,则可获奖励(唐律中无此条)。单从立法角度讲,这应是有效措施:请托者事前得考虑自己的行为是否会被举报而获罪。

除本条规定外,其他条目中还有针对特定事项惩处请托的规定,如《兵律一·宫卫》"禁经断人充宿卫"条、《兵律三·关津》"诈冒给路引"条。另外,具有法律效力的《问刑条例》及《明会典》中也有惩治请托的多项条款,是《大明律》"嘱托公事"条的重要补充,其惩处力度一般都大于"嘱托公事"条所定。

---

① 《大明律》卷二六《刑律九·杂犯·嘱托公事》,第202—203页。原文尚有小注,未录。

上述请托罪立法将人情干扰完全推到了法治的对立面加以打击,惩处力度颇重,体现的显然是最高统治者的意志。最高统治者的终极利益是江山稳固,而区分私情与公义、维护社会基本的公平正义、严明司法是江山稳固的基本保证。尽管上述请托罪条款还存在不足(如主要针对司法领域,对行政、考选、军事领域关注不够),但规定细致具体,若能得到认真执行,则请托之风必息,司法必归于清明,不过实际上这条法律一直就没有被认真执行。

# 二、史籍及官箴书对请托罪执行的反映

在考察小说对请托罪执行情况的描写之前,先简要考察一下史籍及官箴书中的相关记载。

## (一) 史籍中的相关记载

请托罪法明白载之律文,请托现象又普遍存在,按理应有大量依法治罪的案例,但事实上史籍中此类例子极少。《明史》载刘瑾诬陷韩文,诏降一级致仕,给事中徐昂乞留,"中旨谓显有嘱托,落文职,以顾佐代,并除昂名"。[①]古代有以官品折罪的"官当"制度,徐昂被免职也是一种惩治。其他朝代对请托的惩治也都是凤毛麟角,并且有些如上例一样是被作为诬陷打击的手段。

《明史·循吏传》所录诸人都能廉勤奉公,造福百姓,敏于断狱,办学重教,间有刚正不谀权贵者,如李骥、徐九思、陈幼学辈,但对于拒绝请托之事却没有记录(惟一提到是李骥任河南知府时数拒伊王嘱托,这是因其遭伊王属吏执械、皇帝出面惩治才书于史籍的),可见史官并不认为这是高大光辉之事,也说明这些循吏对请托应是拒绝而无惩治。

请托的危害是显而易见的,一些正直官员于是上疏提议杜绝,但只是提出了反请托的意义及预防措施,或仅提出要"参奏法司知道",无一人明确提到应按《大明律》的请托罪法规定来惩治。在《明史·徐大相列传》,《名臣经济录》所载王廷相《定拟巡按及按察司造册疏》、王恕《议知府言芳升用科道官奏状》、马文升《修饬武备以防不虞事》等,《礼部志稿》所载《监生官恩生应试

---

特例》、《题行乡试条约》,相关奏议如杨一清《为申明敕谕陈言边务以御寇患事》、杨廷和《请慎命令以保新政疏》、赵南星《再剖良心疏》,及《明臣奏议》中的一些疏论等,都可以看到这种情形。一些疏论提出请托行为应受惩处,但并非依请托罪条款处罚,如张原《选近习疏》指出:"使往年以罪放斥之人,勿复收用。如或左右近习,敢有巧言饰词、游说请托者,即以奸党治之。"①"以奸党治之"显非依律文惩处(明律规定奸党罪可处斩)。

若严拒请托、秉公行事,则易招怨,如周思兼《胶东二高士》中对张钺的评价:"公性刚愎,与物多忤,有请托者非特勿听,且加罪焉,人以是多怨公。"②加罪请托者本为依法执行(当然不知是否依律量刑),却被认为是"与物多忤"并怨恨之,可见众人并不认为这是依法办事,张钺自己恐怕也不见得就是从律文出发而可能是一种"法律直觉"(西汉以来一直有加罪请托者的例子)。更有甚者,严拒请托者常被视为偏执迂阔,如海瑞不谀上官、勇于直谏、清廉自介、飚发凌厉,做得很彻底,但参劾者谓其"迂滞不达政体","鱼肉搢绅,沽名乱政",《明史》也谓其"意主于利民,而行事不能无偏云"。③ 其他如王翱、王竑、王彰等人的《明史》本传中都有类似评价。在人情层层包裹的社会中,真正做到清廉无私是非常难的,因为人情本就是正常人的一部分,若只重法律而不讲人情,往往就得变成"非正常人",不免偏执峭刻,轻则不利于自身的正常生活,重则影响施政,其实也违背了立法的本意,无法为大多数官员效法。

由以上史籍记载可以看出几点:一是依法惩治请托者极少,仅有的一些常被作为普泛的违法行为,惩处较随意,或被作为诬陷报复的手段;二是正直的当政大臣力主杜绝请托,并提出了一些惩治措施;三是严拒请托者往往被认为不近人情、偏执迂阔;四是律文中举报请托的规定虽有升迁的奖励诱惑,却从未有人实践过。④ 从中可见请托罪面临的困境:虽应惩治,却无法真正按律实施。

---

① 《御选明臣奏议》卷一八,《景印文渊阁四库全书·史部六·诏令奏议类二》第 445 册,第 299 页。
② (明)黄宗羲编:《明文海》卷四〇七,《景印文渊阁四库全书·集部八·总集类》第 1457 册,第 684 页。
③ 《明史》卷二二六《海瑞传》,第 3958、3959 页。
④ 《大清律例》中的请托罪法承袭《大明律》,史籍中有少数举报请托的事例。

## (二) 官箴书中的相关记载

对一般正直官员来说,如何做到既清廉自守,不受请托过多干扰,又能顺遂人情,协调情与法、清与偏的矛盾,便成为很现实的问题。官箴书提供了很多具体的方法。

官箴书指为官之箴言,主要阐述为官道德,总结行政经验,作者一般是欲有作为的中下层官员,所秉持的理念和实践方式基本可归入循吏、清官之类。作为具备常人情感的基层官员,他们不能像著名清官那样让别人不敢请托,而是面对大量形形色色的请托,要作出适当处理,对待请托就成为他们为官生涯中的重要部分,故而官箴中这类记载颇多,如《治谱》卷四竟分六条专论请托。

官箴书作者对请托的危害有清醒认识:"请托一事,伤人害物,长刁纵恶,莫此为甚。"①他们对待请托的态度可分为三类:一是拒绝并按请托罪条款惩治请托者,如《居官格言》云:"今后遇有此等事情,即问理亏情虚,径坐其罪,仍将嘱托者依律问拟施行。"②这类主张笔者所见仅此一例,并依然有疑问:仅仅是提倡还是真正实施了? 若同僚或上司请托,能否做到"依律问拟施行"并向上举报? 作者对此并未明说。二是一律拒绝而不加罪,如《官箴集要》:"行事之际,或有上司吏及亲旧人等嘱托,一例不可准听。彼干求者知关节为无益,必不为之,而嘱托者亦知我之不畏权势,不顾私情,由是而遂止矣。若有以书信交通者,例不开缄,辞谢来使而已。"③这类主张也只是少数。三是拒大放小,即对大的事情、涉及法律明文规定的事情坚决拒绝,以免过多危害国家或当事人的利益;对细小的事情,则可酌情接受请托,依顺人情。这是大多数作者的态度,如《璞山蒋公政训》:"凡士大夫说事,⋯⋯如法不违也,做人情不妨;如违法,虽权贵亦不可听也。自己手中小事,可依者依之;如经奉上司,虽分毫不可做人情矣。"④《治谱》:"若有至情相托,须委曲处之,但不可病民。"⑤这样做不易招致怨恨诽谤,能换取对方的理解与支持,特别是能为士夫

---

① (明) 佘自强:《治谱》卷四《词讼门·请托一》,第126页。
② (明) 不著撰者:《居官格言·劝惩告示》,第81页。
③ (明) 汪天锡:《官箴集要》卷下《听讼篇·嘱托》,第287页。
④ (明) 蒋廷璧:《璞山蒋公政训·处人·应士夫》,第4页。
⑤ (明) 佘自强:《治谱》卷九《待人门·士夫十段》,第179页。

"存体"，因为士人具有价值自觉能力，不能制以法律或严词说教，而要循循善诱，保全其体面。

由上可看出中下层官员对待请托的基本态度：对请托危害有明确认识，但不似一些在朝正直大臣那样一味主张严厉禁绝，而基本上主张拒大放小，律文规定自然也得不到贯彻。这一态度最能看出情与法的对立与协调，对请托的酌情依从是对私情的保全，也是儒家德治思路的衍化，实际上调和了请托罪条款与人情之间的绝对对立，达到了两方都可接受的中间状态。

无论是以在朝大臣为主体的史籍记载，还是以中下层官员为主体的官箴书记载，都反映出一个事实：《大明律》中的请托罪条款基本没有得到有效实施，相反却被一定程度地抵制和修正。这很大程度上缘于执法者对人情与法律关系的切身体会，以及维护自身利益的需要。那么普通民众对请托持何种态度？小说中有生动具体的描绘。

# 三、明代白话小说对请托罪的表现及特点

古代小说作者一般为下层文人，小说所反映的又多为普通民众的生活，故小说对请托的表现可看作是普通民众的看法。对于司法活动中的请托，明代白话小说反映甚多，非清官的受托很普遍，①不必多论，此处只讨论清官对待请托的情形。

## （一）清官受托情况

按理清官应拒绝一切请托，但我们还没发现这样一清到底的例子，更多的清官仍不免接受少量请托。

其一，接受上司请托。《金瓶梅词话》第十回中的东平府尹陈文昭"极是个清廉的官"，"正直清廉民父母，贤良方正号青天"，欲据理出脱误杀李外传、

---

① 这类描写在明代小说中非常多。如《炀帝艳史》第二十三回中的麻叔谋奉炀帝旨意开河，陶氏兄弟为使河道不由自家祖坟穿过，蒸小儿肉以献。麻叔谋答应保全后，陶氏兄弟"每夜里竭力去偷盗孩子来报恩"。被害之家因郡县不主持公道，欲"往东京去告御状"。麻叔谋差心腹家人黄金窟来东京弥缝此事："虎贲郎将段爷，现为中门使，掌管四方章奏，他与我平素交厚，……求段爷千万为情，不要奏上。"段达素性贪婪，"又见写着白金千两，便将黄金窟叫入后堂"，答应："你老爷与我们这等相厚，自然要用情。"

县拟当绞的武松。西门庆转央蔡京说分上，陈文昭系蔡太师门生，接其密信，依其吩咐，虽把武松免死，但仍刺配二千里充军。陈文昭先清后私，私中又有清，作者写此也许要表现一点反讽意味，但客观上表现了一个清官一定程度上遂顺上司人情的行为。

其二，为照顾亲属或同僚情谊而受托。《喻世明言》第一卷中的县令吴杰"上司因见他清廉"，调在合浦县为官。其妾王三巧的前夫蒋兴哥因重推一偷珠人使其跌死，王三巧向吴杰求情，说其为自己过继到舅家的亲兄，吴杰于是设法判其无罪，只戴孝行礼，负担殡葬费。按律，斗殴杀人者当绞，县令此判显为有意出脱，但死者儿子并无大的异议，故不算过分枉法(受害人的态度向来是判决的参考)。《龙图公案》卷一〇《瓷器灯盏》说知县李马英"恪守官箴，动遵王法。城狐社鼠，绝迹潜踪。学校日崇，吏胥日畏。市无闹语，野有清评。皆道：'泰州何幸，得此贤侯。'只是遇了亲故年家，略要听些分上。"其为官清苦，宦囊空虚，死后朝廷赞其为良臣，略听分上并不为敛财可知。作品没有细述其如何为亲故年家略听分上，只以叙述语出之，可见作者认为此乃正常的普通情形，无损于其官声。有时作者并未明确强调是否清官，如《拍案惊奇》卷二九写张幼谦与罗惜惜一对有情人私通，被先聘者告官，知县有意出脱，被原告告至州里，"本州太守升堂，接得湖北帅使的书一封，拆开来看，却为着张幼谦、罗氏事，托他周全。……那时帅府有权，太守不敢不尽心"。恰此时张幼谦中秀才，于是不以通奸论处，判为眷属。张罗二人得到官府周全，原因有三：一是二人互相爱慕；二是张颇有才，又中秀才；三是有人请托。作者未说受托的知县、太守是清官还是赃官，连姓氏也没写，无疑认为接受此类请托是一种普遍且正常的情形。

其三，通过使人请托来报答恩人或帮助别人。《二刻拍案惊奇》卷二六中李御史早年受教官高愚溪恩惠，做官后将其接到任上思量图报。他"巡历地方，祛蠹除奸，雷厉风行，且是做得利害。一意行事，随你天大分上挽回不来"，俨然是个清官。但为报答高愚溪却让其为别人说项请托以收受财礼，官员"有求荐奖的，有求免参论的，有求出罪的，有求免赃的，多来钻他(高愚溪)分上。察院密传意思，教且离了所巡境地，或在省下，或游武夷，已叮嘱了心腹府县，其有所托之事，钉好书札，附寄公文封筒进来，无有不依"，最终得银二千余两。清声震天的李御史为报恩而受托显然有枉法之处，但作者对此并无讽刺,而是着力赞赏其报恩思想,清廉与报恩共同构成了其完整的人格。《型世言》第三十一回中的徐晞常积阴骘,官兵部侍郎时为帮助以前曾有恩于自己的胡似庄,听从他为失机指挥和欲补把总者请托,使其得银三千多两。后他官至尚书,通过听从请托来报恩显然是"阴骘"之一。《天凑巧》第二回《陈都宪》中的赵州官"极诚心爱民",他因一干秀才抢夺求赈,惟极贫的陈都宪"怕羞,不肯来",认定陈都宪"是个安贫养高的人",给谷送银,助其进学、成婚,又取他为遗才、起程送路费。后陈都宪考中举人回乡,"赵知州道:'他是高品,不肯来关说的。只拣大分上送了去。'江北富庶,人出他两三事,也攞千余金"。作者塑造陈都宪的目的是想表现文采不济的人也可能时来运转,"错里猎巍科",有讽刺之意,但对赵州官通过请托来助人的行为却是赞赏的。官箴书作者虽然基本接受请托,但却是被动地容忍,此处官员则是主动为请托创造机会,作者对其通过请托以报恩、助人的方式是认同的。请托由直接的当事人扩散到了周边人物,愈可见出其深厚的社会土壤。

其四,包公接受请托。包公在元杂剧中的形象是清介奉公、力主为民,请托自是与其无缘。小说也赞扬他的这一品行,《龙图公案》卷一〇《尸数椽》说他"生平最怪的是分上一事。……听讼的听了人情,把虚情都当实了",对于请托的危害有清醒认识。但卷六《瞒刀还刀》中其得意门生卢日乾与邹敬发生纠纷后,却"恃此脚力,就写帖命家人送县",显然与包公曾行此方便有关。后包公"问及根由,知事体颇小,纳其分上"。近情而不违法,比起海瑞的狷介清刚、使人闻名而退,多了人情的温暖与人性的深度,更接近普通民众的心理。小说以民众的心理改造包公,再次表明请托行为在民众中的强劲生命力。

其五,若绝不受托有时会走到正直的反面。《律条公案》一卷《谋害类·马代巡断问一妇人死五命》中的刘信七以奸杀罪被冤下狱,其子刘仪救父心切,"将千余银子买求分上","岂知董爷秉政清廉,不容略贿",将其问成死罪。若非马代巡明断,刘信七将被冤杀。不管是否有理都得请托,这是民众的普遍看法,而有些自命清廉的官员认为凡请托者必理屈,这种认识上的偏差从一个侧面表明了民众对请托的普遍认同,同时也是对官员过于以清廉自许的否定。

其六,对较大或可疑之事予以回绝或深究。清官受托一般都限于小事,若是大事或可疑之事,则不轻易接受请托。《廉明公案》上卷《人命类·洪大巡究淹死侍婢》中的陕西巡按张英之妻莫氏与丘继修通奸,张英得知真相后,将莫氏杀死,并诬告丘继修偷掘莫氏棺木。张英倚仗与洪巡按的交情,写信"令其即决继修,以完此事,彼好赴任"。洪巡按自忖:"倘有冤,吾不为张友而屈杀人也。"他细审案件,终于查出实情。《龙图公案》卷九《借衣》中的赵进士因怀疑女儿自尽与其未婚夫沈猷有关,于是"写书通知巡行包公,嘱将猷处决,勿留致累"。夫人知晓真相,"私遣家人往诉包公,嘱勿便杀"。包公心疑:"均赵婿也,夫嘱杀,妻嘱勿杀,此必有故。"因此他没有理会赵进士的请托,而是详问沈猷来历。清官一般都会严守法律底线,不会因请托而误判或过分枉法。

## (二) 清官或贤达为己事请托

小说中还写了很多品行良好的官员或乡绅主动为己事请托。《型世言》第十八回知府王翊庵"在任直谅,忤了上司,申文乞休,回到家中"。他见女婿上进力学,考秀才时"也暗中为他请托。县中取了十名,府中也取在前列,道中取在八名,进学"。评点者批曰"好岱峰",赞赏其请托行为。《型世言》第二十七回陈副使"因与税监抗衡,致仕回家"。其子被先生钱公布等设局诈骗,致母绝望自缢。陈副使将钱公布等告到府中,但请求为其子留体面。四府(推官)道:"如夫人之死,实由此三人,但不便检验,不若止坐以假牌。令郎虽云被局,亦以不检招衅,这学生还要委曲。"于是不行追究,单就假牌上定罪。评点者批此为"妙法",也是赞语。陈副使是好官,照样为儿子请托,知府与其并不熟识,只因是进士出身,便设法帮助,并得到作者赞赏。《鼓掌绝尘》第二十回中的娄祝、俞祈两位青年总兵年少有为,结拜兄弟林二官人遭人命官司,监禁半年后保出。娄、俞与林商议欲向知府说情解除官司,"那知府也还好讲话,见他两个青年总兵,又是世家,不敢十分轻慢,只得把这桩人情勉强听了,天大官司化作一团冰炭"。后俞总兵战死,娄总兵得胜受封,功成身退,两人俱是作者称赞之人,却视为好友请托为正当。三人商议时饮醉,评点者批道:"真个快活,不由不醉。"对其因友谊而能请托帮助由衷高兴。作者并未强调林二相公所遭官司本身的是非,从知府勉强答应来看他显然负有责任,但此处官司的是非并不重要,重要的是能为朋友解难请托。

这些案例中的当事人都可谓正人君子,但都视请托为正当甚至必要,借其来体现他们知恩图报、热心助人的品德。其中所助之人大部分固然或善良、或上进、或正直,但也有一些是中性甚至反面人物(如胡似庄)。

## (三) 不对请托进行惩治和告发

上述案例都为听从请托,自然没有受托者告发,即使受托者严词拒绝,也不会按《大明律》加以惩治,这从以上案例中都可看出。另外,即使拒绝请托,也不会去告发之。《僧尼孽海·云游僧》中的五僧冒充尼姑,借"作会"诱奸人家妻女,被某司理审出,"豪又代为嘱托。司理益怒,即以汗巾簿籍送之豪家,豪羞赧欲死"。某理刑并未向上司告发其请托行为。

从以上可以看出明代白话小说对请托反映的一些特点:第一,没有人提出应依照请托罪法来惩治;第二,对不误判或过分枉法的请托持肯定态度,当事人的行为、品德为作者肯定时尤为如此;第三,鼓励接受请托成为报恩、助人的一种方式;第四,没有绝对拒绝请托的清官,当上司或亲近之人请托时尤易接受;第五,受托者没有惩治和赴上司首告的事例。以上表明《大明律》请托罪的刑罚与奖励两方面无一得到实施,相反请托被一定程度地肯定。小说如此描写请托并非作者不懂法,相反,大量例证表明很多小说作者对律法比较熟悉(这与明代较重视普法有关),特别是小说所写的量刑幅度常与律法规定高度吻合,那么小说对请托的描写无疑表明作者及其所代表的普通民众并不认同《大明律》的请托罪立法。对待请托,立法者是法不容情,严厉打击;执行者是法中容情,拒大放小;而作为守法者的普通民众则是情重于法,充分利用。小说作者显然不是站在最高统治者或官员的角度,考虑请托对司法体制、国家整体利益的破坏,而是站在个人利益和个体道德角度看待请托,其思想根源在于混淆私情与公义,常常只管感情而不问曲直,只顾私谊而不计公利。

在现代民主契约社会中,公与私的界限比较明确,而传统社会中国本是家的扩大,公义本是私情的推衍(儒家的内圣外王便是由个体道德的精纯推及到天下道德的普遍提升,从而实现社会的有序和谐),一定程度的公私不分、为私情而牺牲公义就成为必然的社会心理。这就意味着将私情推到司法绝对对立面的请托罪立法并不具备实现的社会条件,只是统治者一厢情愿的立法思想,使其最终成为一纸空文,这恐怕是立法者始料未及的。如何协调情与法、民众观念与国家利益,制定更为切实可行的请托罪法,显然是值得反思的问题。

　　从对请托的反映可以看出,明代白话小说对法律的描摹是非常细致具体、生动活泼的,其触角深入到了史籍和官箴书没有涉及的方面,具有独特的法律资料价值。法律是民众日常生活的重要组成部分,小说对法律的深入表现无疑使其获得了更为广阔的表现空间,对其情节结构、人物形象都有程度不同的影响。

# 结语　利用明代白话小说中的法律资料应注意的几个问题

　　明代白话小说对法律的反映是海量的,不同文学成就(一流、二流、三流等)、不同类别(公案、世情、神魔、才子佳人等)作品对法律的不同方面进行了程度不同的反映,甚至神魔小说中神仙魔怪的日常交往中,①淫秽小说中通奸男女的打情骂俏中,②亦可见法律的影子,称之为简版的《中国古代法律史》不为过。

　　明代白话小说中法律资料的价值,除了前面提到的反映了普通民众对法律的态度之外,还具有以下特点:

　　其一,生动性。律典、史书中的法条制度严密而枯燥,小说中的法条制度却因与人物、故事相结合而呈现出明显的生动性。

　　其二,细致性。小说的一些表现手法如细节描写,使小说对法律的表现不是宏观的、粗线条的,而是细致入微的,由此决定了那些因细碎而为律典、史书所忽略的法律细节有可能在小说中得以一展风采。

　　其三,完整性。相对于法条的独立和凝练,小说情节具有完整和丰富的特点,如果故事以案件为主线,会比较详细地叙述案件的起因、发展、结局(惩处或判决),读者能够全面了解相关因素,认识到法律各个要素之间的关系,认识到法律与社会生活之间的复杂关系,这是单独的法条无法提供的。另外,一个故事中涉及的往往不止一种法条,可能是多种法条的组合,这更是法典等传统资料欠缺的。苏力认为:"故事的整体性有可能使人们更容易从整

---

① 如《西游记》第二十五回:"清风骂道:'……你偷吃了我的仙果,已该一个擅食田园瓜果之罪,却又把我的仙树推倒。'"《四游记·南游记》卷一《玉帝起赛宝通明会》:"(独火大王)曰:'今世尊如来,……一见我这里青山隐隐,绿水沉沉,便问我借与他居住,彼此立下文书,议定借他住一年还我。'"

② 如《欢喜冤家》、《痴婆子传》。

体把握和理解法律和社会的问题，可以看到法律与社会的相互关联和影响，迫使人们不仅仅关注抽象的、单独的条文和制度规定。"①这有利于正确把握法律的价值、特点、功能。

明代白话小说中的法律资料具有以下不足：

其一，虚夸性。文学创作讲究虚实结合、虚实相生，小说家为了使笔下的人物、故事更加生动感人，完全有可能进行夸张、变形甚至虚构。因此，应谨慎地对待小说中的法律资料，不能简单地在其与现实中的法律原貌间画等号。

第二，选择性。除一些公案小说外，小说家创作的主要目的不是反映法律、普及法律，而是通过人物与故事传达出对生活的独特感受。由此决定，其对法律的反映也是有选择性的，只有那些有助于其创作目的达成、与普通人日常生活密切相关的法条制度才有可能进入作品并得到较多表现，而不是对法律作有意识的、全方位的反映。

第三，片段性。以表现案情为主线的作品固然比较完整地反映了与法律相关的各个方面，但也有很多小说通过人物串联故事，法律及制度不过是其招之即来、挥之即去的一个道具，故小说的反映常常是片段的，如果不是大量阅读，加以集合、拼接，那么所获得的资料常常是不完整，甚至是支离破碎的。

第四，重复性。古人没有版权意识，加之书坊主以盈利为目的，要在最短的时间内笼络读者、占有市场，导致小说互有渊源，改编、抄袭的情况非常严重。法律作为其内容的一部分，自然也不可避免地被抄袭、重复。此外，法律的某些方面对于小说营造氛围、制造冲突有利，一再被不同的作者拿来表现，被重复的频率更高。

上述不足提醒我们在发掘、利用明代白话小说中的法律资料时，需要在以下几方面谨慎对待：

其一，加强对材料真实性的甄别。材料的真实与虚夸在小说中都存在，不同类别的小说、该片段在故事中的不同功能、作者创作目的的差异等都会导致材料的或真或虚，需要分别具体情况甄别使用，有些甚至需和笔记等其他史料对照考辨，才能获得较为可靠的资料。

---

① 苏力：《法律与文学——以中国传统戏剧为材料》，第 15 页。

其二,应拥有一定的明代白话小说阅读量。不同小说对某一法律现象的表现可能是片段的,但结合起来有可能是完整的,欲产生关于某一法律现象完整、生动的印象,需较多地阅读明代白话小说作品,把其中关于某一法律现象的记述集中起来,去粗取精。

其三,要与其他法律资料结合使用。明代白话小说中的法律资料固然细致、生动,但并非包罗万象的法律资料库,并不是所有的法条制度都可以在其中寻到影踪。欲深入研究明代法律史,须多方面运用其他法律资料,如司法档案、家法族规、乡约行规、方志、契据家谱、讼师秘本、日用类书等,以便与小说资料互相参证。

# 附录一　本书所涉明代拟话本小说集中的宋元话本

主要依据程毅中《宋元小说研究》（江苏古籍出版社 1998 年版）整理：

《清平山堂话本》卷一《柳耆卿诗酒玩江楼记》、《简帖和尚》，卷二《快嘴李翠莲记》，卷三《陈巡检梅岭失妻记》，雨窗集上《曹伯明错勘赃记》，《喻世明言》第三十六卷《宋四公大闹禁魂张》、第三十八卷《任孝子烈性为神》，《醒世恒言》第十三卷《勘皮靴单证二郎神》、第三十三卷《十五贯戏言成巧祸》。

# 附录二 本书所涉明代白话小说（共 91 种）

主要依据陈大康《明代小说史》（上海文艺出版社 2000 年版）编制，同时参考江苏省社科院明清小说研究中心、江苏省社科院文学研究所编《中国通俗小说总目提要》（中国文联出版公司 1990 年版），《明清稀见小说丛刊》（齐鲁书社 1996 年版），苗怀明《中国古代公案小说史论》（南京大学出版社 2005 年版），段江丽《〈醒世姻缘传〉研究》（岳麓书社 2003 年版），张平仁《明末清初时事小说考订》（《古籍整理研究学刊》2004 年第 2 期）等。

| 书　　名 | 作(编)者 | 成书时间 | 本 书 所 据 版 本 |
|---|---|---|---|
| 《忠义水浒传》 | 施耐庵 | 洪武间 | 《水浒传》，人民文学出版社 1975 年版 |
| 《皇明开运英武传》 | 佚名（疑为郭勋或其门客） | 嘉靖十六年 | 《元史演义 皇明开运英武传 续英烈传》（中国古代历史演义小说丛书），群众出版社 1997 年版 |
| 《六十家小说》（今名《清平山堂话本》） | 洪楩编 | 嘉靖间 | 《清平山堂话本》（《十大古典白话短篇小说》丛书），上海古籍出版社 1992 年版 |
| 《熊龙峰四种小说》 | 熊龙峰刊 | 嘉靖间 | 《熊龙峰刊行小说四种等四种》（包括《熊龙峰刊行小说四种》、《四巧说》、《雨花香》、《通天乐》，中国话本大系），江苏古籍出版社 1990 年版 |
| 《国色天香》 | 吴敬所 | 万历十五年 | 《国色天香 八段锦》（中国古代禁毁小说文库），太白文艺出版社 1996 年版 |
| 《英烈传》 | 杨明峰刊 | 万历十九年 | 《英烈传》（古本小说读本丛刊），中华书局 1996 年版 |

（续表）

| 书　　名 | 作(编)者 | 成书时间 | 本书所据版本 |
|---|---|---|---|
| 《西游记》 | 吴承恩 | 万历二十年 | 《西游记》，人民文学出版社 1955 年版 |
| 《三遂平妖传》 | 东原罗贯中 | 万历二十年 | 《三遂平妖传 铁冠图 归莲梦》（中国古典小说名著百部），华夏出版社 1995 年版 |
| 《包龙图判百家公案》 | 钱塘散人安遇时 | 万历二十二年 | 《百家公案》（古代公案小说丛书），群众出版社 1999 年版 |
| 《金瓶梅》 | 兰陵笑笑生 | 万历二十三年 | 《金瓶梅词话》，人民文学出版社 2000 年版 |
| 《三宝太监西洋记通俗演义》 | 罗懋登 | 万历二十五年 | 《三宝太监西洋记》（中国古典文学名著丛书），华夏出版社 2013 年版 |
| 《皇明诸司廉明奇判公案传》 | 余象斗 | 万历二十六年 | 《廉明公案 诸司公案 明镜公案》（古代公案小说丛书），群众出版社 1999 年版；《廉明奇判公案传》，《古本小说集成》第一辑，上海古籍出版社 1991 年版 |
| 《皇明诸司公案传》 | 余象斗 | 万历二十六年 | 《廉明公案 诸司公案 明镜公案》（古代公案小说丛书），群众出版社 1999 年版 |
| 《万锦情林》 | 余象斗 | 万历二十六年 | 《万锦情林》（中国禁毁小说典藏），大众文艺出版社 2009 年版 |
| 《北方真武玄天上帝出身志传》（又名《北游记》，收入《四游记》） | 余象斗 | 万历三十年 | 《四游记》（中国古典小说名著百部），华夏出版社 1994 年版 |
| 《征播奏捷传通俗演义》 | 栖真斋名道狂客 | 万历三十一年 | 《征播奏捷传》（中国古典文学海外珍稀本文库），中国文联出版社 2004 年版 |
| 《铁树记》 | 邓志谟 | 万历三十一年 | 《铁树记》，《古本小说集成》第一辑，上海古籍出版社 1991 年版 |
| 《咒枣记》 | 邓志谟 | 万历三十一年 | 《古书秘藏》第二卷《咒枣记 阳台秘史 锦帐春风》，延边人民出版社 2001 年版 |

（续表）

| 书　　名 | 作(编)者 | 成书时间 | 本书所据版本 |
|---|---|---|---|
| 《二十四尊得道罗汉传》 | 朱星祚 | 万历三十一年 | 《二十四尊得道罗汉传》,《古本小说集成》第一辑,上海古籍出版社1991年版 |
| 《新民公案》 | 吴迁 | 万历三十三年 | 《新民公案 海刚峰公案 神明公案》(古代公案小说丛书),群众出版社1999年版;《新民公案》,《古本小说集成》第三辑,上海古籍出版社1993年版 |
| 《天妃娘妈传》 | 吴迁 | 万历三十三年 | 《天妃娘妈传 达磨出身传灯传 合浦珠 鬼神传 续镜花缘》(中国古代珍稀本小说),春风文艺出版社1994年版 |
| 《海刚峰先生居官公案传》 | 虚舟生 | 万历三十四年 | 《新民公案 海刚峰公案 神明公案》(古代公案小说丛书),群众出版社1999年版 |
| 《杨家将演义》 | 秦淮墨客(纪振伦) | 万历三十四年 | 《杨家将演义》,北京出版社1981年版 |
| 《痴婆子传》 | 芙蓉主人 | 万历四十年 | 《痴婆子传》(《中国历代禁毁小说集粹海内外珍藏秘本》第一辑),台湾双笛国际1994年版 |
| 《于少保萃忠全传》 | 孙高亮 | 万历四十一年 | 《于少保萃忠全传》(中国小说史料丛书),人民文学出版社1988年版 |
| 《续英烈传》 | 空谷老人(纪振伦) | 万历四十四年 | 《续英烈传》(中国古典文学名著续书书系),山西人民出版社1999年版 |
| 《江湖历览杜骗新书》 | 张应瑜 | 万历四十五年 | 《杜骗新书 五鼠闹东京 仙狐窃宝录 仙侠五花剑 魏忠贤小说斥奸书》(中国古代珍稀本小说),春风文艺出版社1994年版 |
| 《僧尼孽海》 | 唐伯虎(伪托) | 万历四十六年 | 《妖狐艳史》(包括《妖狐艳史》、《碧玉楼》、《僧尼孽海》、《空空幻》、《载花船》,中国历代人情小说读本),远方出版社1999年版 |
| 《封神演义》 | 许仲琳 | 万历间 | 《封神演义》,人民文学出版社1973年版 |

| 书　　　名 | 作(编)者 | 成书时间 | 本书所据版本 |
|---|---|---|---|
| 《唐三藏西游释厄传》 | 朱鼎臣 | 万历间 | 《唐三藏西游释厄传　西游记传》(明清稀见小说坊)，人民文学出版社1984年版 |
| 《八仙出处东游记》(又名《东游记》，收入《四游记》) | 吴元泰 | 万历间 | 《四游记》(中国古典小说名著百部)，华夏出版社1994年版 |
| 《南海观世音菩萨出身修行传》 | 南州西大午臣走人 | 万历间 | 《五美缘　新编雷峰塔奇传　南海观世音菩萨出身修行传》(中国古代珍稀本小说续)，春风文艺出版社1997年版 |
| 《唐钟馗全传》 | 佚名 | 万历间 | 《明代小说辑刊》第三辑(包括《欢喜冤家》、《唐钟馗全传》、《八仙出处东游记》、《韩湘子全传》)，巴蜀书社1999年版 |
| 《五显灵官大帝华光天王传》(又名《南游记》，收入《四游记》) | 余象斗 | 万历间 | 《四游记》(中国古典小说名著百部)，华夏出版社1994年版 |
| 《浪史》 | 风月轩又玄子 | 万历间 | 《昭阳趣史》(包括《昭阳趣史》、《浪史》、《怡情阵》、《绣榻野史》、《宜春香质》、《欢喜缘》，中国古典名著)，远方出版社2003年版 |
| 《浓情快史》 | 嘉禾餐花主人 | 万历间 | 《浓情快史》(《明清艳情小说》丛书)，长江文艺出版社1993年版 |
| 《国朝名公神断详刑公案》 | 京南归正宁静子 | 万历间 | 《详情公案　详刑公案　律条公案》(古代公案小说丛书)，群众出版社1999年版 |
| 《神明公案》 | 佚名 | 万历间 | 《新民公案　海刚峰公案　神明公案》(古代公案小说丛书)，群众出版社1999年版 |
| 《五鼠闹东京》 | 佚名 | 万历间 | 《杜骗新书　五鼠闹东京　仙狐窃宝录　仙侠五花剑　魏忠贤小说斥奸书》(中国古代珍稀本小说)，春风文艺出版社1994年版 |

| 书　　名 | 作(编)者 | 成书时间 | 本 书 所 据 版 本 |
|---|---|---|---|
| 《戚南塘剿平倭寇志传》 | 佚名 | 万历间 | 《天豹图 明月台 戚南塘剿平倭寇志传》(中国古代珍稀本小说续),春风文艺出版社 1997 年版 |
| 《古今律条公案》 | 陈玉秀 | 万历间 | 《详情公案 详刑公案 律条公案》(古代公案小说丛书),群众出版社 1999 年版 |
| 《古今小说》(即《喻世明言》) | 冯梦龙 | 天启元年 | 《喻世明言》,人民文学出版社 1958 年版 |
| 《名公案断法林灼见》 | 湖海散人清虚子 | 天启元年 | 《合刻名公案断法林灼见》,明书林高阳生刻本 |
| 《昭阳趣史》 | 古杭艳艳生 | 天启元年 | 《昭阳趣史》(包括《昭阳趣史》、《浪史》、《怡情阵》、《绣榻野史》、《宜春香质》、《欢喜缘》,中国古典名著),远方出版社 2003 年版 |
| 《韩湘子全传》 | 杨尔曾 | 天启三年 | 《韩湘子全传》(中国古典文学名著丛书),华夏出版社 2013 年版 |
| 《警世通言》 | 冯梦龙 | 天启四年 | 《警世通言》,人民文学出版社 1956 年版 |
| 《七曜平妖全传》 | 沈会极 | 天启四年 | 《皇明通俗演义七曜平妖全传》,《古本小说集成》第三辑,上海古籍出版社 1993 年版 |
| 《醒世恒言》 | 冯梦龙 | 天启七年 | 《醒世恒言》,人民文学出版社 1956 年版;《醒世恒言》,《古本小说集成》第四辑,上海古籍出版社 1994 年版 |
| 《明镜公案》 | 葛天民、吴沛泉 | 泰昌、天启间 | 《廉明公案 诸司公案 明镜公案》(古代公案小说丛书),群众出版社 1999 年版;《明镜公案》,《古本小说集成》第四辑,上海古籍出版社 1994 年版 |
| 《禅真逸史》 | 方汝浩 | 天启间 | 《禅真逸史》(包括《禅真逸史》、《禅真后史》,明清通俗小说系列),三秦出版社 1997 年版 |
| 《拍案惊奇》 | 凌濛初 | 崇祯元年 | 《拍案惊奇》,人民文学出版社 1991 年版 |

（续表）

| 书　　名 | 作(编)者 | 成书时间 | 本书所据版本 |
|---|---|---|---|
| 《魏忠贤小说斥奸书》 | 吴越草莽臣（疑为冯梦龙或陆云龙） | 崇祯元年 | 《杜骗新书 五鼠闹东京 仙狐窃宝录 仙侠五花剑 魏忠贤小说斥奸书》(中国古代珍稀本小说)，春风文艺出版社 1994 年版 |
| 《警世阴阳梦》 | 长安道人国清 | 崇祯元年 | 《警世阴阳梦》(明末清初小说选刊)，春风文艺出版社 1985 年版 |
| 《皇明中兴圣烈传》 | 乐舜日 | 崇祯元年 | 《皇明中兴圣烈传》，《古本小说集成》第三辑，上海古籍出版社 1993 年版 |
| 《禅真后史》 | 方汝浩 | 崇祯二年 | 《禅真逸史》(包括《禅真逸史》、《禅真后史》，明清通俗小说系列)，三秦出版社 1997 年版 |
| 《辽海丹忠录》 | 平原孤愤生（疑为陆人龙） | 崇祯二年 | 《魏忠贤小说斥奸书 辽海丹忠录》(中国禁毁小说百部)，时代文艺出版社 2003 年版 |
| 《镇海春秋》 | 吴门啸客 | 崇祯三年 | 《镇海春秋》，《古本小说集成》第五辑，上海古籍出版社 1995 年版 |
| 《近报丛谭平虏传》 | 吟啸主人 | 崇祯三年 | 《快士传 忠孝勇烈奇女传 近报丛谭平虏传》(中国古代珍稀本小说续)，春风文艺出版社 1997 年版 |
| 《隋炀帝艳史》 | 齐东野人 | 崇祯四年 | 《隋炀艳史》(《中国历代禁毁小说集粹海内外珍藏秘本》第二辑)，台湾双笛国际 1994 年版 |
| 《鼓掌绝尘》 | 古吴金木散人 | 崇祯四年 | 《鼓掌绝尘》(中国话本大系)，江苏古籍出版社 1990 年版 |
| 《玉闺红》 | 东鲁落落平生 | 崇祯四年 | 《玉闺红》(明清艳情禁毁小说精粹)，远方出版社 1998 年版 |
| 《二刻拍案惊奇》 | 凌濛初 | 崇祯五年 | 《二刻拍案惊奇》，人民文学出版社 1996 年版 |
| 《型世言》 | 陆人龙 | 崇祯五年 | 《型世言》，中华书局 1993 年版 |
| 《龙阳逸史》 | 京江醉竹居士 | 崇祯五年 | 《龙阳逸史》(《中国历代禁毁小说集粹海内外珍藏秘本》第六辑)，台湾双笛国际 1994 年版 |
| 《扫魅敦伦东度记》 | 方汝浩 | 崇祯八年 | 《东度记》(中国古典文学名著丛书)，华夏出版社 2012 年版 |

（续表）

| 书　　名 | 作(编)者 | 成书时间 | 本 书 所 据 版 本 |
|---|---|---|---|
| 《孙庞斗志演义》 | 吴门啸客 | 崇祯九年 | 《孙庞斗志演义》(中国古典文学海外珍稀本文库)，中国文联出版社2004年版 |
| 《醋葫芦》 | 西子湖伏雌教主 | 崇祯十二年 | 《醒名花 警寤钟 风流悟 疗妒缘 醋葫芦》(中国古代珍稀本小说)，春风文艺出版社1994年版 |
| 《宜春香质》 | 醉西湖心月主人 | 崇祯十二年 | 《昭阳趣史》(包括《昭阳趣史》、《浪史》、《怡情阵》、《绣榻野史》、《宜春香质》、《欢喜缘》，中国古典名著)，远方出版社2003年版 |
| 《弁而钗》 | 醉西湖心月主人 | 崇祯十二年 | 《中国古艳稀品选刊》(包括《弁而钗》、《怡情阵》、《灯草和尚》、《海陵王荒淫史》)，天艺出版公司(出版年不详) |
| 《西游补》 | 董说 | 崇祯十三年 | 《西游补》，上海古籍出版社1983年版 |
| 《欢喜冤家》 | 西湖渔隐主人 | 崇祯十三年 | 《十美图 欢喜冤家 风流和尚 两交婚》(中国古代禁毁小说文库)，太白文艺出版社1998年版；《欢喜冤家》，《古本小说集成》第一辑，上海古籍出版社1991年版 |
| 《梼杌闲评》 | 佚名 | 崇祯十七年 | 《梼杌闲评》(中国古典小说大系第四辑)，大众文艺出版社1998年版；《梼杌闲评》(《中国历代禁毁小说集粹海内外珍藏秘本》第七辑)，台湾双笛国际1994年版 |
| 《三教偶拈》 | 冯梦龙 | 崇祯间 | 《百家公案 温凉盏 三教偶拈》(中国古代孤本小说)，春风文艺出版社1995年版 |
| 《西湖二集》 | 周楫 | 崇祯间 | 《西湖二集》，浙江文艺出版社1985年版 |
| 《国朝名公神断详情公案》 | 佚名 | 崇祯间 | 《详情公案 详刑公案 律条公案》(古代公案小说丛书)，群众出版社1999年版 |

（续表）

| 书　名 | 作(编)者 | 成书时间 | 本书所据版本 |
|---|---|---|---|
| 《石点头》 | 天然痴叟 | 崇祯间 | 《石点头等三种》(包括《石点头》、《醉醒石》、《警寤钟》,中国话本大系),江苏古籍出版社1994年版 |
| 《清夜钟》 | 薇园主人(陆云龙) | 南明福王弘光元年(唐王隆武元年) | 《京本通俗小说等五种》(包括《项囊小儿论》、《京本通俗小说》、《张子房归山诗选》、《解学士诗》、《清夜钟》,中国话本大系),江苏古籍出版社1991年版 |
| 《贪欣误》 | 罗浮散客 | 南明福王弘光元年(唐王隆武元年) | 《私家秘藏焚毁名著》第十一卷《情梦柝 贪欣误 鸳鸯影》,中国戏剧出版社2000年版 |
| 《天凑巧》 | 罗浮散客 | 南明福王弘光元年(唐王隆武元年) | 《十二笑 贪欣误 天凑巧》(明清古本稀本小说选刊),浙江古籍出版社1993年版 |
| 《龙图公案》 | 佚名 | 明末清初 | 《龙图公案》(古代公案小说丛书),群众出版社1999年版;《龙图公案》(明清公案小说丛书),敦煌文艺出版社2009年版 |
| 《一片情》 | 佚名 | 明末清初 | 《一片情》(《中国历代禁毁小说集粹海内外珍藏秘本》第七辑),台湾双笛国际1994年版 |
| 《肉蒲团》 | 情痴反正道人 | 明末清初 | 《绣屏缘》(包括《绣屏缘》、《风尘劫》、《春闺秘史》、《肉蒲团》、《采花行》,中国历代人情小说读本),远方出版社2000年版 |
| 《鸳鸯针》 | 华阳散人 | 明末清初 | 《鸳鸯针》(明末清初小说选刊),春风文艺出版社1985年版 |
| 《金云翘传》 | 青心才人 | 明末清初 | 《金云翘传 女开科传 白牡丹 惊梦啼》(中国古代小说珍秘本文库),三秦出版社1998年版 |
| 《灯草和尚》 | 高则诚(伪托) | 明末清初 | 《灯草和尚》(《中国历代禁毁小说集粹海内外珍藏秘本》第二辑),台湾双笛国际1994年版 |

(续表)

| 书　　名 | 作(编)者 | 成书时间 | 本 书 所 据 版 本 |
|---|---|---|---|
| 《株林野史》 | 痴道人 | 明末清初 | 《株林野史》(明清艳情小说丛书第一辑),长江文艺出版社 1993 年版 |
| 《醉醒石》 | 东鲁古狂生 | 明末清初 | 《醉醒石》(《十大古典白话短篇小说》丛书),上海古籍出版社 1992 年版 |
| 《闪电窗》 | 酌玄亭主人 | 明末清初 | 《明清稀见小说丛刊》(包括《山水情》、《闪电窗》等 10 种),齐鲁书社 1996 年版 |
| 《醒世姻缘传》 | 西周生 | 明末清初 | 《醒世姻缘传》,齐鲁书社 1993 年版 |
| 《山水情》 | 佚名 | 明末清初 | 《明清稀见小说丛刊》(包括《山水情》、《闪电窗》等 10 种),齐鲁书社 1996 年版 |
| 《八段锦》 | 醒世居士 | 明末清初 | 《国色天香 八段锦》,(中国古代禁毁小说文库),太白文艺出版社 1996 年版 |

# 附录三 参 考 文 献

刘俊文点校：《唐律疏议》，法律出版社 1999 年版

薛梅卿点校：《宋刑统》，法律出版社 1999 年版

郭成伟点校：《大元通制条格》，法律出版社 2000 年版

怀效锋点校：《大明律》，法律出版社 1999 年版

田涛、郑秦点校：《大清律例》，法律出版社 1999 年版

（万历）《明会典》，中华书局 1989 年版

《明实录》，1962 年中研院历史语言研究所据国立北平图书馆红格钞本微卷
　　影印

《明史》，中华书局 1999 年版


中国社会科学院历史研究所隋唐五代宋辽金元史研究室点校：《名公书判清
　　明集》，中华书局 1987 年版

（宋）郑克著，孙一冰、刘承珍译：《白话折狱龟鉴》，警官教育出版社 1994
　　年版

（宋）宋慈著，高随捷、祝林森译注：《洗冤集录译注》，上海古籍出版社 2014
　　年版

（明）雷梦麟：《读律琐言》，法律出版社 2000 年版

（清）薛允升：《唐明律合编》，中国书店 2010 年版

（清）沈家本著，邓经元、骈宇骞点校：《历代刑法考》，中华书局 1985 年版

《官箴书集成》编撰委员会编：《官箴书集成》，黄山社 1997 年版


（明）何良俊：《四友斋丛说》，中华书局 1959 年版

（明）叶盛：《水东日记》，中华书局 1980 年版

（明）王世贞：《弇山堂别集》，中华书局 1985 年版

（明）沈德符：《万历野获编》，文化艺术出版社 1998 年版

（明）吴应箕：《楼山堂集》，《续修四库全书·集部·别集类》第 1388 册，上海古籍出版社 2001 年版

（明）陈子龙：《安雅堂稿》，《续修四库全书·集部·别集类》第 1388 册，上海古籍出版社 2001 年版

（明）顾炎武：《亭林文集》，《续修四库全书·集部·别集类》第 1402 册，上海古籍出版社 2001 年版

（明）张孚敬：《太师张文忠公集》，《四库全书存目丛书·集部·别集类》第 77 册，齐鲁书社 1997 年版

（嘉靖）《尉氏县志》，《天一阁藏明代方志选刊》，上海古籍书店 1963 年影印

（明）何乔远编：（万历）《闽书》，《四库全书存目丛书·史部·地理类》第 204 册，齐鲁书社 1996 年版

（清）叶梦珠：《阅世编》，中华书局 2007 年版

（清）沈家本编，中国政法大学法律古籍整理研究所整理标点：《枕碧楼丛书》，知识产权出版社 2006 年版


高绍先主编：《中国历代法学名篇注译》，中国人民公安大学出版社 1993 年版

刘海年、杨一凡主编：《中华珍稀法律典籍集成》，科学出版社 1994 年版

郭成伟、田涛点校整理：《明清公牍秘本五种》，中国政法大学出版社 1999 年版

蒲坚编著：《中国古代法制丛钞》，光明日报出版社 2001 年版

杨一凡、王旭编：《古代榜文告示汇存》，社会科学文献出版社 2006 年版

杨一凡主编：《历代珍稀司法文献》，社会科学文献出版社 2012 年版

王钰欣、周绍泉主编：《徽州千年契约文书》（宋·元·明编），花山文艺出版社 1992 年版

李学勤主编：《十三经注疏》，北京大学出版社 1999 年版


杨一凡：《明大诰研究》，江苏人民出版社 1988 年版

童光政：《明代民事判牍研究》，广西师范大学出版社 1999 年版

苏亦工：《明清律典与条例》，中国政法大学出版社 2000 年版

卞利：《国家与社会的冲突与整合——论明清民事法律规范的调整与农村阶
　　层社会的稳定》，中国政法大学出版社 2008 年版

徐忠明：《情感、循吏与明清时期司法实践》，上海三联书店 2009 年版

阿风：《明清时代妇女的地位与权利——以明清契约文书、诉讼档案为中
　　心》，社会科学文献出版社 2009 年版

尤陈俊：《法律知识的文字传播——明清日用类书与社会日常生活》，上海人
　　民出版社 2013 年版

郑秦：《清代司法审判制度研究》，湖南教育出版社 1988 年版

梁治平：《清代习惯法：社会与国家》，中国政法大学出版社 1996 年版

吴欣：《清代民事诉讼与社会秩序》，中华书局 2007 年版

马小红：《中国古代社会的法律观》，大象出版社 1997 年版

蒲坚：《中国古代行政立法》，北京大学出版社 2007 年版

王立民主编：《中国传统侦察和审判文化研究》，法律出版社 2009 年版

汪世荣：《中国古代判词研究》，中国政法大学出版社 1997 年版

张伯元主编：《法律文献整理与研究》，北京大学出版社 2005 年版


刘馨珺：《明镜高悬——南宋县衙的狱讼》，北京大学出版社 2007 年版

邱澎生：《当法律遇上经济：明清中国的商业法律》，（台北）五南图书出版股
　　份有限公司 2008 年版

［日］滋贺秀三等著，王亚新等编，王亚新等译：《明清时期的民事审判与民间
　　契约》，法律出版社 1998 年版

［日］滋贺秀三著，张建国、李力译：《家族法原理》，法律出版社 2003 年版


王道成：《科举史话》，中华书局 1988 年版

贺卫方编：《中国法律教育之路》，中国政法大学出版社 1997 年版

赵子富：《明代学校与科举制度研究》，北京燕山出版社 2008 年版

顾鉴塘、顾鸣塘：《中国历代婚姻与家庭》，商务印书馆 1996 年版

陈鹏：《中国婚姻史稿》，中华书局 2005 年版

梁治平：《法意与人情》,海天出版社 1992 年版

余宗其：《法律与文学的交叉地》,春风文艺出版社 1995 年版

余宗其：《中国文学与中国法律》,中国政法大学出版社 2002 年版

郭建：《帝国缩影——中国历史上的衙门》,学林出版社 1999 年版

郭建：《獬豸的投影——中国的法文化》,上海三联书店 2006 年版

郭建：《非常说法——中国戏曲小说中的法文化》,中华书局 2007 年版

郭建：《古人的天平——中国古典文学名著中的法文化》,当代中国出版社
　　2008 年版

徐忠明：《法学与文学之间》,中国政法大学出版社 2000 年版

徐忠明：《包公故事：一个考察中国法律文化的视角》,中国政法大学出版社
　　2002 年版

徐忠明：《案例、故事与明清时期的司法文化》,法律出版社 2006 年版

徐忠明：《明镜高悬：中国法律文化的多维关照》,广西师范大学出版社 2014
　　年版

苏力：《法律与文学——以中国传统戏剧为材料》,生活·读书·新知三联书
　　店 2006 年版

冯象：《木腿正义》,北京大学出版社 2007 年版

殷啸虎：《古代衙门》,东方出版中心 2008 年版

徐昕主编：《正义的想象：文学中的司法》,中国法制出版社 2009 年版

张未然：《神仙世界与法律规则——法律人读〈西游记〉》,中国政法大学出版
　　社 2011 年版

张未然：《法意·红楼——一个法律人的“读红”札记》,中国政法大学出版社
　　2012 年版

范玉吉主编：《法律与文学研究》第一辑,上海三联书店 2012 年版

白慧颖：《法律与文学的融合与冲突》,知识产权出版社 2014 年版

许慧芳：《文学中的法律——与法理学有关的问题、方法、意义》,中国政法大
　　学出版社 2014 年版

刘星显：《法律与文学研究——基于关系视角》,社会科学文献出版社 2014
　　年版

［美］理查德·A·波斯纳著,李国庆译：《法律与文学》,中国政法大学出版

社 2002 年版

江苏省社科院明清小说研究中心、江苏省社科院文学研究所编：《中国通俗
　小说总目提要》，中国文联出版公司 1990 年版
鲁迅：《中国小说史略》，《鲁迅全集》第九卷，人民文学出版社 1982 年版
郑振铎：《西谛书话》，生活·读书·新知三联书店 1983 年版
王枝忠：《汉魏六朝小说史》，浙江古籍出版社 1997 年版
侯忠义：《隋唐五代小说史》，浙江古籍出版社 1997 年版
萧相恺：《宋元小说史》，浙江古籍出版社 1997 年版
程毅中：《宋元小说研究》，江苏古籍出版社 1998 年版
陈大康：《明代小说史》，上海文艺出版社 2000 年版
段江丽：《〈醒世姻缘传〉研究》，岳麓书社 2003 年版
苗怀明：《中国古代公案小说史论》，南京大学出版社 2005 年版
杨绪荣：《百家公案研究》，上海古籍出版社 2005 年版
段启明、张平仁：《历史小说简史》，山西人民出版社 2005 年版

上海古籍出版社编：《汉魏六朝笔记小说大观》，上海古籍出版社 1999 年版
上海古籍出版社编：《唐五代笔记小说大观》，上海古籍出版社 2000 年版
上海古籍出版社编：《宋元笔记小说大观》，上海古籍出版社 2001 年版
张友鹤选注：《唐宋传奇选》，人民文学出版社 1998 年版
曹光甫校点：《搜神记 唐宋传奇集》，上海古籍出版社 1998 年版
《平山冷燕》（中国小说史料丛书），人民文学出版社 1983 年版
《天雨花》（中国古典讲唱文学丛书），中州古籍出版社 1984 年版
《连城璧》（《十大古典白话短篇小说》丛书），上海古籍出版社 1992 年版
《斩鬼传》，《古本小说集成》第二辑，上海古籍出版社 1992 年版
《春秋配 绣球缘 霞笺记 飞花艳想 于公案奇闻》（中国古代珍稀本小说），春风
　文艺出版社 1994 年版
《都是幻 梦中缘 赛花铃 珍珠舶 玉蟾记》（中国古代珍稀本小说），春风文艺出
　版社 1994 年版
《八贤传 阴阳斗 蜜蜂计 双灯记 双龙传 于公案 毛公案 孝感天》（中国古代珍

稀本小说续),春风文艺出版社 1997 年版

《满汉斗 刘公案 聚仙亭 于公案 蝴蝶杯 青龙传 枕上晨钟》(中国古代珍稀本
　　小说续),春风文艺出版社 1997 年版

《活地狱》(《十大古典社会谴责小说》丛书),上海古籍出版社 1997 年版

《好逑传》(中国古典小说大系第四辑),大众文艺出版社 1998 年版

《歧路灯》,齐鲁书社 2008 年版

**图书在版编目(CIP)数据**

明代白话小说法律资料研究 / 孙旭著. —上海：
上海古籍出版社，2017.7
（中国古代法律文献研究丛刊）
ISBN 978 - 7 - 5325 - 8403 - 1

Ⅰ.①明… Ⅱ.①孙… Ⅲ.①法制史－史料－研究－
中国－明代②古典小说－小说研究－中国－明代 Ⅳ.
①D929.48②I207.41

中国版本图书馆 CIP 数据核字(2017)第 063240 号

中国古代法律文献研究丛刊/徐世虹 主编
**明代白话小说法律资料研究**

孙 旭 著

上海世纪出版股份有限公司
上 海 古 籍 出 版 社 出版
（上海瑞金二路 272 号 邮政编码 200020）

(1) 网址：www.guji.com.cn
(2) E-mail：gujil@guji.com.cn
(3) 易文网网址：www.ewen.co

上海世纪出版股份有限公司发行中心发行经销
上海商务联西印刷有限公司印刷

开本 787×1092 1/16 印张 17.5 插页 2 字数 269,000
2017 年 7 月第 1 版 2017 年 7 月第 1 次印刷
ISBN 978 - 7 - 5325 - 8403 - 1

K・2311 定价：58.00 元
如发生质量问题，读者可向工厂调换